英汉

翻译过程中的
难译现象处理

张焱 著

Settling Aporia in English-Chinese Translation

中国社会科学出版社

图书在版编目（CIP）数据

英汉翻译过程中的难译现象处理/张焱著.—北京：
中国社会科学出版社，2015.4（2016.11 重印）
ISBN 978 - 7 - 5161 - 5923 - 1

Ⅰ.①英…　Ⅱ.①张…　Ⅲ.①英语—翻译—研究
Ⅳ.①H315.9

中国版本图书馆 CIP 数据核字（2015）第 070733 号

出 版 人	赵剑英	
责任编辑	刘晓红	
责任校对	周晓东	
责任印制	戴　宽	

出　　版	中国社会科学出版社	
社　　址	北京鼓楼西大街甲 158 号	
邮　　编	100720	
网　　址	http：//www.csspw.cn	
发 行 部	010 - 84083685	
门 市 部	010 - 84029450	
经　　销	新华书店及其他书店	

印　　刷	北京君升印刷有限公司
装　　订	廊坊市广阳区广增装订厂
版　　次	2015 年 4 月第 1 版
印　　次	2016 年 11 月第 2 次印刷

开　　本	710×1000　1/16
印　　张	15.5
插　　页	2
字　　数	263 千字
定　　价	48.00 元

凡购买中国社会科学出版社图书，如有质量问题请与本社营销中心联系调换
电话：010 - 84083683
版权所有　侵权必究

序

　　2013 年 9 月我去外国语学院调研，张教授做了一个关于学科建设方面的发言，提出了外国语学院要努力争取申报硕士点的建议，他的这个建议和我的想法不谋而合。鉴于张教授在吉林大学有研究生教育的经历，我就再次约见了张教授，一起深入探讨了申报翻译专业硕士点的优势与困难。虽然外国语学院建院时间比较晚，又承担着全校各层次各专业的公共英语教学和英语、日语两个本科专业的教学和专业建设重任，但外国语学院从领导到教师都保持着对学科建设的不懈努力，对申报翻译专业硕士点抱有很大的决心，这极大地增强了我对建设翻译专业硕士点的决心和信心。

　　因此，我于去年 11 月份再次带着研究生院、发展规划处、社会科学处等职能部门领导去外国语学院调研。我们形成了一个共识，学校迫切需要设立人文社会科学研究成果和专著的出版专项基金，用来资助为提升人文社会科学学科专业发展的序列专著的出版。

　　在这以后的将近半年的时间里，张教授夜以继日、废寝忘食、呕心沥血，将其撰写的《英汉翻译过程中的难译现象处理》和《汉英翻译过程中的难译现象处理》两本翻译类学术专著整理定稿，付诸出版，为学校申报翻译专业硕士点奠下了一块沉甸甸的基石。此情此景，令人钦佩，可圈可点，可贺可嘉。于是，我虽才疏学浅、不善文字，但还是欣然接受了张教授之盛情邀请，为其专著写序。

　　《英汉翻译过程中的难译现象处理》和《汉英翻译过程中的难译现象处理》两本专著，是张教授通过总结自身翻译工作和教学经验，充分汲取同业精英的翻译论述而撰写的。我也搞过医学方面的翻译工作，对于翻译过程中出现的难译现象，由于缺少总结性的参考书，一直都觉得无从下手。张教授把翻译过程中遇到的难译现象进行归类、分析和总结，最终形成了这方面的专著，为今后处理翻译过程中的难译现象提供了一个系统性

的参考。希望《英汉翻译过程中的难译现象处理》和《汉英翻译过程中
的难译现象处理》成为翻译工作者爱不释手的工具。

吕建新

2015 年 3 月 31 日

目　　录

前　　言

英语和汉语都是具有深厚文化底蕴的语言，也都包含了很多的语言现象。这些丰富的语言现象既发源于文化之中，也促进着文化的发展，使得文化拥有了更多的表现艺术和内涵彰显方式。

然而，也正是这些丰富的语言现象以及它们所蕴涵的文化背景，使得这两种语言在彼此翻译的过程中出现了很多难以处理的现象。很多搞翻译的人遇到这种难译现象多了，就开始显得绝望，然后断然地把它们分为可译和不可译两部分，认为其中不可译的部分是绝对无法处理的。

那么，在翻译的过程中确实会有无法翻译的"不可译"现象吗？如果我们把有关"不可译"的论文集中起来阅读一下，就会发现很多译者都认为所谓的"不可译"，实际上只是相对于"可译"而存在的，只不过是一个翻译过程中出现的难易程度的反映。只要我们认真琢磨，努力去探寻文字和文化中的线索，就一定会把它们翻译过来。

在编著本书的过程中，作者阅读了大量有关翻译方面的著作和论文，发现目前对翻译方法的探讨还主要集中于高校的外语教学界，这是很让人感到惊喜的。这些年来，随着语言学在外语学界的不断渗透，多数外语教师出于名利的考虑，纷纷半路出家搞起了语言学研究。大家在这方面投入的财力和精力十分可观。但是在用大量拾人牙慧的成果向学界证实了"天下文章一大抄"的真理的同时，对英语的学习，尤其是对翻译的研究被极大地耽搁了。

在选择论文作为参考文献的过程中，我发现了一个有趣的现象：凡是把语言学的理论与翻译方法相结合的文章，基本上都是废话连篇，读半天不知所云。而恰恰是来自一些本科院校、专科院校，甚至职业学院的教师，在翻译方法的探讨上提出了很有参考价值的意见和发现。与一些名校大家的"高论"相比，这些教师的论文读起来更让人觉得"解渴"。因为这些文章不给自己戴高帽子，往往都是直接切入主题，就事论事。我在汲取了很多他们的宝贵心得之后，不由得内心唏嘘不止。看来要研究翻译方法，还是要走"下里巴人"之路。

虽然我们已经对英语进行了这么多年的研究，但是它毕竟是我们的外语。很多搞翻译的人在语言现象的归类上还不是很清晰，这一点集中体现在很多英语例句会被几个语言现象所收纳。作者在参考这类语言现象时试图进行明确化分类，但是也出现了难以明断其属性的局面。看来英语的确是我们的外语，其内涵的许多因素绝对不是我们这些非母语者所能把握的。但是换个角度讲，既然一个句子经典到可以为几个语言现象所收纳，它一定是具备了很强烈的语言代表性，我们用它来举一反三也未尝不是一件好事。

英汉翻译过程中出现的疑难现象，并不属于所谓的"不可译"现象。翻译工作者在翻译过程中总结出的各种翻译方法，都有着尝试解决这些疑难现象的愿景。诸如各类探讨翻译方法的论文中大都提出了直译法、意译法、音译法、增补法、混合法，等等。这些方法在翻译文化蕴涵较肤浅的内容时用起来确实得心应手，但是在遇到包含很独特的英语文化内容的现象时，就显得有些力不从心。这种情况就要求我们对这些很难翻译过来的现象进行研究，找出合适的翻译方法，为今后翻译同行的工作提供经验帮助，同时也为两种文化的交流做出贡献。

本书中列举的十五种疑难现象，都是在翻译过程中经常遇到的。但是与大量的翻译内容相比，这些现象又显得零星，不好做统一的收集和整理。从已经发表的相关论文看，各种现象的学术探讨也很纷杂，基本上处于百家争鸣的状态。作者经过阅读大量相关研究成果，对各种可行的翻译方法经过罗列和梳理，再按照一个比较合乎逻辑的方式进行内容综合与排序，基本上形成了一个比较直观和实用的借鉴体系。通过目录中的显示，可以使读者很轻易地找到能参考的内容。从这个角度看，本书应该兼具理论探讨和工具的双重功能。

但是，一个人的精力和时间是很有限的。在整个编著的过程中，经常有力不从心的时候，这也肯定会给本书的质量带来了很多不好的影响。好在本书是对疑难现象进行综合的初级作品，进一步提升质量的空间还很大。希望这本书的出版能够激发译界同人批评的灵感，以便我们在对这个领域的探讨中各抒己见，共同提高。

最后需要说明的是，本书的编著是在借鉴了很多有关成果的基础上完成的，可以说是站在众人肩膀上开阔的一片视野。为了做到尊重各位同人的原创，本书对所有引用论文均在脚注和参考文献中予以注明。尽管如此，心中也有"窃书"的愧疚，就请诸位本着"读书人的事"的宽容，给予我足够的体谅。这样我们就能拓展这块平台，把大家的心得都在这里平铺直叙开来，把翻译这件事做得更好。

第一章　英语成语的翻译

第一节　英语成语简述

英语成语主要以各种各样的固定词组出现。这种词组往往以具体固定的形式和比较特殊的意思为特点，在句子中的作用常常相对于一个属于某类的单词。例如：put up with = endure，take into account = consider，the ins and outs = details，for the sake of，up to now 等。

同时也包含了具有完整意思的各种谚语、俗语、格言和引语。以生动的形象和概括的意义为特点，大多有特殊的隐喻作用和逻辑重点。如谚语：A fall into a pit，a gain in your wit.（吃一堑，长一智）；A miss is as good as a mile.（失之毫厘，差之千里）。俗语：Adversity makes a man wise not rich.（逆境出人才）；A good book is a good friend.（好书如挚友）。格言：One man，no man.（个人是渺小的）；Brevity is the soul of wit.（简洁是机智的灵魂）。俚语：a piece of cake（小菜一碟）；kick the bucket（翘辫子）；Missing easy catches（黄油手）。此外，还有一些具有特殊意义或用法的单词，主要有转义成分组成的复合词。如 knowhow（知识，窍门）、brain storm（头脑风暴）、brainwash（洗脑）、black - market（黑市交易）、egg - headed（有大学问的）。①

英语成语的来源主要有以下几种：（1）源自希腊罗马神话传说和《圣经》。英语中的成语主要源自古希腊、古罗马等的传说。（2）来源于寓言。寓言是用比喻的形式说明一定的道理，是文学作品中最为短小精焊的一种形式。（3）源于历史事件。历史上出现过众多的著名历史故事或

---

① 张海波：《翻译标准视角下的英语成语分类及翻译策略》，《外国语文》2012 年第 10 期。

事件，后人常用一简洁说法表达其内容，用得久了就成了成语。（4）源于民间风俗。（5）来源于生活实践。英语中这类成语数量很多，是英语成语的主体。英国人以航海为生，因此有关海洋渔业的成语很多。（6）来源于名家名作的成语。很多英语成语源于名家名作，尤其是来自莎士比亚和狄更斯的作品。（7）来源于外来语的成语。

关于成语的分类，可以从许多不同的角度来分，但是到目前为止，还没有一种公认的分类方式。比如，从语法角度分，可分为名词性成语、动词性成语、介词性成语、形容词性成语等。从交际功能方面来分，可分为表达感情、态度、意愿、决心、诅咒等。而按成语中心词的意义类别来分，可涉及人、动物、人体的各部分、植物、食物、衣物、家庭日常用品或工具、医疗与生死、娱乐、地理、天气、方向、买卖、心灵、颜色、数字、时间等。

本章以实用为目的，认为按成语中心词意义类别进行分类的方法是可取的。

（1）以人为中心词：A Jack of all trades（样样通，但样样松）；

（2）以动物为中心词：Put on the dog（装模作样，装出斯文、有钱或有文化的样子）；

（3）以植物为中心词：turn over a new leaf（洗心革面，重新做人）；

（4）以食物为中心词：somebody's cup of tea（喜爱的人或事物，命运）；

（5）以衣物为中心词：Keep one's shirt on（不发脾气，忍耐）；

（6）以日常用品为中心词：throw in the towel（认输）；

（7）以生命、死亡为中心词：blood is thicker than water（血浓于水）；

（8）以娱乐、休闲为中心词：have one card up one's sleeve（锦囊妙计）；

（9）以天文地理为中心词：make a mountain out of a molehill（小题大做）；

（10）以颜色为中心词：A bolt from the blue（晴天霹雳）；

（11）以数量为中心词：talk nineteen to the dozen（喋喋不休）；

（12）以时间为中心词：At the eleventh hour（在最后时刻）。①

---

① 史钰：《英语成语的分类和分析浅谈》，《中国电力教育》2005 年研究生教育专刊。

第二节 英语成语的翻译方法

翻译界长期存在两种翻译方法的争论：直译与意译（Literal Transla-tion and Free Translation）。英语成语的翻译同样也涉及这两种方法的使用。直译的好处是能保持原文的外在形式，意译的优点在于能传达原文的内在含义。涉及具体的翻译方法，可以分为以下几种：

一 借用法

"借用"属于直译法，即直接借用原英语成语中的隐含寓意和寓意形象进行翻译，从而最大限度地保留原成语的风格，并将该成语介绍到中国文化中来，使之成为汉语成语的一部分。

如前所述，英语成语包含了许多从古希腊罗马文化遗产中借用的典故。这些典故的借用极大地丰富和发展了英语语言文学和艺术。任何一种文化都有其精华部分，对于外来文化的精华进行借鉴和利用，可以丰富和发展我们本民族的文化。在英语成语的翻译中，"借用"正是吸收优秀的外来文化的一种方法。事实上，我们已从英语中借用了大量的成语，这些成语已经深深根植于中国文化，成为汉语成语的一部分。例如：

（1）Seeing is believing. 眼见为实

（2）An eye for eye and a tooth for a tooth. 以眼还眼，以牙还牙。

（3）Brevity is the soul of wit. 言以简为贵。

（4）All Roads lead to Rome. 条条大路通罗马。

（5）A friend in need is a friend indeed. 患难见真情。

（6）No pains, no gains. 不劳则无获。

（7）The early bird catches the worm. 早鸟先得食。

（8）Crocodile tears 鳄鱼的眼泪

（9）Gentleman's agreement 君子协定

（10）Pride comes before a fall. 骄兵必败

（11）Beauty is in the eye of the beholder. 情人眼里出西施。

（12）It's never too old to learn. 活到老，学到老。

（13）Walls have ears. 隔墙有耳

（14）All time is no time when it is past. 光阴一去不复返。

（15）Enough is as good as a feast. 知足常乐

（16）Time is money. 一寸光阴一寸金。

（17）A wolf in sheep's clothing 披着羊皮的狼

（18）The shortest answer is doing. 最简单的回答就是干。

（19）Barking dogs seldom bite. 爱叫的狗不咬人。

（20）Better master one than engage with ten. 会十事，不如精一事。

（21）Business is business. 公事公办

（22）Diligence is the mother of success. 勤奋是成功之母。

（23）Give him an inch and he will take a yard. 得寸进尺

（24）Great minds think alike. 英雄所见略同

（25）Lookers - on see most of the game. 旁观者清

（26）Practice makes perfect. 熟能生巧

（27）Strike while the iron is hot. 趁热打铁

另外，很多西方文学作品中的典故也被借用到了汉语中来，成为家喻户晓的故事。如取自于《圣经》中的典故 the forbidden fruit（禁果），取自于《伊索寓言》的典故 The sour grapes（吃不着葡萄还说葡萄酸）和 The tortoise wins the race while the hare is sleeping（兔子睡觉，乌龟得胜），取自于古希腊罗马神话的典故 All he touches turns to gold（点金术）和 Wolf in sheep's clothing（披着羊皮的狼）等。这些典故的借用极大地丰富了汉语成语的内容，并且促进了语言文化之间的沟通和交流。

二 替代法

"替代"是一种常用的方法。英语成语中所隐含的寓意，通过直译的方法，完全有可能被译为与原英语成语的寓意完全不相同的汉语成语，从而对中国读者造成误导。对于大部分的英语成语来说，仅从字面进行翻译是不充分的，甚至有可能产生误译。为了准确地表达英语成语的隐含寓意，我们常常运用"替代"这一方法。"替代"有下面两种情况：

第一种情况，对于一些我们能够理解其中含义，但又不适合从字面翻译的英语成语，我们不妨用汉语中意义相同的成语来进行替代。这种做法的优点是：译文更符合汉语成语的构成特点，更便于汉语读者理解和接受。例如：

（1）Scratch the surface 略知皮毛

（2）Shoot the works 不遗余力

（3）go through the motion 敷衍了事

（4）to drink like a fish 牛饮

（5）the four Asian tigers 亚洲"四小龙"

（6）The grass is greener on the other side of the hill. 这山望着那山高。

（7）One man's meat is another man's poison. 萝卜青菜，各有所爱。

（8）Two heads are better than one. 三个臭皮匠顶个诸葛亮。

（9）Where there is s will there is a way. 有志者，事竟成。

（10）What is done by night appears by day. 若要人不知，除非己莫为。

（11）Where there's life, there's hope. 留得青山在，不怕没柴烧。

（12）What are the odds so long as you are happy. 知足者常乐。

（13）Every potter praises his own pot. 王婆卖瓜，自卖自夸。

第二种情况，由于很多英语成语含有一定的寓意，而字面翻译很难表达出这种寓意，在这种情况下，我们可以从汉语中找出一些寓意相同，但寄予寓意的形象却略有不同的汉语成语对原英语成语进行替代。这种方法的优点是：便于中国读者更好地理解英语成语所表达的寓意。例如：

（1）to find a needle in a haystack 大海捞针

（2）Do not teach fish to swim 班门弄斧

（3）as strong as a horse 体壮如牛

（4）as timid as a hare 胆小如鼠

（5）Two can play the game 孤掌难鸣

（6）New broom sweeps clean. 新官上任三把火。

（7）Speak of the devil, and he appears. 说曹操，曹操到。

（8）Putting the cart before the horse 本末倒置

（9）It is a poor mouse that has only one hole 狡兔三窟

（10）Love me, love my dog 爱屋及乌

（11）It's never too late to mend 亡羊补牢

（12）a blessing in disguise 因祸得福

三　扩展法

有些情况下，我们无法为英语成语找到寓意相一致的汉语对应成语，这时，我们需要运用"扩展"这一技巧，以便能够准确、忠实地传达原文的内在含义。但在扩展英语成语原意的过程中，我们可能因为翻译的需要而不得不改变原句的外在形式并牺牲原句寄予寓意的形象。例如：

（1）to mind one's p's and q's 译为"谨言慎行"。从意义上说，忠实地传达了英语成语的寓意，但在形式上对原成语有所改变，并牺牲了原成语寄予寓意的形象"p's"和"q's"。

（2）to stew one's own juice 译为"自讨苦吃"。扩展了原成语所含有的寓意，而省去了"juice"这一寓意载体。

"扩展"的另一种形式是在对原成语进行直译的基础上加破折号，以进一步对字面译文进行解释和说明。这种译法的优点是既照顾了原成语的字面意义，又表达了其隐含寓意，更易于让中国读者理解和接受。例如：

（1）Not to be able to see the wood for the trees（只见树木不见森林——缺乏远见）；

（2）A rolling stone gathers no moss（滚石不生苔——漂泊者不积财）；

（3）to have all one's eggs in one basket（将所有的鸡蛋装在一个篮子里——孤注一掷）；

（4）to make one's blood boil（使某人血液沸腾——勃然大怒）。

四　注释法

英语成语中包含了很多的典故，这些典故来源于很多经典的文学作品，有着独特的文化背景。在翻译这些典故时，需要运用"注释"这一技巧来揭示典故本身所蕴藏的文化内涵。也就是说，在字面翻译这些典故的同时，应对其传递的文化信息附加特殊的解释和说明。例如：

"What will it be when the increase of yearly production is brought to a complete stop? Here is the vulnerable place, the heel of Achilles for capitalistic production. "（如果生产根本不能每年增长的话，情形将会怎么样呢？这正是资本主义生产的致命弱点）

在翻译上面这段文字时，成语 the heel of Achilles（阿喀琉斯之踵——致命的弱点）所影射的文化背景较为复杂，要让读者理解好这个成语，必须在文章后附加注释——（该成语出自古希腊神话，阿喀琉斯是密耳弥多涅斯人的国王珀琉斯和爱琴海海神的女儿西蒂斯的儿子。他的母亲西蒂斯预见到他会夭折，在他出世后，白天用天宫的琼浆擦他的身体，夜间把他投入火里锻炼，并且还捏着他的脚后跟，倒浸在冥河水里，这样即可刀剑不入。后来在特洛伊战争中，他恰恰是脚后跟中箭而阵亡，因为他母亲用手捏住了他的脚后跟，以致脚后跟未沾过冥河的水，这就成了他致命的弱点）。①

下面几个注释的译法都很精确，可供参考：

（1）I deeply believe in equal justice for all Americans，whatever their station or former station. The law，whether human or divine，is no respecter of persons. 我深深相信，对所有的美国人来说，审判都应该是公正的，无论他们现在的身份和以前的身份。（注：no respecter of persons 出自《新约·使徒行传》第十章："Then Peter opened his mouth，and said，of a truth I perceive that God is no respecter of persons，原指上帝不偏待人，如今该成语在本义的基础上暗含歧视之义，然而在不同的语境中效果却不一样）

（2）Though Henry Adams found Cambridge a "so–called" social desert"，it flowed with intellectual milk and honey. 虽然亨利亚当姆斯认为剑桥是个"社会沙漠"，但它却流淌着知识的奶和蜜（注："知识的奶和蜜"意指"人才荟萃之地"）

（3）She attracted him at first sight and he made elaborate plans to court her，but he didn't even get to first base. 他从第一眼就被她迷住了，于是精心策划向她献殷勤，不过很快就失败了。（注：成语 not get to first base 原指棒球击球手没有跑到第一垒，转义为"一开始或很快就失败了"）

（4）When he applied for the job，he already had two strikes against him：he didn't have a college diploma like the other applicants，and he was ten minutes late for his interview. 在他应聘这份工作时他就感到情况不妙：一方面他没有大学文凭，再加上去面试时又迟到了十分钟。（注：to have two strikes against on 三击中已有两击不中——原指棒球击球手已击两球不中，如第三击再不中，就要出局。转义为"处境不利、形势不妙"）

（5）The negotiations are the key to the undertaking，we'd better ask Mumford to carry the ball. 谈判是完成本次任务的关键，因此我们最好还是请曼福特担负起这次谈判的主要责任。（注：To carry the ball 负主要责任——原指橄榄球运动员执球，转义为"对完成某项任务负主要责任"）

（6）It's easy to be an armchair quarterback but your idea wouldn't have worked at all！充当指手画脚的指挥当然容易，不过你的主意一点也不管

---

① 涂嵘：《英语成语的文化特点及翻译方法》，《青海师范大学学报》（哲学社会科学版）2004 年第 4 期。

用。（注：句中的成语 an armchair quarterback 坐在扶手椅上的指挥者。quarterback 原指橄榄球赛指挥进攻的四分卫，加了 armchair 一词，往往指局外人大谈应如何做某事而未身体力行也不用负任何责任）

五 类歇语法

类歇语法指的是采用类似汉语的歇后语构成办法。歇后语是我们汉语独有的文字游戏，将一句话分成两部分来表达某个含义。前一部分是隐喻或比喻，后一部分是意义的解释。类歇语的结构形式分为两部分，前一部分不是隐喻或比喻，而是原文中的神话典故（直译），后一部分则既可以是比喻意义，又可以是隐喻，还可以是对前部分的解释。不过要提醒的是，类歇语法原则上只适宜于那些鲜为人知的、生僻的成语典故。对于那些脍炙人口、人人皆知的来说，采用此法就会产生画蛇添足之嫌。

例如：

（1）Carry Coals to Newcastle. 把煤送到纽卡斯尔——多此一举。（比喻）

（2）The ramifications of Dennis and Eckhart's intellectual experiment opened a Pandora's box of opinions and biases. 丹尼斯和埃克哈特的智力实验打开了关于观点和偏见的潘多拉盒子——罪恶之源。（解释）

（3）We must try to solve the problem even if it is really a Gordian knot. 我们必须设法解决这一问题，即使它是戈耳迪之结——难以解答。（隐喻）①

六 增减词义法

一些英语的成语和谚语，其出处、文化背景、语言习惯和含义都与汉语不同，在翻译过程中，很难找到一个合适的汉语相应的表达，应该采用灵活的方式，采用适当增加或减少词义的做法，再加上相应的解释说明。另外，还要注意上下文和语言环境。尽力完美地翻译出来。例如：

（1）People who live in glass houses should not throw stones. 己有过，勿正人或责人必先责己。（减词义）

（2）Fools rush in where angels fear to tread. 初生牛犊不怕虎。（减词）

（3）Wash your dirty linen at home. 家丑不可外扬。

（4）You may take a horse to the water, but you can't make it drink. 老牛不喝水，不能强按头。（减词义）

---

① 张海波：《翻译标准视角下的英语成语分类及翻译策略》，《外国语文》2012 年第 10 期。

（5）He was born with a silver spoon in a mouth which was rather curly and large. 他虽有富贵命，却无富贵相。

（6）The conflict must heal before what looks increasingly like a back – to – the – wall election in 1992. 此句中的"back – to – the – wall"是"with one's back to the wall"简化而来，表示处境困难，来修饰 election。在此译为"1992 年危险的选举"。（增词义）

（7）If you insist on marrying that girl, I can't stop you. But don't come running to me when the shoe starts pinching. 句中的"the shoe"和"pinching"是"to know where the shoe pinches"的改变形式，指知道问题的症结所在。本句的意思是："你要是非娶那个姑娘不可，我也没法阻拦你。但如果出现了问题，可不要跑来找我。"（增词义）①

第三节　英语成语翻译的过程中需要注意的几个问题

因为英语和汉语一样都有大量的成语，所以有些人在翻译英语的成语时力求把它们译成汉语中对应的成语，这是一个极大的误区。要想在翻译英语成语时做到准确翻译，避免误译，就不能简单采取对应原则，而是要遵循解释本义的原则。要想做到用汉语充分地诠释英语成语，最好从英汉成语对应关系的角度把英语成语分成三类：与汉语相对应的成语、与汉语半对应的成语和不对应成语。

与汉语相对应的成语在意义和使用上都与某个汉语成语类似，一般来讲可以互译。但对应也不是绝对的，细微的差别仍然存在，只不过这种差别不至于导致误译。例如，把英语成语 to kill the goose that lays the golden eggs 译成汉语成语"杀鸡取卵"就是相互对应很好的例子。此外，还有诸如 all a speed a speed（直言不讳），an eye for an eye，a tooth for a tooth（以眼还眼，以牙还牙），When in Rome do as Romans do（入乡随俗）等都是与汉语相对应的成语。虽然不是逐字对应，喻体也不完全相同，但寓

---

① 方绍玲、吕新：《浅谈英语成语谚语的翻译技巧》，《烟台教育学院学报》2004 年第 12 期。

意是相同的。对于这类成语,可以找出汉语中内容意义相同的成语来对应翻译,并能收到好的效果。

与汉语成语半对应的英语成语在意义和用法上与汉语成语有区别但仍有许多共同之处。要想在翻译时确认这种成语的意义就必须结合具体的上下文。

以"walls have ears"和"隔墙有耳"这一对成语为例。该成语在英英词典中有三种解释:(1)"eavesdroppers are or may be present"(有或可能有偷听者);(2)"Others may hear us"(可能有人听去我们的话);(3)"even the most secret and private conversation may become known to other people"(即使最秘密最私下的谈话也可能被人家知道)。

显然,第一种解释相当于汉语的"隔墙有耳"。但是第三种"世上没有不透风的墙"则更恰当一些。可见要把半对应的英语成语译成汉语,要具体情况具体分析,要结合上下文的内容来作判断,从而确定是否选择对应的解释。

有些英语成语与汉语成语是不对应的。它们在意义和用法上都不同,只是词句比较类似。如果根据字面意思翻译,那就会酿成大错。

比如有人把"Claw me and I'll claw thee"误译成"以牙还牙",这就明显违背原意了。这里"claw"的意思是"轻轻抚摸",翻译成汉语的意思是"你捧我,我就捧你"。而"以牙还牙"的意思正好相反。还有诸如把英语成语"pull sb's leg"(愚弄取笑)译成"拖后腿";把"wake a sleeping wolf"(自找麻烦)译成"打草惊蛇";又把"a walking skeleton"(骨瘦如柴)译成"行尸走肉"等,都是把不对应成语按字面意思翻译的结果。

对于这类成语,翻译时一定要做到准确理解,许多误译就是由翻译者不完全理解原文造成的。要想做到准确理解,就不能对英语成语中的各个单词的意思进行简单的拼凑,即不能对字面意思进行望文生义式的翻译,否则就会造成误译。

要想避免这种误解,除了加强对英语国家历史文化知识的学习,广泛涉猎,注意积累,在翻译时查阅不同的词典也是十分必要的。

由于文化差别,在翻译英语成语时,英英词典的解释更可取一些。当然,不同的英英词典的解释有时也不尽相同。在成语的误译例子中,在翻译不对应的成语时出现的误译最多,而这方面往往又是非常难以避免的。

造成这种局面的原因就是在进行翻译工作时不做仔细研究，简单行事，想当然。在翻译过程中，如果能够用汉语中对应的成语精确地传达英语成语的原意和色彩是最为理想的，因为用读者所熟悉的、固定而又简练的母语词汇所进行的表达更容易被理解，效果也更好。但是一定要慎重考虑两种语言成语的对应关系，不能想当然，更不能牵强附会，一定要把解释本义放在第一位。对汉语成语的使用应该做到"宁缺毋滥"。①

① 周海昕：《如何避免英语成语和谚语的误译》，《辽宁师专学报》（社会科学版）2001 年第 4 期。

第二章　英语双关语的翻译

第一节　英语双关语简述

英语双关语（Paronomasia）俗称 Pun，是巧妙使用同音异义词（homophone）或同形异义词（homograph）的修辞手段，属于英语修辞的一种常见形式。双关语以文字游戏的形式，出人意料地把一个词或者一句话中互不关联的两种含义相结合，从而表达出两层不同的意思。这种修辞格广泛运用于各种文学作品、幽默故事、笑话和谜语中，或借题发挥，或插科打诨，或旁敲侧击，使语言妙趣横生，达到一箭双雕的效果。

英语双关语主要有谐音双关（Homophone）和语义双关（Homograph）两种形式。

谐音双关利用语义不同但同音或近音的词构成双关语，达到既紧扣双重情境（double context），又表达不同感情色彩的特殊修辞效果。如 Seven days without water make one weak 一句，就是借用 week（周、星期）与 weak（虚弱的）谐音，表明七天不喝水，使人身体（在一周之内）变得虚弱。再如 The BERD's in hand（贷款在握）一句里面的 BERD，该词本意代表"欧洲建设发展银行"（the Bank of European Reconstruction and Development）。但是因为它与 bird 一词同音，英语中有一成语：A bird in the hand is worth two in the bush（二鸟在林，不如一鸟在手；多得不如现得），简略为 a bird in the hand。因此，本句就产生了这样的双关含义：这家投资银行已成立，有关国家有把握获得好处。

语义双关是利用同形异义词紧扣双重情调，形成双关语，达到造成诙谐的修辞效果。例如本杰明·富兰克林曾经用过这样一个口号来呼吁殖民地的人民团结起来：We must all hang together, or we shall all hang separately（我们必须团结在一起，否则我们将一个个被处死）。句中第一个 hang 意为团结在一起，第二个 hang 则意为被绞死。该句巧妙借用 hang 这个词同形异义的双关含义，深刻而幽默地说明了不团结便灭亡的道理。

从英语双关语的特点上看，无论其结构是简是繁，或者无论以什么形式表现，都具有明显的语言含蓄性。乍一看叫人难以捉摸，一旦点明则令人捧腹、回味无穷，从而高度体现了语言的修辞技巧。[①]

第二节　英语双关语的翻译方法

英汉两种语言都运用了较多的双关语，虽然两者在形式上相似，修辞作用上也大致相同，但表达方式及表现手法各有不同。英语中的双关语在汉语中不一定双关；反之亦然，因此翻译起来很困难。这种情况主要表现在语音层面和语义层面。

一　谐音双关的翻译

英汉两种语言在语音上存在很大差别，原语中的谐音双关在目的语中很难找到对应的形式，在翻译时，有时能顾及意义却无法顾及读音。对于谐音双关，可以采用直译的方法。直译后如果仍能保留原语的双关之意，是最理想的译法。

很多研究双关语翻译的学者都用在莎士比亚的《以牙还牙》（Measure for Measure）中的这个例子来说明直译的妙处：

当某绅士对路奇奥说："Thou art always figuring disease in me, but thou art full of error. I am sound.（你总以为我有那种病，其实你大错特错了，我的身体响当当的。）"后，路奇奥就借用了双关语予以回击。"Lucio: Nay, not as one would say, healthy, but so sound as things that are hollow, impiety, has made a feast of thee."（路奇奥：响当当的，可并不结实，就像空心的东西那样响当当的，你的骨头都空了，好色的毛病把你掏空了。）

这句话里的 sound 就是双关语，它既表示"结实的"意思也表示"空洞发响的"意思。而汉语译文中"响当当的"一词也具有这两重意

---

① 陈玉霞：《试析英语双关语及翻译》，《芜湖职业技术学院学报》2002 年第 6 期。

思，因此这段译文就完美再现了原文的诙谐幽默。

英汉两种语言中完全对等的双关词很少，因此谐音双关在直译时往往会发生意义和读音方面的顾此失彼，但只要不引起读者误解和不违背译文表达习惯就是可以接受的。莎士比亚的《哈姆雷特》中有这样一段对话，也是很多学者推荐的典型例子：

——King：... my cousin Hamlet and my son... how are it that the clouds still hang on you?

——Hamlet：Not so，my lord，I'm too much in the sun.

——国王：……侄儿哈姆雷特，我的儿啊。……怎么回事，你还是满脸阴霾？

——哈姆雷特：不见得，陛下，我是阳光晒得够了。

此句采用了直译的方法，通过理解对话中 son（儿子）与 sun（太阳）的谐音双关，读者就会理解两人内心各自隐含的潜台词。他的叔叔以继父身份称哈姆雷特为 my son，目的是想通过表面抚慰来暗中窥测他的心机。而哈姆雷特的回答"too much in the sun"——表面上说"阳光晒得够了"，但实际却是在说"I'm too much in the son"，即表示"屈做你的儿子，我忍无可忍了"。

谐音双关中存在很多直译方法无法解决的现象，可以采用意译的方法来表达其双关语的表层意义，做到保持原语思想内容的完整性。我们可以参考下列这则墓志铭的翻译方法：

Here
Lies
Lester Moore
Four slugs
From
A4 4
No Les
No More

（这里埋葬的是赖斯特·莫尔。他死于 A4 4 枪弹，不多不少整四颗。）

该墓志铭中的最后两行 No Les 和 No More 有三层双关含义：（1）Lester is no more——赖斯特不在了；（2）No Lester，no Moore——没有赖斯

特就没有了莫尔；（3）No less, no more——不多不少（整四颗子弹击中了他）。这种多重双关的现象用汉语很难对等译出，所以译文只能采取意译的手法，保留其主要意义，放弃双关含义。

有的双关语翻译即使在损失了原文的双关含义后，仍然不能让人完全理解，这时可用音译加注法。这种方法既适用于谐音双关也适应于语义双关。例如：Here is a mourning Rome, a dangerous Rome, no of safety for octavius yet. 译为：这是一个悲哀的罗马，一个危险的罗马，这里已经没有奥塔威亚的容身之地了。注：因 Rome 和 room 发音相近，故谐音说明奥塔威亚已无立足之地。

再如：on Sunday they Pray for you and on Monday they Prey on you. 译为：星期日他们为你祈祷，星期一他们则对你掠夺。注：pray 与 prey 谐音构成双关，嘲讽了那些貌似虔诚，实则险恶之徒。

上述例句皆为谐音双关，它们通过音同或音近，利用词语的音调体现一种音趣，增添语言的情趣和幽默感。

二　语义双关的翻译

很多双关语是借助比喻手段创造出来的，因为英汉两种语言在比喻方面毕竟存在着许多共同的习惯，所以在翻译这种文字时应该尽量表现出来原文的双关语义。例如：

——Come, hither, sirrach. Can you cut off a man's head?

——If the man be a bachelor, sir, I can; but if he be a married man, he is his wife's head, and I can never cut off a woman's head.

——过来，小子，你会杀头吗？

——老爷，他要是个光棍汉子，那就好办。可是他要有个老婆，那么人家说丈夫是妻子的头，叫我杀女人的头，我可下不了这个手。

该句把"丈夫"比作"妻子的头（首领）"，而不能"杀女人的头（脑袋）"一语双关：我不杀女人的头，这里的"头（脑袋）"在"妻子的头"中被换喻为"首领"，说明我也不能杀她丈夫。

语义双关一般采取直译，如采取意译会使译文失去原文的修辞效果。如果在翻译过程中译文只能表达双关意义中的一层意义，那么就要在翻译时将重要的一层意义予以保留。

例如：With soft consumer spending, Carnival Cruise Lines booking could head south. （由于消费疲软，"狂欢节航游轮船公司"的预订票出售可能

一蹶不振）。head south 有"驶向南方"之意，英语中 north 与 up 相关，south 与 down 相关，所以 head south 的另一层意思为"营业额直线下跌"。译文中保留的是后一层意义。

再如：The driver is safer when the road is dry；The road is safer when the driver is dry. 这则宣传交通安全的广告运用了 dry 一词的两重词义（干燥的；没饮酒的）构成双关，对司机很有警示作用。翻译时，dry 一词的两重意思在上、下句中只能各取一个：路面干燥，司机安全；司机清醒，道路安全。

在翻译双关语的过程中，要在译入语中寻找形式对应的双关词（谐音，多义）是很困难的，因为无论是语内交际还是语际交际，英汉两篇不同话语之间无绝对对等可言，因此译者所寻求的应当是功能对等。但是也要谨记，翻译的基本准则是尽量忠于原文，忠于原文的意旨，忠于原文的风格。因此，在进行双关语翻译时，该直译时就应逐字直译，该转译时也应灵活运用，以求通过译文展现原语的意境。①

英语双关是英语的重要修辞格之一，英语双关的使用可以丰富美化语言，增强语言的表达效果和艺术感染力，但在使用与翻译英语双关语的过程中应注意以下两个方面：（1）英语双关语的使用不能刻意追求、滥用、误用，只有用得恰到好处、自然得体，才能达到满意的修辞效果，充分发挥语言的交际作用。（2）英语双关语的翻译必须采取灵活的方法。有些英语双关语可以直译，有些英语双关语具有浓厚的民族语言特色，在汉语中找不到对应的双关语，不能直译，就不能根据具体情况，采用意译、拆译、加注释等变通的译法，加以妥善处理。②

第三节　英语双关语翻译的障碍

一　有限的等值词汇影响双关语的翻译

由于在很多情况下翻译中的对等只能在语意层面得以实现，一种语言中具有双重意义的词在另一种语言中很难甚至根本无法找到完全与其等值

---

①　陈玉霞：《试析英语双关语及翻译》，《芜湖职业技术学院学报》2002 年第 6 期。
②　王璐：《英语双关：分类、特点及翻译》，《山东教育学院学报》总第 108 期。

的词。汉语和英语是两个不同的语系，拼写和发音都有所不同，双语耦合的概率实在太小，也就是说很难找到相对应的双关词。当我们无法找到相对应的双关词时，双重语境就失去了有机的结合，从而造成两个孤立的话语含义。下面是一些英语双关语翻译的典型例子，每一个例子都有两种译文。译文 A 是按照字面意思进行的直译，译文 B 则是为了顺应读者的心理而采取的归化翻译方法。

例 1：What makes the road broad？The letter B.

译文 A：什么东西可以使道路变宽？字母 "B"。

译文 B：什么东西可以使门变阔？"活" 字。

例 2：Why is river rich？Because it has two banks.

译文 A：为什么河流是富裕的？因为它有两个河岸。

译文 B：为什么说河流是富裕的？因为它总是向前（钱）流。

例 3：A professor tapped on his desk and shouted："Gentlemen，Order！" The entire class yelled："Beer！"

译文 A：教授敲着桌子喊道：先生们，安静！全班学生齐声高叫："啤酒！"

译文 B：教授敲着桌子喊道：你们吆喝什么！全班学生齐声高叫："啤酒！"

在这些例子中我们看到，译文 B 由于放弃了对等值词汇的追求，让读者领会到了作者要表达的暗含的意义。而译文 A 则保存了原文语言的表面特征和字面意义，这种语义是语义，文本是文本，丢失了作者幽默、影射、传达复杂思想等效果。

二　文化与语境影响英语双关语翻译

双关语的翻译不仅是语言之间的转换，更是所属文化信息的转换，译者应在了解不同文化并具有跨文化交际能力的基础上运用特定的技巧对双关语进行翻译。语言文化习俗的差异必然导致翻译的局限性，尤其对于与文化习俗息息相关的双关语的翻译，不可避免地给我们的翻译工作带来一定的困难。

从前面举出的例子中我们可以看出，每一种语言都有不同的文化特征和不同的文化元素，而这些内容在翻译之后不能被读者完全理解。在不了解原语文化背景的情况下，读者无法联想到原语要传达的意思。这就要求译者必须具有强烈的文化意识，能够考虑到源语文化和目的语文化之间的差异，通过同化或者异化策略来化解文化谜团。译者要么尽量撇开作者而使读者向作者靠近译者，要么尽量撇开读者而使作者向读者靠近，使读者向源语文本靠近。换句话说，就是要以源语文化为归宿，要求译文读者在源语文本的语境下理解译文，即通常所说的异化。而"使原文作者向译文读者靠近"就是要以目的语文化为归宿改变源语文本以符合译文读者的文化语境，即所谓归化。

翻译中的归化和异化不仅是不矛盾的，而且是互为补充的。至于在译文中必须保留哪些源语文化，怎样保留，哪些源语文化的因素又必须作出调整以适应目的语文化，都可以在对作者意图、翻译目的、文本类型和读者对象等因素分析的基础上作出选择。对译者来说，最为重要的是在翻译过程中要有深刻的文化意识，要从社会、文化交际的角度去考察语言的使用。

三　语境依赖性影响英语双关语翻译

美国教授 Archibald A. Hill[①] 提出了双关语的出现有其独特的三个要素，即双关语的客观前提——双重语境（double context）、诱发因素——触机（trigger），以及串联双重语境和实现双关的语言铰链（hinge）。

为了让读者了解原文意图，翻译时要根据不同的语境，比如说话者的精神世界和所处的物质世界，把原文的目的传达给读者。双关语幽默，讽刺，发人深省，会在不同的语境有不同的释义。所以译者不能拘泥于原文，应减少对原作的过分依赖。译者首先考虑的不应是对原文文本的忠实，而应是对原文意图的忠实，即尽量忠实于原文的双重语境。

翻译双关语时，除了要在译文中表达原文的意义外，尤其要设法体现作者意欲表达的幽默效果，即铰链。译者应根据具体的语境正确理解原文旨意，仔细分析关键词（触机）的确切含义，透过表层捕捉本质，领会其中精髓，推敲出适当的词句，以保留原文的修辞风格，或采用其他补偿手段，力争将原文信息的失真减至最低。[②]

---

① One of the founders of the diverse disciplines of biophysics and operations research. He shared the 1922 Nobel Prize in Physiology or Medicine for his elucidation of the production of heat and mechanical work in muscles.

② 彭小华：《英语双关翻译中的障碍》，《宿州教育学院学报》2009 年第 8 期。

第三章　英语数词的翻译

第一节　英语数词简述

数词是人类语言中一个最基本的概念，在人类文化的交流和发展中有着重要的影响。英文中有许多数词，除了表示确切的数量概念，还有丰富的修辞功能，部分数词还可以起到动词的作用。把数词的功能运用于文学作品中，可以使文章变得生动活泼、幽默风趣。

由于英语数词可以直接与名词、动词和形容词结合，所以英语中数词组成的短语数量相当可观。以 one 开头的英语习语为例，按《综合英语成语词典》计算，就达 40 多条。通过观察和对比发现，这些数词短语的结构有一定的规则，大致可以分为四种主要结构：[①]

1. 介词 + 数词结构

此结构中的介词主要限于 by，at，to，on，in 等少数介词，例如：by ones and twos 三个两个地；in twos and threes 三三两两地；by fours and fiver 三五成群；at sixes and sevens 乱七八糟；on cloud nine /seven 高兴万分；to the nines 整整齐齐。

2. 数词 + 连词或者介词 + 数词结构

例如：two or three 少数的；six and half a dozen 半斤八两；two by four 微不足道的；ten to one 十有八九；forty to dozen 滔滔不绝地；three score and ten 一辈子；two upon ten 把眼睛睁大点（以防他人偷袭）。

3. 动词 + 数词结构

例如：go fifty – fifty 均摊，分摊；have one over eight 喝醉；make a

---

① 范素琴：《英语中数词短语的结构与翻译》，《濮阳教育学院学报》2002 年第 2 期。

million 发大财；strike twelve 获得辉煌的成就；take five/ten 休息一下；talk nineteen to the dozen 喋喋不休。

4. 限定词或者修饰词 + 数词结构

例如：a deep six 海葬；置之不理；the million 广大人民；sweet seventeen 妙龄；long nine 廉价的雪茄烟；the fourth 厕所。英语中很多数词具有修辞功能，具体表述如下:①

（1）借代。借代是不直接说出事物的本来名称，而换用另一个名称或另一种说法，以便使语言更加生动活泼。英语的借代有时会用到数词。例如：The million support their action.（用 the million 代替广大民众）；Elevenese（点心：最初来自 eleven，表示上午十一点吃）的零食或饮料；four – o'clock（紫茉莉：一种开放于下午四点的鲜花）；nine to five（朝九晚五：固定的办公时间）。

（2）比喻。比喻是用某种事物喻指另一种有相似特点的事物。用数词描述甲物体，通过它和乙物体的相似性来暗指乙，是比喻中常用的手法。如：How many times do I have to tell you not to leave your homework till the eleventh hour（the eleventh hour 指最后一刻）；She is at sixes and sevens.（乱七八糟，比喻处于混乱状态）；He was three sheets in the wind last night.（比喻一步三摇的醉汉）；A hundred to one he will win.（比喻机会很高，十之八九）。

（3）对比。对比是把两种不同事物或同一事物的两个方面，加以比较，形成映衬。利用数字来作对比，不仅使人一目了然，而且使事物的本质更加鲜明。例如：Two's company, three's none. 两人成伴，三人不欢；One careless move and the whole game is lost. 一着不慎，满盘皆输；Once bitten, twice shy. 一朝被蛇咬，十年怕井绳；Genius is one percent inspiration and ninety – nine percent perspiration. 天才出自于百分之九十九的汗水和百分之一的灵感。这些句子运用数词进行对比，不仅强调了主题还增强了旋律美，令人赏心悦目，读来朗朗上口。

（4）委婉。委婉是指在讲话时不直陈本意，而是用委婉之词加以烘托或暗示。委婉语也常利用数字或数字加上一个量词来表达。汉语用"一号，二号"分别代替"大便，小便"，英语中也有 No.1，No.2 表示类似意思。

① 黄宁：《英文数词的修辞功能及翻译》，《科技信息》2008 年第 7 期。

此外，还常用数字方面的俚语，如 eleven – fifty（罪犯档案），a two – by – two（黄色杂志），eight – six（酒鬼），forty – four（妓女）。数词的运用使这些表达婉转含蓄，而且诙谐幽默，达到较好的交际效果。

第二节　翻译英语数词的思路

数词的翻译不都要求字当句对，而是要保留语言的总体风格和力量。大致可以分为理解、翻译、校核三个步骤。

1. 理解

要翻译首先就要理解数词习语的表面含义是虚指还是实指。"虚指"意为数字所表达概念的所指范围是不确定的，没有精确的上下限，有时甚至与数量多少毫无关系。"实指"是保持数词本身数目的概念，数词在其构成的习语中具有实在的语用含义。数词习语中的数字表示的并非其字面上具体的数的精确概念，语义上的所指在数词的字面含义之外，其所指范围的边界具有不确定性。如果翻译者不熟悉成语意义上的这种由模糊性造成的虚实差别，便会把泛指译成实指，把虚义译成实义。

2. 翻译

理解了数词习语之后就需要通过语言表达出来，根据数词的具体情况，翻译时应该采用不同的方法（具体方法在下面有详细介绍）。

3. 校核

校核阶段是理解与表达的进一步深化，是对原文内容及译文语言进一步推敲的阶段。因此，校核是翻译过程中一个重要的阶段，并不是可有可无的，通过表达之后的校核，我们可以发现译文的一些问题并进行修正。在校核阶段，一般注意以下几个问题：（1）汉语译文词语是否有错漏；（2）译文中是否有译错或表达不够准确的词语；（3）有无错别字；（4）标点符号是否有误。①

---

① 李小园：《英语数词习语的翻译》，《长春教育学院学报》2011 年第 3 期。

第三节　英语数词的翻译方法

一　套用法

套用法是指把英语中的数词短语，翻译成意思和修辞色彩相同的汉语成语或习语。有的英语习语与汉语习语有着相同的意义、相同的感情色彩、相同或相似的形象，各自的民族色彩又不十分浓厚，在这种情况下，可以直截了当地用同义的汉语习语来翻译英语习语。这些汉语成语或习语为大多数读者所熟悉，所以翻译后的句子也容易理解。但是由于英汉两个民族的表达习惯不同，有些在使用数量词表达某些概念时会有所不同。如：

（1）One foot in the grave 行将就木

（2）Think twice before you leap. 三思而后行。

（3）Ten to one 十有八九

（4）It is six of one and half a dozen of the other 半斤八两

（5）Two heads are better than one. 三个臭皮匠，顶个诸葛亮。

（6）No man can do two things at once. 一心不能二用。

（7）Kill two with one stone 一箭双雕

（8）Six of one and half a dozen of the other 半斤八两

（9）A bird in hand is worth two in the bush. 一鸟在手胜过二鸟在林。

（10）A stick in time saves nine. 及时一针胜过事后九针。

（11）An inch of time is an inch of gold. 一寸光阴一寸金。

二　等值法

等值法的前提条件是译文的字词意义与原文吻合，所以在英汉翻译转换中尽可能地对数字进行等值翻译，尽可能真实准确地再现原文特色。例如：

（1）A drop in the ocean 沧海一粟

（2）Within a stone's throw 一箭之遥

（3）At sixes and sevens 乱七八糟

（4）On second thoughts 再三考虑

（5）By ones and twos. 三个两个地，零零落落地。

（6）A fall into the pit, again in your wit. 吃一堑，长一智。

（7）I've studied human nature and I know a thing or two. 对于人性我有研究，略知一二。

（8）I could forgive the boy now, if he'd committed a million sins. 现在哪怕这孩子犯一百万个过错，我也能原谅他！

（9）Three removes are as bad as a fire. 搬家三次等于失火一遭。

（10）Can you come down a little? 你能便宜一点卖吗？

Sorry, it's one Price for all. 对不起，不二价。

（11）He had one over the eight after he drank only half bottle of the wine. 他才喝了半瓶酒就醉得七歪八倒。

三 转换法

当遇到不是两种语言对应范围里的数字的情况下，可采用数字转换法，把英语里的数字换成意义相等、符合汉语习惯的数字。例如：

（1）Jugis was a young giant, broad of back, full of vigor, a workingman in a thousand.

尤格斯，身材魁梧，肩宽背阔，年轻力壮，干起活来，真是百里挑一的好手。（汉语成语有"百里挑一"，没有"千里挑一"）

（2）We may have lost but I'm proud to say that everyone on this team gave 110 percent.

我们可能失败了，但可以自豪地说，本队各位都尽了十二分的努力。（如果把 110 percent 直译为"百分之一百一十的努力"会造成混淆误解）

（3）The very imperialist maniacs would have to think twice before risking such a step.

即使帝国主义疯子在冒险采取这一步之前也得再三考虑。（英语中用 think twice 表示慎重思考，但汉语说"再三考虑"而不是"考虑两次"）

（4）... and I should enjoy more real happiness in the month with you at home than I have the most distant prospect of finding abroad, if my stay were to be seven times seven years.

另外，倘若我出门数十载寻求前景非常遥远的幸福，那还比不上在家中与你相聚一个月那样真正幸福。（数字"一七"在西方文化心理中占有极为重要的地位，《圣经》中不仅常常用 seven 表示神圣的多数，而且用 seven times seven 表示"极多"）

四 增词法

增词法是指翻译时适当增加原文中没有的数词，以求更好地传达原意。例如：

（1）in two minds：三心二意（增加"三心"）

（2）Six to one：相差悬殊

（3）two faced tactics：两面三刀（增加"三刀"）

（4）"How much did you suffer?" "Plenty." The old man said. "你吃了多少苦啊？""一言难尽。"老头说。（用成语"一言难尽"代替平淡的"很多"，使老头的回答更富有表现力，而且译文优雅）

五 省略法

省略法也可称为舍弃数字意译法。即舍弃数词的表面意义，而取其所要表达的真正含义。

（1）They are hurting like sixty. 疼得厉害。

（2）He must be one over the eight. 他准又醉得疯疯癫癫的。

（3）One man's meat is another man's poison. 人各有所好。

（4）Ten to one he has forgotten it. 很可能他已经忘了。

（5）His mark in math is second to none in the class. 他的数学分数在班上是名列前茅的。

（6）She is a second LeiFeng. 她是雷锋式的人物。

（7）I always believe my sixth sense. 我总相信我的直觉。

（8）He talks about you nine times out of ten when we have a chitchat. 每次我们闲聊他几乎都谈及你。

（9）The Parson officially Pronounced that they became one. 牧师正式宣告他们成婚。

（10）I used to study in France in the year one. 我早年曾在法国留学。

六 注释法

有些数词只有在背景知识或解释说明之后才能充分表达其意义，而译文本身无法用寥寥数字把这些交代清楚，此时宜加注释说明。著名翻译理论家 Peter Newmark① 认为 "As a last resort, the explanation is the

---

① Peter Newmark 是英国翻译研究界的元老，现为英国萨里大学（Surrey University）的教授。他在其成名之作《翻译研究途径》（*Approaches to Translation*）中所提出的"语义翻译"与"交际翻译"之说在翻译教学与翻译研究界几乎人人皆知，至今仍有其理论价值与实践价值。

translation. "（万不得已时，解释就是翻译）。如在翻译带有鲜明文化色彩的短语时，就必须加上注释。加注法还可用于翻译某些文字游戏。当原词语有多重意义，而其中的某种意义又与其直接上下文相呼应时，一般也只能保留原语的文面形式，并附加注释，以说明情况。

下面这个例子，就是在完成了字面翻译之后，又以注释的形式对译文中出现的相关法律条文进行了说明。

Alger Hiss took the fifth when asked whether he was a member of the Communist Party. 当阿尔杰·希斯被询问是不是共产党时，他援引宪法第五次修改条款，拒绝回答。

"to take the fifth" 是美国习语，意思是 "taking refuge behind the Fifth Amendment of the Constitution of the United States which guarantees any witness the right not to incriminate himself while testifying at a trial"。

七　创新法

在翻译时译者为了迎合译语民族读者的文化心态和接受习惯，为了使译作更好地传达原文的意义，达到"神似"，在明明可以照数直译的情况下，发挥其创造性，故意改变原数，从而形成了"创造性的翻译"或"创造性的背叛"。

请看劳陇对英国诗人华兹华斯的诗句处理：

Ten thousand I saw at a glance,

Tossing their heads in sprightly dance.

似三千芳影临风展，

素首齐扬舞袖翩。

再看下面这段话的处理：

. . . and people in town have said that talking to him about anything is better than reading three books. 镇上的人都说与君一席话，胜读十年书。

我们再举一个经常被人引用的例子来说明什么样的翻译是创造性的翻译/背叛：

"He is seventy – six of age," said Mr. Smallweed. Mrs. Smallweed piped up："Seventy – six pounds! Seventy – six thousand bags of money! Seventy – six hundred thousand million of parcels of bank notes!" "他今年七十六岁"，斯墨尔维德先生说。斯墨尔维德太太尖叫起来："七十六镑！七十六万袋钱！七十六万万万包钞票！"

这种译法用概略化手段将数字的确切大小作了改动。从表面看，这好像不够忠实，但它却完全掌握和传递了原作的精神。译者没有受枝节的束缚，而是抓住了原文的要旨，对原来由"七十六"引出的三个钱数，仍用"七十六"这一相同的数字开头来译，活灵活现、栩栩如生地勾勒出了一个守财奴的嘴脸。[1]

八　英语数词的动词化翻译

数词转化为动词的现象不多，但近几年也呈增长趋势。绝大部分由数词转化的动词或动词词组都属于俚语，而这些俚语通常是由数词或数词词组用连字号连接起来的名词或复合名词形容词或复合形容词转化为动词或动词词组的。这些数词动词化的俚语通俗上口、生动活泼，已经成为口语交流中的一部分。这些非正式化的词语很自然地为一般喜欢使用比较轻松、随和的口语层次的美国人所采用。

下面一些例句都属于数词动词化表达：

1. eighty – six

当顾客向快餐店购买某种食品而无货供应时，店主或帮手常会说 eighty – six（"无货供应"）。随着快餐业的迅猛发展，eighty – six 很快被用作动词。to eighty – six 可作 "to refuse to serve（a customer）"（不招待顾客），"to eject or interdict sb."（驱逐某人或禁止某人做某事）。与 "to kill, destroy, annihilate"（杀死，破坏，毁灭）同义。例如：

（1）We eighty – six the French chips. 我们（本店）不供应（法国）油煎土豆条。

（2）I'll have you eighty – sixed out of this bar. 我要把你赶出酒吧间。

（3）There'd been serious pragmatic reasons for not eighty – sixing the man then and there. 不在当时当地杀死那个人，是有重要的实际原因的。

2. Nine – to – five

用作动词时，作 "to be regularly employed, especially in an office job"（被正式雇用做办公室工作）解。例如：

Even when he was nine – to – fiving, Jack could hardly make both ends meet. 尽管杰克被正式雇用干办公室工作，他还是入不敷出。

---

① 李文芳：《英语数词的翻译方法探析》，《中国科技信息》2008 年第 17 期。

3. Deep six

此词原系美国海军用作"海葬"意义的俚语。这里 deep six 被用作动词，to deep six 的意思是"to throw away, discard, throw over-board"（抛弃；把……抛到船外，海葬）。例如：

（1）The company deep sixed his proposal. 公司对他的建议置之不理。

（2）The lad was deep sixed in the darkness of the midnight. 在深夜一片漆黑中，这个小伙子被海葬了。

（3）...one White House disposal crew even unblushingly planned to deep six a file in the Potomac. ……白宫一批负责销毁文件的工作人员甚至恬不知耻地准备将一份档案投进托马克河。

4. one-up

这个词组是俚语，意思是"in a superior position; at an advantage"（胜人一筹；占……的上风）。例如：

（1）The Party's 58-year-old leader one-upped the socialists by endorsing the plan. 该党五十八岁的党魁因支持这项计划而占社会党人的上风。

（2）John likes to one-up his neighbors. 约翰总是爱比左右邻排场一点。

（3）His Latin is one-up on mine. 他的拉丁文比我略胜一筹。

5. one-step

一种狐步舞，一步舞。用作动词时作"to dance one-step"解，即"跳狐步舞（一步舞）"。同样，two-step（二拍子圆舞，二拍子圆舞曲）转化为动词时，作"to dance two-step"解，即"跳二拍子圆舞"。Number one（or number one）：作为动词词组时，number one 等于"to urinate"，即委婉语"排尿，解小便"。例如：

The little kid had to number one real bad. 这小孩急于要小便。

6. number two

用作名词词组时作"defection"，即委婉语"大便"。转化为动词词组时等于"to defecate"，即委婉语"解大便"。例如：

He ran off in the woods, having to number two. 他奔跑到树林里去大便。

7. four-flush

此短语原系打扑克时用语，即"四张同花一张不同花的一手牌"。转化成动词时 four – flush 作"以四张同花一张不同花的一手牌，虚称五张完全同花"解。作为俚语动词短语，to four – flush 等于"to make a false claim；to bluff"，即"吹牛"、"吓唬"。例如：

The two gamblers were four – flushing their opponents. 那两个赌徒正在吓唬他们的对手。

8. two – time

此动词是美国俚语，意为"to double cross"（欺骗；出卖），"to betray by secret love – making with another"（对爱人、妻子或丈夫不忠）。例如：

The wife divorced the husband，who often two – timed her. 因丈夫常对妻子不忠，所以她与他离了婚。

9. zero in

此动词词组意为"to aim at or concentrate on a specific person，thing，etc."（把……对准目标）。例如：

（1）Mortars were zeroed in on all avenues of approach. 迫击炮对准了所有通路。

（2）We are trying to zero in on the problem. 我们正在集中全力解决这个问题。

（3）The Seattle Police have zeroed in on the run – away murderer. 西雅图警方已竭尽全力对付那个逃跑的杀人犯。①

在翻译实践中，理解与翻译数词的困难主要来自三个方面。第一，英、汉数词的构词能力差异导致了两种语言数词习语数量上的不平衡，英、汉语数词间在数量上存在词汇空缺。第二，英、汉数词的结构差异使两种语言间的互译从形式上不可能对等。第三，也是最重要的一方面，英、汉语的相应数词具有不同的语用含义，这种差异源于英、汉语言间的差别，两个民族思维方式的不同以及各有特色的生活经验。

由于语用含义是数词的核心意义，翻译者要准确传达数词的含义，必须对汉、英两种语言与文化有较全面的了解。译者只有在透彻理解两种文化的基础上，翻译才能形神兼备。因此，缺乏文化背景知识是这类数词翻译的最大障碍，翻译能力的培养与文化差异的认识应该是同步的。在英语

---

① 张定兴：《略谈英语数词动词化及其翻译》，《中国翻译》1995 年第 5 期。

学习中，只有不断培养和提高对文化差异的敏感性，才能更好地掌握两种语言间的翻译技巧。不能望文生义，必须弄清确切含义之后再着手翻译，充分发挥数词在跨文化交际中的作用。①

① 李小园：《英语数词习语的翻译》，《长春教育学院学报》2011年第3期。

第四章　英语委婉语的翻译

委婉语（Euphemism）作为一种修辞手法，早在英语维多利亚时代就得到了广泛的运用，成为当时上流社会的一种时尚。而在当今英、美等国，委婉语的使用更是有增无减，而且不断推陈出新，令人目不暇接。委婉语使用的范围亦不断扩展，涉及社会及个人生活的方方面面，从而使委婉语成为英语世界中一个引人注目的语言现象。

但是，英语中委婉语的全面而广泛的使用也给翻译工作者，尤其是非英语国家的翻译工作者在理解和表达方面带来很大的困难。本章拟从委婉语的定义和起源入手，对英语委婉语的分类、功能、规律及其翻译方法做一初步探讨，以期达到在实际翻译工作中加强对委婉语的理解和交流之目的。

第一节　英语委婉语简述

一　什么是委婉语

英语委婉语"euphemism"一词来源于希腊语。该词前缀 eu – 表示 good（好）的意思；而其词干"phemism"则是"speech"，即"言语"之意。两部分结合在一起的字面意义是"word of good omen（吉言）或 good speech（好话）"。

它的重要特征在于用比较抽象、模棱两可的概念或比喻的手法，把原来显得粗鲁或令人不愉快的话换成婉转含蓄的说法，使语言温和而悦耳，谈话双方也不必为谈论此事而内疚或窘迫，有效地回避精神上的刺激和情感上的冲突。传统上，委婉语主要用于规避禁忌（taboo）或出于礼貌。委婉语的使用是普遍而又必不可少的。委婉语不仅是一种语言现象，更是一种文化现象，不同委婉语代表着不同文化背景，也反映出它所代表的文化和其他文化的差异。而翻译的目的就在于在使用不同语言、有着不同文化背景的人之间架起一座桥梁，以便进行一种跨语言、跨文化的思想交流活动。所以，委婉语的翻译重在把委婉语所承载的文化内涵忠实地传达给读者或听者。[①]

二　委婉语的分类

1. 传统委婉语。传统委婉语（traditional euphemism 或 negative euphemism）是与禁忌语紧密相连的。它们表述的是同一事物，只不过是表达的方法不同而已。比如说像生、老、病、死、性、排泄等禁忌事物，如果直接表达出来就是禁忌语，常常给人以粗俗、无礼、生硬之感；但是，如果我们代之以委婉语来表达，则会使人感到含蓄悦耳，易于接受。如"私生子"一词在英语中就有诸如 baby of love，blankard，born out of wedlock，by – blow，love child 等二十多种委婉表达方式。

2. 文体委婉语。文体委婉语（stylistic euphemism 或 positive euphemism）其实质就是恭维话或是赞美之词，它跟禁忌语没有关系。这种委婉语在当今欧美各国可以说是大行其道。一方面，人们往往采取夸张的言辞来表示礼貌，避免冲突，争取合作，消除敌意；另一方面，人们（尤其是政客们）利用这种委婉语来欺世盗名。这种委婉语背离了委婉语使用之初衷，即不是为了礼貌（polite），而是为了进行掩饰（disguise）。比如把严重的失业现象称为 underutilization（人才未充分利用）或/human resources underdevelopment（人力资源未充分开发）；身无分文，入不敷出者则被称为 negative saver（负数储蓄者）；条件恶劣的贫民窟被称为 substandard housing（欠标准住房），等等。在这种情况下，委婉语已成为英美等国政客们掩盖事实真相，欺骗选民，争取民意的一种工具。它是与政治生活紧密相连的。

3. 无意委婉语。无意委婉语（unconscious euphemism）指的是有些词语由于年代久远，其本来意义已被人们忘却，而人们误将其委婉意义当作本来意义。如 cemetery 一词源于希腊语，自 14 世纪以来就成为英语 graveyard（墓地）的委婉语，其原意是宿舍（dormitory）或睡眠处（seeping place）。但由于使用已久，尽管现在仍然有一点委婉色彩，但人们却很难想起它的本来意义了。

4. 有意委婉语。有意委婉语指的是人们在使用时一般都能意识到自己是在一语双关，要表达的是言外之意。比如，某位客人说他要去洗洗手

---

① 贺琴琴：《浅谈英语委婉语的翻译策略》，《民营科技》2008 年第 7 期。

（wash his hands），就是暗示他要去"方便方便"。这种委婉语由于利用了词义的双重性，因而在日常交际活动中备受青睐。

委婉语根据内容还可以分为死亡委婉语、性爱委婉语、战争委婉语等；根据时代可分为中世纪委婉语、维多利亚时代委婉语、20 世纪委婉语、当代委婉语等等。

三　委婉语的规律

委婉语的产生、发展和消亡遵循以下两条规律。

（一）格氏定律（Gresham's Law）

该定律起初是运用在金融学的货币流通领域里。其内容是：如有两种面值相同而成色不同的银币同时流通，那么，成色不足的银币终将把成色足的银币挤出流通领域（因为成色足的银币会逐步被人们收藏起来）。而词义的变化与此相类似。同一个词如果同时有一褒一贬或一中一贬两种含义，那么，贬义终将把褒义或中性意义排挤出去。例如 gay 一词本来是"快乐"之意，属于中性。但自从跟"同性恋"（homosexual）沾上边后，原来的意义就少为人用了。使用者稍有不慎，就会有同性恋之嫌疑。如果人们要表达快乐，幸福的心情，多用 happy、glad 等。

（二）更新定律（Law of Succession）

委婉语总在不断地更新和发展。一成不变的委婉语是不存在的。委婉语在使用了一个时期之后，往往会部分或全部丧失其委婉色彩，代之而起的是新的委婉语。这就是更新定律在起作用。从"贫穷落后国家"一词的委婉语变迁就可以看出这一点。最初，这个词就直译为"poor and backward countries"；后来在外交场合被婉称为"undeveloped countries"（不发达国家）；不久人们识破真相，用 underdeveloped countries（低度发达国家）取而代之；紧接着又更名为 developing countries（发展中国家）。即便如此，仍觉得意犹未尽，随后便以 emerging countries（新兴国家）相称。目前，广为流行的莫过于 third world countries（第三世界国家）和 southern countries（南方国家）这两个名称了。当然，无论这些委婉语的名称如何动听，都无法掩盖这样一个事实：这些国家依然贫穷落后。通过这些委婉语我们不难发现这样一个道理：越是禁忌的领域，越是敏感的问题，越是棘手的方面，其委婉语产生得越多，其更新的速度也越快。①

---

① 　杨鹏飞：《浅谈英语委婉语的翻译》，《安徽广播电视大学学报》2000 年第 2 期。

第二节　英语委婉语的翻译方法

一　直译法

直译法就是指在目的语言允许的范围内，将原文的语言形式（包括句子成分、排列顺序、标点符号等）和文化内涵在译文中忠实地再现出来的一种方法。简言之，就是用委婉语来翻译委婉语。当然，这里所说的直译是有别于那种拘泥于逐字逐句的死译。语言形式的保留应当服从文化内涵反映这一最终目的。

下面这几个例子，虽然英汉委婉语存在一定差别，但当两种语言存在着大量相同或相近的委婉语表达，在翻译过程中，译者应尽可能采用直译的方法，力求保持原文的意思与风格：

（1）Some boys went to number one. 有些男生去一号了。（英语"number one"是小便的委婉语，汉语也一样，所以我们可以用直译法。）

（2）The old man lay taking his rest after a life of bitter hardship. 这位老人含辛茹苦了一辈子，现在安息了。（英语"take one's rest"译为"安息"汉语也译为"死亡"。）

（3）I'm afraid she can't act that part – she is a little on the plump side. 恐怕她扮演不了那个角色——她有些发福。（"on the plump side"英语意思是"发福"，汉语意思也是"发福"，我们就可以用直译法。）

（4）Thousands of people flocked to the hospital to pay their respect to the remains of the great film – Star. 成千上万的人涌入医院，瞻仰这位伟大影星的遗容。（这里，英语 the remains 是 the corpse 的委婉语；汉语"遗容"是"尸体"的委婉语。）

（5）His daughter is rather weak in the head. 他女儿脑子不大好使。（weak in the head 是 stupid 的委婉语，不大好使是笨的委婉语。）

（6）After three days in Japan, the spinal column becomes extraordinarily flexible。在日本待上三天，脊梁骨变得格外灵活。（这里使用的也是直译法。读者开始也许会感到迷惑不解：为什么在日本待上三天脊梁骨会变得格外灵活呢？这里就是委婉语在起作用。读者只需细细想想日本人的风俗习惯，便会豁然开朗。日本人见面告辞、同僚相遇、拜见上司等场合均以鞠躬表示问候或敬意,而这对一个外国人而言,是很不习惯的。因此,通过三天连续不断的实际操作,他的脊梁骨变得格外灵活也就在所难免了。当读者在突然之间意识到这是暗指鞠躬礼时,自然会忍俊不禁、哑然失笑了。通过直译,译者将原文的幽默风趣色彩栩栩如生地展现在读者面前。)

(7) Old people did not like that description of themselves, and like aged or aging not much more; soon they came to be called the elderly. Even the euphemism seemed unduly doddering, so we were treated to senior citizen and golden – ager and old women keep their chins up by calling themselves mature. 老人们对自己的称呼感到不满意,他们也不喜欢别人叫他们年纪大的或上了年纪的人;很快人们称他们为长者。他们觉得这个委婉语也不尽如人意,因此,人们便以高级公民或金色年华人相称,而老年妇女则信心十足地叫自己是成年人。(通过直译,把西方人对老的恐惧与不安心理淋漓尽致地表达出来了。从而让译文读者能认识到西方人跟我们对待"老"的感受是截然不一样的。)

二 意译法

在翻译过程中,由于英汉两种语言在形式和内容上差异都很大,译者无法将原文的语言形式在译文中较好地保存下来。就委婉语而言,就是译者无法用委婉语来翻译委婉语。即舍弃其外在的语言形式而将原文内涵忠实地传达给读者。

首先,意译法在词汇方面就有明显的体现。下面两个表格展示了"old"和"die"两个词的委婉译法。

英语中"old"一词的委婉译法:

原词	委婉义	原义
adult(美)	成年	老年
advanced in age	年龄超前的	老年
distinguished gentle man	尊贵先生	老人
elderly	年长的	老的
golden age(美)	黄金时代的人	老年人
grande dame	贵妇人	老妇人
longer living	生活经历较长的人	长寿老人

续表

原词	委婉义	原义
mature	成熟的	成年的
seasoned man	经验丰富的人	老人
sunset years	日落之年	暮年、晚年

英语中"die"一词的委婉译法：

原词	委婉义	原义
be at rest	在休息	死去、安眠
go home	回家	死去
go to heaven	进天堂	死亡
fall asleep	入睡	长眠
go west	西去	死去

再看下列意译法例句：

（1）make contributions 上厕所。（"make contributions"按照直译法译成"做贡献"，就会引起我们的误解，因此我们必须使用意译法。）

（2）to spoil a woman's shape 有喜。（这个词组的字面意思为"损坏女人的形状"，就会让人费解了，因此我们必须使用意译法。）

（3）His relation with his wife has not been very fortunate. 他经常和他妻子吵架。（按照直译法，该句子应该翻译为"他和他的妻子的关系不是非常幸运"——很显然，我们必须使用意译法。）

（4）We visited a house for adults. 我们访问了一座敬老院。（这里"Adults"不能直译为"成年人"，否则将会引起误解。）

（5）Where is the powder room? 女厕所在哪儿？（这里如果把"powder room"翻译为"化妆室"，就会造成误解了。因此，这里我们不能使用直译法。）

（6）We will have to oil the Mayor to get the permit. 我们得向市长烧香，以便获得允许。（在这个例句中，"to oil sb."是贿赂某人的委婉表达，因为在汉语中没有相应的暗喻性委婉语，所以翻译时意译为汉语习语中的"烧香"，与原文的功效相同。）

（7）He likes white meat, but I prefer dark meat. 他喜欢吃鸡脯，而我

喜欢吃鸡腿。(汉语里，"黑肉"、"白肉"的说法令人迷惑不解，译出委婉义更能被读者所接受。)

(8) An old white pimp named Tony Roland who was known to handle the best – looking working girls in New York. 众所周知，一个名叫托尼·罗兰的白人老淫媒，手里掌握着纽约市最漂亮的窑姐。(该句中的 working girls 的本义是"工作妇女或劳动女性")后来，那些靠卖笑的烟花女子将自己美称为"工作一族"，言下之意是她们也是靠劳动来生活的，借此自诩。如果这里将其直译为"工作妇女或劳动女性"就会使人产生误解，还以为是当今的职业女性，上班一族呢！有鉴于此，这里采用意译法将其翻译为"窑姐"，既忠实原文，又明白晓畅。

(9) That hooligan like dripping off when he could. 那个阿飞喜欢偷窃，一有机会他就会动手。(该句中的 rip off 的原意是"撕开，扯开"，后成为"偷窃"的委婉语。如果一味直译，将会使人感到莫名其妙。因此，这里将其转译为"偷窃"，让人一目了然。)

三 变通法

在实际跨文化交流中，没有什么一成不变的翻译方法，科学的做法是，根据不同的语言环境选择相应的译法。变通法灵活多样，是翻译委婉语时最为常用的手段。凡是通过直译和意译不能解决的问题都可以利用这一方法加以处理。例如：

(1) From cradle to grave. 如果译者面对的是普通情况下的一般读者，就可以将其意译作"从生到死"；如果译者处理的是一首诗，想得到原文的文体效果，那么直译"从摇篮到坟墓"就比前一种译法更生动。

(2) Harry used an Anglo – Saxon word. 哈里用了一脏词（Anglo – Saxon 在这儿是委婉语。就一般而言，英语中最脏的粗活多源于古英语，因此得名）。在这句的翻译中加入了说明。"Anglo – Saxon"这个词对于我们来说并不陌生。它有两种基本意义："公元 600 年左右生活在英格兰的一个民族"或"该民族所使用的语言"，即平常我们所称的"盎格鲁—撒克逊人"或"盎格鲁—撒克逊语"。英语就是由它逐渐发展而来的，如果译文不加说明而将其直接翻译成"脏词"，读者就会如堕五里雾中。

(3) Having to polish the back of your belt buckle is a lot of CS. 皮带扣子的反面还得擦，真是脱裤子放屁，多此一举。(说明：CS 是禁忌语 chicken – shit 的开头两个字母的缩写，在此用作委婉语。)

此处 CS 这个缩合词本身就难以理解，如果不加以说明，势必影响读者的理解。译文后面加上补充说明，恰到好处。

四　注释法

翻译委婉语时，如果仅仅直译出委婉义（或本义）还不足以传达原文的内涵，就需要通过增加注释的方法补全本义（或委婉义）。这种在译文后面做出进一步解释说明的方法就是注释法。例如：

She is wearing the apron high. 她怀孕了。（注：据一首英国乡村歌谣所唱，原来围裙系得低低的，而今要把围裙系得高高的，暗指身体发生的变化，即怀孕。）

这句话可以直译为"她把围裙系得高高的"，但是肯定没有几个中国读者能联想到"怀孕"，因为很多人并不了解这句话所蕴含的文化背景。这就需要在译文后面附加注解来达到领会原文的目的。

再看下面这段文字：

In the blue grass region，

A paradox was born：

The corn was full of kernels

And the colonel full of corn.

在肯塔基州出现了一个

似是而非的怪现象：

玉米上长满粒；

上校身上也是粒。

（注：这首小诗中上校指的是农民。因为美国没有世袭的贵族封号，于是创造了一系列尊称来寻求安慰。"上校"最为常见。本文讽刺了名为"上校"实为农民的社会现象。）

如果将"colonel"译成"上校"而不附加注解，读者就不能体会该诗的深层含义；如果直接译成"农民"，则令人觉得莫名其妙了。

第三节　英语委婉语的翻译原则

一　语义扬升

即有意用表示尊崇，高贵或显要的语词称说，以代换一般意义或者可能使人产生低贱之感的语词，这突出表现在职业委婉语上。在人们的传统观念中，职业仍有高低、贵贱之分，但凡从事体力劳动和服务性工作的人，总是被人轻视，看不起的。为了表示礼貌，避免称说上给人带来的心理刺激，人们便往往采取语义扬升的办法称说。这样许多受歧视的职业摇身一变而身价百倍。如将"barber"翻译为"理发员"、"美发师"；"gardner"译成"风景建筑师"；"jailor"译成"监狱长官"；"garbage collectors"译为"城市美容师"，等等。

二 语义弱化与下抑

即有意把原来可能给人造成心理刺激的词语换成比较温和、使人易于接受的话，或者为了表示谦卑和客气而有意用表示身份低微的语词自称，再就是把严重事态故意轻描淡写。比如把（stupid, obtuse）翻译成"反应较慢"；把"He is deaf/blind/cripple/..."，翻译成"某方面的障碍"。这些委婉语虽然在本质上并没有改变所指对象的属性，但却遮掩、淡化了非委婉语带有的贬损性的情感性联想，提高了所传递负面信息的可接受程度。

三 语义扩大

为了使语言委婉，用外延较大或所指范围较宽的词语代指具体工作的或特定的事物。日常生活中，不洁、不雅或其他不便直言的事物或名称有不少，直截了当地说出来，往往令人尴尬、使人窘迫。为了避免粗俗不雅之嫌，可以使用一个总体概念来指称具体的词语。如用"腹部"翻译"肚皮"（belly），用"隐蔽部位"翻译"阴道"（vagina）或"阴茎"（penis），等等。

四 语义的转化

语义的转化是将原有其特定意义或所指的词语加以推衍或转化来指称另一特定事物。近年来，西方人常用"社会病"这样的委婉语特指"艾滋病"（AIDS），因为目前艾滋病广为流行，成了当今社会的棘手问题。近些年来随着科学技术的飞速发展，各行业间相互渗透的不断加深，一些原本指向单一的专业、行业术语也被借用于日常交际之中，通过人们的超常联想或引申婉转地表述了人们不愿直说的名物或动作，成了汉语中新的委婉语。如"cool"原属气象术语，现可用来指他人的言行、外貌等而引起人们心里感到满意或羡慕；原属教育行业语的"交学费"（pay the fee）现在可表示因缺乏经验造成损失而付出的代价。这些专业、行业术语的委婉译法极大地丰富了委婉语。

五　语义的模糊

语义的模糊是指对一些反面的人或事不直接翻译出来，而使用较为含糊的词语加以淡化。例如，把地地道道的"桃色事件"，却含糊其辞地翻译成"事件"，事实上"he is in debt"（他负债了）被模糊地翻译成"他手头拮据"。

六　语义反向

语义反向即正话反译，重话轻译，指从相反的角度去表达那些令人不快的事物，效果有时会比正面直接翻译要婉转些。语义反向通常以否定形式表示肯定的内容。这种形式也叫语义的曲言（Litotes）。例如 Who cannot rely on such an honest man? 这句话，直译过来的意思是"谁不能依靠这样一个诚实的人?"但是，如果从反向进行翻译，则是"大家都信赖这样一个诚实的人"。这种用肯定形式表示否定的译法，语气就更为强烈。反抑为褒，给人深刻印象，表达的意境显然好于正向直译。

第五章　英语颜色词的翻译

第一节　英语颜色词简述

颜色词指的是语言中用来描写事物色彩的词，是每一种语言和文化不可或缺的重要组成部分。颜色词具有独特的语言功能和文化含义，可以使表达生动、活泼，给人留下深刻印象。

语言中表示色彩的词很丰富，而基本颜色词是其中最主要的组成部分。在英语中，black，white，yellow，green，red，blue 被归为基本颜色词，与汉语中的黑、白、黄、绿、红、蓝相对应。这些词在英语颜色词的总量中占的比例虽小，但短小易记，构词能力强，在语篇中使用频率相当高。如：black and white（黑白色），red yellow（红黄色），orange green（橘绿色），deep blue（深黛色），等等。

由于英语和汉语属于不同的语系，中西方给颜色词所赋予的文化内涵也不尽相同。重视汉英基本颜色词的文化内涵差异，并通过对其研究加深对颜色词的理解，就可以在英语的使用中更加准确地理解和运用英语颜色词。①

第二节　英语颜色词的文化内涵

英语颜色词丰富多彩，除了表示大自然的绚丽斑斓，还有丰富的内涵意义——比喻和象征意义。颜色词的含义形成于特定的文化氛围中，更多地体现了文化背景，即思维方式、社会习俗、风土人情、伦理道德、心理

---

① 陈玲美：《中英文基本颜色词的文化差异及其翻译》，《湘潭师范学院学报》2008 年第 3 期。

意识、宗教信仰、历史传统等诸多方面的文化内涵。

由于中西方文化差异较大，英汉颜色词常常具有不同的文化内涵。多数情况下，英语颜色词的文化寓意不能被汉语中相应的颜色词所表现。因此，在把英语颜色词翻译成汉语时，要充分考虑英汉文化的异同，注意理解英语颜色词的寓意，灵活采用翻译方法，使其特有的文化内涵在汉语中得到准确的再现。

一　red 红色

在英语国家，red 有四种含义：（1）表示"热情"、"温暖"、"喜庆"等意义。例如：red – letter days（纪念日、喜庆的日子），role out the red carpet（热忱欢迎），paint the town red（狂欢），等等。在这些例子中，red 与汉语的红色有相似的内涵，有时可以直译成汉语的红。（2）血的颜色，象征着"血腥、暴力"。例如：red hands（染有血迹的手），a red battle（一场血战），a red alert（紧急警报）等。（3）表示"心情极端激动"。例如：red hot（十分愤怒），to turn red in the gills（生气），to see red（发怒）等等。（4）与红色毫无关系。例如：red power（化学上的还原能力），red press（缩口用压缩机），red eye（威士忌），red bullet rain（快运列车）等。

在中国，红色被认为是吉祥、喜庆的颜色，常用于节假日。过春节时，大人会用红包把良好的新年祝福和压岁钱送给晚辈。红色也是中国传统婚礼的主色调。婚礼的请帖是红色的。婚礼上，新娘穿着红色的婚礼礼服，坐在红色的花轿里，新郎掀开她的红盖头后，两人便一起走上红色的地毯。你的邻居喜得贵子时也会给你送来漂亮的红皮喜蛋。①

二　yellow 黄色

在中国长期的封建社会里，黄色被认为是"帝王之色"，是"高贵、权力、神圣、至高无上"的象征。现在中国人提到"黄色"，多指"色情的"、"低级的"等。在英语中 yellow（黄色）使人联想到背叛耶稣的犹大（Judas）所穿衣服的颜色，所以带有不好的象征意义，表示"胆怯、懦弱、卑鄙、靠不住"等。例如：yellow dog（卑鄙的人），yellow streak（胆怯），yellow – livered（胆小的）等。

三　blue 蓝色

蓝色在中国文化中有宁静、深邃、遥远、梦幻的含义。人们很享受蓝

---

① 李秀华：《英语颜色词在翻译中文化内涵的再现》，《山东电力高等专科学校学报》2008年第 8 期。

色所给予的宁静、辽阔和超脱之感，因而常用蓝色来描写浩瀚的大海和天空。

英语中蓝色通常表示悲伤、忧郁、沮丧或皮肤发青。例如：the blues（布鲁斯音乐，指源于美国南方黑人中情调忧郁的慢速爵士音乐），to look blue（愁眉苦脸），to be blue about the prospects（对前景悲观），blue baby（因心脏有缺陷肤色发青的婴儿）。蓝色还可表示社会地位高，例如：blue-blood（贵族出身），blue – ribbon 蓝绶带（授予竞赛优胜者的荣誉）。但是有时例外，像 blue coat 和 blue – collar 就没有地位高或阶层高之意，恰恰相反，前者指穿蓝制服的人或警察，后者指蓝领阶层，即体力劳动者。

四 green 绿色

绿色在中西文化中都会使人联想到大自然的和谐与宁静，是和平、希望和生机的象征。如 Green Peace（绿色和平组织），a green winter（温暖的冬天），in the green wood（在青春旺盛的时代）等。但绿色的引申义在中英文中有所不同。汉语中有"戴绿帽子"（to be a cuckold）一说，暗指某人的妻子与他人私通。在英语中绿色常用来表示没有经验、无知等。如 a green hand（新手、生手）。绿色也可以是金钱的标志，如 green power（金钱的力量）。因为撒旦在《圣经》画像里是绿色的，所以绿色也代表着疯狂、绝望。

五 black 黑色

中国人认为黑色是宇宙最初的颜色之一，和祖先接近，因此天子朝服颜色之一就是黑色。黑色在佛教经典里面表示坚定不移，引申为象征刚毅、威严。在中国古代黑色还代表国家的暴力，是权利的象征。

Black 在西方文化中基本属于禁忌色，它象征着黑暗、死亡、灾难。如 to wear black for her father（为她父亲戴孝），black words（不吉利的话）。black 也有邪恶、犯罪之义，如 black hand（黑手党），blackmail（敲诈、勒索）。black 还有狡诈的含义，如 talk black into white（诡辩）。黑色有时亦可用于表达耻辱的人或事，如 black sheep（败家子），a black mark（污点）。黑色还可表示沮丧、愤怒，如 black dog（沮丧情绪），black look（恶狠狠的神色）。但是 black 在商业英语中却表示赢利。如 a black financial re – port（有盈余的财务报告）。

六 white 白色

在中国古代白色是表示地位卑微的，如"白衣"、"白丁"就分别指称平民及没有官职或功名的人。人们还常常把白色和不吉利联系在一起，在丧葬仪式中，孝服都为白色。

在西方文化里白色却是一种神圣的象征，具有"纯洁、善意、幸运、吉利"的意义。西方童话故事中的 Snow White（白雪公主），她就是聪明、善良、美丽的化身。而如果你觉得今日是幸运的一天就可以用习语：a white letter day 来表达。再如：美国华盛顿的 White House 是国家权力的象征；White Hall 则是英国中央政府机关所在地。而现在社会上很流行的 white - collar worker（白领）意为坐办公室工作的人员，他们从事的工作叫 white - collar job，是轻松、高薪、体面的工作。白色的另一种含义是合法、无恶意的。如：white market（合法市场），a white lie（善意的谎言）。白色还象征着纯真无邪，如 a white soul（纯洁的心灵）。此外，白色还有正直的含义，如 a white spirit（正直的精神），可见白色是西方文化中的崇尚色。①

第三节　英语颜色词的翻译策略

英语颜色词翻译策略的关键在于对各种颜色所具备的不同词义的选择。该策略具体分为以下五个方面：

一　根据颜色词所包含的不同文化内涵和引申义选择词义

在英语中，描写颜色的词语，如红、黄、蓝、黑、白等和汉语一样，都具有多种引申义，包蕴着丰富的文化内涵。因此，含有文化内涵的颜色词除了本身概念意义之外，应该还有文化方面的喻意。不同的民族，对颜色的认识，特别是各自对颜色赋予的喻意和联想意义是不尽相同的。所以，在翻译英语颜色词的时候，不能只从颜色词的字面意思去理解，应更注重其所包含的不同文化内涵意义和引申义，从而选择恰当的词义。

二　根据颜色词的使用场合选择词义

所谓使用场合，主要是指上下文联系，有时也考虑学科领域和专业方向，因为颜色词不仅涉及语言，同时也涉及其他学科的研究，例如：艺术、美学、视觉心理学、教育心理学、非语言交际理论。颜色词使用在不同的场合中可能就有不同的含义。

---

① 陈玲美：《中英文基本颜色词的文化差异及其翻译》，《湘潭师范学院学报》2008 年第 3 期。

三 根据颜色词使用的词性选择词义

一个单词往往有多种词性，词性不同，它在句中的作用就不同，颜色词也如此。我们根据这一点，在翻译英语颜色词的时候，根据它的词性不同，选出它合适的词义，从而进行正确的翻译。

四 根据颜色词前冠词的有无判断颜色词的译法

经研究发现，颜色词似乎有这样一条规律：前面无冠词，颜色词往往表示具体的颜色。前面有冠词，颜色词所表示的是一种抽象概念或这种颜色的引申说法。

五 根据颜色词的惯用法选择词义

（一）惯用的颜色词语

近一个多世纪来，汉语从英语中借用了许多颜色词及短语，其中一些已被一般人所熟悉。人们在生活的长河中，往往养成一些习惯，就那么说，大家都听得懂，似乎没有什么道理，习以为常。这种情况，牵涉颜色词的也不少。

（二）成对词

人们在长期的实践中，往往把一些词跟另一些词搭配使用，久而久之，它们便成了固定搭配。固定的搭配就有固定的意思，根据这种特点，我们可以认定它们的意思。①

第四节 英语颜色词的翻译方法

一 释义法

释义法常用于翻译习语或有隐含意义的事物。释义法并非是逐字翻译原文，而是根据语境解释原文，用符合目标语言习惯的言语来揭示原文信息。如：

（1）Since he became manager, the company has been running in the black. 自从他成为管理者以来，公司一直在赢利。句中的颜色词黑色是在经营中赢利的意思。

（2）a favorite with sb. in power. 红人，暗指某人的仕途光明。

---

① 李小飞：《英语颜色词的翻译方法探讨》，《湖南农业大学学报》2008 年第 5 期。

（3）to begin well，to make a good start. 开门红，表示某事有一个好的开端。

（4）confound right and wrong. 黑白不分，指把事情是非颠倒。

二 直译加注法

释义法有时会失去原文包含的重要文化信息，这时直译加注法不失为最佳的选择。如：

（1）He is the black sheep of the family. 他真是家族里的黑羊——有辱门楣。

（2）Today is a black Friday. 今天是黑色星期五。（英语国家的人用 black Friday 指大灾大难、凶险不祥的日子。）

三 换色法

换色法是在翻译过程中将源语中的颜色词变换成目标语中相应的颜色词，使之符合读者的语言习惯的方法。如 black tea 红茶；green – eyed 红眼；blue films 黄色电影；black and blue all over 全身上下青一块紫一块的。

四 增色法

增色法是指在源语中本没有出现颜色词，但译者可根据目标语的表达习惯增加一个或几个颜色词以达到与源语相同或相似的艺术效果的方法。如：

（1）John is red with anger. 约翰怒气冲冲。

（2）Her eyes became moist. 她眼圈红了。

（3）The staff confront each other with a show of passion and drama，sometimes over in consequential matters or over a mere linguistic difference. 职员们有时为了一些枝节问题或仅仅为了一个字眼而争论得面红耳赤，剑拔弩张。（该句中的 with a show of passion and drama 若译为"表现了感情和戏剧"就显得生硬。若采用增色法，译为"面红耳赤"就既形象又符合中文表达习惯。）

五 减色法

减色法是指源语中有颜色词，翻译时却隐去了颜色词的翻译方法。在很多情况下，源语中的颜色词所表达的是一种象征意义或引申义，在目标语中找不到相对应的颜色词。为了准确传达作者思想，翻译时只能用目标语中意义相同却不带颜色词的词语来代替源语中的颜色词。如：

（1）red – tape 繁文缛节

（2）once in a blue moon 千载难逢

（3）wedding and funeral 红白喜事①

第五节　英语基本颜色词的翻译

一　black 的翻译

在中国文化中，"黑"的反义词既可以是"白"，也可以是"红"。例如："唱红脸儿的"是"唱白脸儿的"的反义词；"黑心"（阴险狠毒之心）就是"红心"（忠诚之心）的反义词。汉语中的"黑"引申义主要是"昏暗"、"秘密"、"非法"和"邪恶"。

黑色在英国的美术作品中表示邪恶、谎言和谬误；在教堂装饰中表示"耶稣受难日"（复活节前的那个星期五）；在丧葬中表示悲哀、绝望和死亡。英语中的黑色除含有"邪恶"、"不光彩"之意外，还有"不吉利"、"暗淡"、"抑郁"、"怒气冲冲"、"极端"等引申义。下面列出的英语词组充分说明了"黑"的含义：

black day 凶日　black future 暗淡前程

black despair 绝望　be in a black mood 情绪低落

a black look 怒视　a black stranger 生人

但是，随着各种语境的出现，black 在汉语译文中有时会被译成"黑色"，有时则会译成其他颜色，甚至不被翻译出来。

（一）black 译成"黑"

black economy（暗中进行、未向政府纳税的）黑色经济

black money（不向税收当局申报的）黑钱

black power（美国黑人企求的）黑人权

black box（记录驾驶舱对话和飞行资料的）黑匣子

black market 黑市，非法交易（市场）

（二）black 不译成"黑"

black tea 红茶

---

① 陈玲美：《中英文基本颜色词的文化差异及其翻译》，《湘潭师范学院学报》2008 年第 3 期。

black coffee（不加牛奶和糖的）清咖啡

black frost 严霜（黑霜）

black gold 石油

black magic 妖术

blackmail 敲诈勒索

blacksmith 铁匠

black guard 恶棍；出言不逊的人

black sheep 害群之马；败家子

（三）black 引申意义的翻译

black and white 白纸黑字

black and blue 青一块紫一块；遍体鳞伤

in the black 有盈余；有结余

to paint somebody black 把某人描述成坏人

二　red 的翻译

在汉语中，红色多为喜庆、吉祥、成功的象征，比如"红榜"、"红包"、"开门红"等词语。而英语中则大相径庭，英语 red 的引申义表示"危险"、"残忍"、"发怒"等，英译时不能一一对应。比如：

red alert　空袭警报

red light　危险信号

a red battle　血战

to see red　发怒

be red with anger　因发怒而面部涨红

（一）red 译为"红"

red flag　红旗

red meat　红色的肉

red light　红灯

red card　足球场上的红牌

red ink　红墨水

red army　红军

（二）red 不译成"红"

a red – letter day 喜庆的日子

the red carpet 隆重欢迎

red book 社会名人录

red hands 沾满鲜血的手

red ruin 火灾

red water 牲畜的血尿病

red gold 纯金

be caught red – handed 被当场捉住

（三）red 的引申译法

be red with anger 气得涨红了脸

red eyes 充血的眼睛；哭过了的眼睛

a red battle 一场血战

a red year 赤字年

red heat 炽热状态

三 green 的翻译

绿色在汉语中的寓意为生命和希望。但是在英语中的意思就比较复杂，有精力旺盛的、生的、未熟的、无经验的、未受过训练的、未经过处理的、有病容的、妒忌的、"绿色"的，对环境无害的，等等。

（一）green 译成"绿"

green hills 青山

a green Christmas 绿色圣诞节，即温暖无雪的圣诞节

green book 政府部门的绿皮书

green card 绿卡

green light 绿灯（表示放行的交通标志）

（二）green 不译成"绿"

green house 温室；暖房

green room 演员休息室

green with envy 非常嫉妒

green thumb／green fingers 园艺才能

green grocery 蔬菜水果店

the green – eyed monster 好嫉妒的人

in the green tree 处于佳境

（三）green 的引申意义翻译

a green old age 精神矍铄的老年

green apple 没有成熟的

green corns 嫩玉米

the green tears 青春

in the green of one's years　年轻力壮时期①

第六节　英语颜色词的修辞功能翻译

英语颜色词具有比喻、夸张、拟人、象征等修辞特征。各种修辞手段的运用使得颜色词对人、事物和大自然的描写十分形象生动、鲜明逼真，尤其在兴诗作文时，如能独运匠心，可增强语言的表现力和感染力，使语言生辉添色，收到明显的修辞效果。

一　明喻

将具有某种共同特征的两种不同事物加以对比，用另一种事物比方所要说明的事物，这种对比在修辞学上叫作明喻。明喻有以下特点：（1）常用 like、as 引导；（2）明喻中出现两种事物，一种被比为另一种；（3）两种事物应完全不同，即分属不同性质的事物；（4）两种事物至少应在某一点上相似。

英语颜色词用于明喻修辞时往往出现在"as ＋颜色词＋as ＋名词"的结构中，例如：

as white as snow　洁白如雪

as black/dark as coal/midnight　漆黑一团

as brown as a berry　黑里透红

as green as grass　幼稚、天真的

as red as a turkey – cock　激动的

as yellow as a guinea　面黄肌瘦的

as red as blood　红彤彤的

---

① 王薇：《浅谈英语颜色词的理解与翻译》，《本溪冶金高等专科学校学报》2002 年第 3 期。

再看这种结构在英语句子中的具体用法：

（1）It was dreadful to see him lying there as white as a sheet and in such pain.

看见他脸色苍白、痛苦地躺在那里，真让人心惊肉跳。

（2）"I am done," thought Robinson, "there he is as black as thunder".

"我完了"，鲁滨孙想，"他脸色如此可怕"。

（3）He blushed as red as a peony.

他的脸红得像一朵牡丹花。

（4）Her reputation is as white as snow.

她的声誉纯洁无瑕。

英语颜色词的明喻修辞功能还有 like 型、as 型，以及形容词比较级型，等等。下面分别举例说明：

（1）Today you see them bouncing, buxom, red as cherries.

如今你看他们又结实又胖，脸上红扑扑的。

（2）The mention of that man's name is like a red rag to a bull.

提到那个人的名字，就越发义愤填膺。（a red rag to a bull 原指斗牛场上激怒牛的红布，喻指极为愤怒。）

（3）"I have seen the wicked in great power, and spreading himself like a green bay tree."

我见过恶人有大势力，好像一棵青翠月桂树在本土生长。（圣经诗篇第 37 章第 35 节）

（4）The ruby shall be redder than a red rose, and the sapphire shall be as blue as the great sea.

（5）红宝石比红玫瑰还要红，蓝宝石像大海一样蓝。（句中 redder than 也不是一般的形容词比较级，而是把两个不同的事物 ruby 红宝石与 red rose 相比，用熟悉的红玫瑰来解释不熟悉的红宝石。）

二　隐喻

根据两个事物间的某种共同的特征，把一个事物的名称用在另一个事物身上，说话人不直接点明，而要靠读者自己去意会的比喻，叫作隐喻。隐喻具有以下特点：（1）一种事物被比为另一种事物；（2）不使用比喻词；（3）其比喻通常是含蓄的。请看下面这组英语颜色词用作隐喻修辞的句子：

（1）Today is a red – letter day.

今天是个大喜的日子。（a red – letter day 指喜庆日、纪念日。）

（2）They boasted a lineage of pure blue blood.

他们夸耀纯贵族的家系。（blue blood 指贵族血统、高贵出身。）

（3）Mother gave us the green light to go on the camping trip.

母亲准许我们去野营。（green light 原指交通规则中的绿灯，喻指许可、允许。）

（4）I would rather tell my mother a white lie than tell her the truth and upset her.

我宁愿向母亲撒个谎，也不愿告诉她实情而使她难过。（a white lie 指无恶意的谎言。）

（5）Don't show the white feather, fight for your belief.

不要怕，为你的信念而战吧。（white feather 是指旧时斗鸡尾巴长有白色的羽毛劣种，且不善斗，引申为胆小、懦弱。）

三　转喻

转喻指不把要说的事物直接说出来，而是用和它有不可分离关系的事物来进行表现的修辞方式。转喻的着重点不是相似（不同于明喻和隐喻）而是联想，使用恰当能起到幽默、含蓄、讽刺的作用。例如：

（1）Grey hairs should be respected.

老人应受到尊重。（grey hairs 喻指老年人。）

（2）This prize was the blue ribbon in mathematical research.

这是数学研究的最高奖。（blue ribbon 喻指竞赛中的第一名，源于英国最高荣誉勋章的蓝绶带。）

（3）She did not want to be looked upon as a blue stocking.

她不想被视为女才子。（18 世纪的伦敦，有几位女文人爱穿蓝色的袜子，所以 blue stocking 泛指女学者、女文学家等。）

（4）He might be the dark horse in the swimming contest.

他可能成为游泳比赛的获胜者。（a dark/black horse 用来指名不见经传、在竞选或竞赛中获胜的人。）

（5）The president was treated to the red – carpet in Rome.

总统在罗马受到隆重接待。（red – carpet 是迎接贵宾所铺的红地毯，此指隆重欢迎某人。)

（6）He is the black sheep in the family.

他是个败家子。（black sheep 与基督教有关，早期基督教徒都是清一色的白种人，被比喻成 white sheep，他们排斥后来的黑人基督教徒，认为这些与他们相对的 black sheep 是给他们带来耻辱、被他们拒之门外的人。喻指害群之马、败家子。）

（7）The car we bought last year is a white elephant, it uses a lot of petrol and breaks down again and again.

我们去年买的那辆汽车真是个累赘，耗油量大，还经常出故障。（a white elephant 指耗资甚大而收益少的东西。）

（8）He is too fond of red tape.

他过分热衷于繁文缛节。（red tape 原指英国政府用来捆扎公文的带子，引申为官僚文章、官僚作风或烦琐手续。）

四　提喻

提喻是用局部代替全体或以全体代替局部、以抽象代替具体或以具体代替抽象的一种修辞格。提喻也是英语中常用的修辞格，与转喻一样在使用时只出现喻体，本体隐藏在喻体之中。英语颜色词在提喻修辞中的运用能使语言更为生动、形象，言简意赅。

请看下列例句：

（1）He had a lot of blue – collar work.

他干过很多体力活。

（2）White House is not expected to issue a statement on the matter.

不能指望白宫就此事发表一项声明。

（3）The expansion of higher education led increasing numbers to expect well paid white – collar jobs.

随着高等教育的扩大，越来越多的人都希望得到收入丰厚的白领工作。

五　夸张

夸张是指用主观的眼光去渲染、铺饰客观事物，故意言过其实的表现法。修辞上的夸张不同于说假话，假话是要使人信以为真，而夸张只是为了加强语言的力量。在夸张修辞中正确使用英语颜色词能大大增强语言的感染力。例如：

（1）He was going to black Frank's eyes for him some day.

他总有一天要揍弗兰克一顿。（black one's eyes 指狠揍某人一顿。）

（2）They painted the town red very late that night.

那晚他们狂欢作乐至深夜。（paint the town red 意为狂欢作乐。）

（3）It's only once in the blue moon that you get an opportunity like this.

你居然得到这么好的机会，真是千载难逢。（once in the blue moon 表示千载难逢或极少的意思。）

（4）His sudden death is like a bolt out of the blue.

他的猝然逝世犹如晴天霹雳。（out of the blue 字面为从天而降，这一成语指突如其来的事故，意思是突然地。）

六 拟人

拟人是指把物（动物、植物、物体、抽象概念等）拟作人，赋予它们人的特征、外表及活动方式等，达到深刻地描写事物、充分抒发感情的目的，给读者以鲜明生动的印象，使得想象更真切并引起共鸣。

（1）The sky was like a faded rose.

天空呈现出玫瑰凋谢后的颜色。

（2）And his hand be born for his delight an eagle; it was tame and lily – white.

手上放着一只鹰，像铃兰一样洁白，就像要特意让他高兴似的。

（3）Of the yellow of ripe corn silk, his frost incrusted hair swept.

他那结了霜的头发披散着，黄得像熟透了的玉米缨子。

（4）And he saw her hair, like the brown sea – weed, on the billows tall and rise.

他看见她的秀发像暗黄的海藻，随波涛沉落、浮起。①

第七节 英语颜色词的经济功能翻译

英语颜色词在经济领域中也有很多应用，而且成了其在经济领域中的独特用法。具体可以分为以下几种情况：

---

① 贾琼：《英语颜色词的修辞特征及其翻译》，《民族教育研究》2003 年第 4 期。

（1）绿色（green）：在美国经常听到 green back，表示"美钞"，因为美元的背面是绿色的。由于这个原因，green 常被用来表示钞票、钱财或者有经济实力的。如 green power 指"金钱的力量"或"财团"；green stamp 指美国救济补助票，因印成绿色而得名。

（2）红色（red）：在经济领域中，当账上和损益表上的净收入是负数时，人们则用红笔记录，而红色也因此有了"负债"或"亏损"的意思。比如：red figure/ ink 赤字；red balance 赤字差额；习语 be in the red 负债、亏空等。

（3）黑色（black）：在经济领域中，黑色与红色相对，同为记账时墨水的颜色，黑色表示"盈利"。比如：black figure 和 be in the black 都可表示"盈利"、"赚钱"、"顺差"等；black figure nation 指国际收支顺差国。然而，black 在经济领域中并不都是正面的用法。如 black money 黑钱，指来源不正当且没有向政府报税的钱。Black market 和 the black economy 都可用于指"黑市（经营／交易）"。另还有 black knight 黑武士，指个人或公司试图以不正当手段接管另一家公司。

（4）白色（white）：与黑色的"非法"相对，白色象征着"合法、无恶意"。如 white market 合法市场；white war 没有硝烟的战争，常指"经济竞争"；white list 经过批准的合法名单；white knight 白武士，指把公司从不利的收购建议中挽救出来的个人或机构。另外，白色也用于形容一些比较体面的事物，比如：常用的 white – collar 从事非体力劳动的白领阶层，与之相对的是近几年出现的 blue – collar，即从事体力劳动的蓝领阶层。再结合白色在其他场合的使用，不难发现它总是有着积极的象征意义。①

---

① 李雨霖、陈和盈：《浅谈英语颜色词在经济领域中的应用及翻译》，《北方文学》2011 年第 3 期。

第六章 英语隐喻的翻译

第一节 英语隐喻简述

隐喻（metaphor）是一种修辞手段，是用一种事物暗喻另一种事物。它可以是一个词，也可延伸为词组、句子、成语、谚语、寓言或一整段文章等。使用隐喻可把事物说得非常生动形象，或将道理说得委婉含蓄，因此，它具有很强的表现力。长期以来，隐喻作为英语文学和新闻写作中的常见修辞手段，使我们的语言更加生动、简明扼要并极富魅力，达到信息功能和美学功能的完美统一。隐喻基本具有三大特点：涉及两个相似或相关联的事物；没有明显的比喻词；比较含蓄和隐讳。但随着人们对英语隐喻研究的深入，普遍认为英语隐喻只作为文学创作中的一种修辞手段远远不够，隐喻更是人类在生产和实践过程中认识、理解、描写和解释新事物的工具，是一种认知活动。总之，英语隐喻的完整理解应该是隐喻不仅仅是一种语言现象，它更是一种认知现象。

一 英语隐喻的分类

1. 结构隐喻（Structural Metaphor）

指的是通过一个概念来构建另一个概念，将谈论一种概念的各方面的词语用于谈论另一概念。如 Time is money；Argument is war 等。

2. 方位隐喻（Orientation Metaphor）

指参照空间方位而形成的一系列隐喻概念，如 Happy is up；Sad is down 等。

3. 实体隐喻（Ontological Metaphor）

指将抽象的和模糊的经验，如事件、行为、感觉、观念、状态等无形的概念看作具体的、有形的实体，以便对之进行推理、量化，并识别其特征及原因等，如 The pressure of his responsibilities caused his breakdown 就是对原因的识别。

4. 僵化隐喻

指其隐喻的意象已不为人们所知或过度使用而失去了新鲜感的隐喻。例如：as mute as a mouse（悄无声响）。

5. 固定隐喻

指由于长期广泛地使用而在语言中固定下来的隐喻。例如：Those who made large profits out illegally selling rationed goods during World War II were fishing in troubled waters.（那些在二战期间因非法倒卖配售物资而发了大财的人都是浑水摸鱼。）

6. 独创隐喻

是指新近创造并迅速流行的隐喻，因而具有生动形象、富有表现力的特点。例如：Your nose is a complex air conditioner. It controls the heat and humidity of the air you take in. It also filters out unwanted substances.（你的鼻子是一台复杂的空调，控制着你吸入空气的温度和湿度，同时也过滤不需要的物质。）再如：My mind, the precision instrument slipped into high gear.（我的大脑这一精密的仪器进入了高速运转的状态。）

7. 外显隐喻（Visible Metaphor）

指的是"X is Y"这类典型的隐喻。例如 Life is a glorious banquet, a limitless and delicious buffet（生活是一场盛宴，一顿无限而美味的自助餐）。这里本体是 life，喻体是 banquet、buffet。

8. 内涵隐喻（Invisible Metaphor）

分为"本体出现，喻体缺失"；和"喻体出现，本体缺"两种。"本体出现，喻体缺失"是通过其他词（通常是动词）来表示隐喻关系。例如：You can entrust your most prized possessions to genuine Lane Cedar Chest.（你可以将你所有的珍贵物品托付给正宗的莱恩牌杉木箱）。该句的本体是 Lane Cedar Chest 杉木箱，通过 entrust most prized possessions 读者可意会喻体是 a safe（保险柜）。而"喻体出现，本体缺失"则是本体由喻体暗示，根据上下文读者马上就可意识到。这种手法给读者很多想象的空间。例如：Life is a Journey. Be light, Be strong, Be free.（生活是旅程，要轻盈，坚固，自由）。该句的喻体是 a journey，本体是广告主体 Sam suitcase。

9. 连贯隐喻

指的是由一个本体和两个或两个以上的喻体构成，表示从多角度、多方面对本体进行比较。例如：The world of Music；The world of Art；The world of Theater；The world of Sight.（音乐的世界，艺术的世界，戏剧的世界，风景的世界。）

10. 延伸隐喻

是"在本体和喻体之间安装起一连串铰链，唤起一系列相关而不相同的意向。从不同的侧面丰富、巩固、加强既定的联想，使读者全面、持续地进入比喻的情景，从而取得更完整的修辞效果"。例如：If sleep is an 8 – hour journey, why not travel first class? Aristocrat is the perfect vehicle to take you into a a world of luxurious comfort.（如果睡眠是 8 小时旅程，为何不坐头等舱？Aristocrat 是带您进入豪华舒适世界的最佳工具——"贵族"床垫）。

11. 简易隐喻

指那些格式明显（本体和喻体均出现），结构简单，通常容易理解的英语隐喻。例如：His death was the last straw to her hardship.（他的去世使她无法忍受艰难困苦的生活。）

12. 半隐性隐喻

专指英语篇章中时而出现的只有喻体没有本体的隐喻，此类隐喻在汉语中称为"借喻"。例如：I have an unending love affair with Dictionaries.（我与词典有不解之缘，对它们有一种永恒的爱。）

13. 隐性隐喻

专指那些喻体不明显或绕了弯儿，喻义（即本体）隐晦曲折、颇为含蓄的英语隐喻。例如：The conversation was on wings.（谈话变得无拘无束轻快自如。）

14. 扩展型隐喻

有时作者顺着一个隐喻自然巧妙地扩充延展下去，以便淋漓尽致地表达思想内容或生动逼真地创造人物形象。例如：The tree of liberty must be refreshed from time to time with blood of patriots and tyrants. It is its natural manure.（自由之树必须一次又一次地用爱国者和暴虐者的血液来浇灌方能生机勃勃、郁郁葱葱。双方的血是天然肥料。）

15. 包孕型隐喻

在连续出现的一组隐喻句中，前一隐喻句的本体和喻体分别包含后一隐喻句的本体和喻体，这种隐喻称为包孕型隐喻。例如：The world is a theatre, the earth is a stage which God and nature do fill with actors.（世界是剧院，地球是舞台，演员充其中，造化巧安排。）

16. 辐射型隐喻

是由一个本体、多个喻体构成的隐喻。这种隐喻以一个本体为中心，借助相似点这个媒介向不同的喻体辐射出去。例如：He that is proud eats up himself. Pride is his own glass, his own trumpet, his own chronicle.（骄傲者毁灭自己。骄傲是他孤芳自赏的镜子，骄傲是他自吹自擂的喇叭，骄傲成了他记载生平事迹的自传。）①

二 英语隐喻的来源

1. 来自英语的社会历史背景

英语隐喻有许多与英语的社会历史背景有关，反映了英美国家的社会变革和历史事件。如发生在 20 世纪 90 年代的美国克林顿总统与白宫实习助理莱温斯基有染消息曝光后，zipper gate（拉链门）一词作隐喻被美国新闻界戏称为"性丑闻"。

又如发生在 70 年代初的尼克松政府的水门事件（Watergate），使得英语中增加了不少通过隐喻形成的新词，最典型的一词就是"deep six"。这个词作为隐喻使用就是以水门事件为背景的。deep six 源出 give（something）the deep six。意指埋入海中。此短语系航海用语，指埋入水中深处，自水门事件以来，作"销毁罪证"解。

再如：a bull in a China shop。这个用作隐喻的成语的含义要追溯到 19 世纪初，1816 年，安姆赫斯特勋爵（Lord Amlherst）前来中国探讨双边发展贸易问题，但是没有获得成功。当时英国报纸画了一幅漫画，把他画成一只闯进瓷器店的公牛，对这位外交官在中国因鲁莽行事而遭到失败的景况讽刺得淋漓尽致。a bull in China shop 具有一语双关的意义。除字面意义外，bull 又指 John Bull（约翰牛），而这正是英国的代名词，China 又指中国。

---

① 鲍勤、陈利平：《英语隐喻类型及翻译策略》，《云南农业大学学报》2010 年第 4 期。

2. 来自英语的风俗习惯

英语中的许多隐喻与英语社会的风俗习惯有关。比如关于"动物"的隐喻，英国人的民族特点之一就是喜欢动物。对于英民族来说，狗是人类的朋友，在英语里常用来指人。这种现象也反映在语言中的隐喻里。L. P. Smith 在《words and Idioms》一书中指出，隐喻中包含动物形象的成语以"狗"和"马"数量最大。比如：a lucky dog（幸运儿），a gay dog（喜欢玩乐的人）等。再就是英语中以"马"形成的隐喻也不少，如 back the wrong horse（支持失败的一方），flog a dead horse（白费力），be on one's high horse（趾高气昂）等。

3. 来自英语的宗教信仰和神话传说

毋庸讳言，英语中的隐喻一大部分来自英语的宗教信仰和神话传说，即基督教的《圣经》（The Bible）和古希腊罗马的神话传说。因为基督教和古希腊罗马的神话传说是英语社会文化不可分割的一部分，对英语早期文化的形成起了关键性的作用。基督教是英语社会的主要精神支柱，因此它影响到日常生活的各方面，它作为一种宗教文化形式渗透到英语社会生活的各个方面，也渗透到语言中，这种现象从英语的隐喻中也表现得最为明显。

如 "Mussolini is the 'boss' who graduated in the school of socialism and his experience has left him no respect of men. . . He is far more determined than the Nazis to make Capitalists and other Property – owners into Feudatories of the Fascist state"（墨索里尼是社会主义这个学校毕业的"老板"，他的经历使他成为"不偏待人"的人……他在把资本家和其他有产者弄成法西斯国家的封建领主方面，比纳粹党人要坚决得多）。在这句话中，no respect of persons（一视同仁）这个隐喻与宗教有密切关系，它出自《圣经》和《新使徒行传》第十章，"Then Peter opened his mouth, and said of a truth. I perceive that God is no respect of persons（彼得开口说，我真看出上帝是不偏待人）。"其原意是上帝对所有的人一视同仁。这个隐喻运用到上句话中，意指"二战"前意大利法西斯头目墨索里尼，他和德国纳粹头目希特勒一样都是以"社会主义"起家，本来资本家应是革命的对象，可是他比纳粹分子更坚决，把资本家都变成进行法西斯专政的封建领主，反过来镇压支持过他的工人阶级，说他"不偏待人"暗含讥讽之意。

又如 an apple of discord（争端、祸根），也是出自希腊神话传说。用来喻指纠纷、仇恨、动乱的祸根或矛盾的起因。

4. 来自英语文学、历史故事、童话、寓言和民间故事的全面反映

英语中的文学、历史故事和传说、童话、寓言等是英语民族精神文化中不可缺少的组成部分，很自然地，这些内容也必然反映到英语的隐喻之中。如"Odyssey、Quixote、Philippic Faustian、Frankenstein"等词均有其历史文化背景。如美国《时代周刊》（*Time*）曾把尼克松访华说成是 Nixon，Odyssey to China. Odyssey 原为古希腊诗人荷马写的一部英雄史诗，描绘 Odyssey 在古城特洛伊（Troy）陷落之后所经历的漫长而艰难的历程。这里用来喻指中美关系正常化的一段漫长艰难的过程。Faustian 源出歌德名著《浮士德》（*Faust*）这个中世纪传说中的人物，此人为了获得知识和权力不惜向魔鬼出卖自己的灵魂，现常用 Faustian Spirit 含指一种为了获得知识可牺牲一切的精神。

5. 来自英语民族的物质文化

物质文化是一种表层文化，是英民族生活经验的积累。英语的物质文化主要包括其生活习惯。作为物质文化传统形式的民族生活习惯也参与了隐喻的构成，并对隐喻的理解起一定作用。一般来讲，人们运用某些物体作为隐喻的喻体时，总选择与自己生活密切相关的东西。

例如，馅饼（Pie）是英民族的日常食物，因而也就有了以"pie"构成的隐喻："have a finger in the pie"（参与或干预某事）。请看下面这句话："He was running for state controller, and he didn't mean to let the colored brother keep his fingers out of that rich pie（他正在竞选州审计员，不愿让非白人兄弟影响他捞这个肥缺）。"①

三　英语隐喻的特征

1. 灵活性

虽然隐喻的基本模式是"X 是 Y"，但它并不总是以这个模式出现。其形式是多种多样的：有时喻体和主体同时出现，有时不出现主体，只出现喻体，并且其喻体可以担当句子的任何成分。例如：By this hour, the volcanic fires of his nature had burnt down. 在这个句子中，喻体 the volcanic fires 和 had burnt down 分别担当主语和谓语。由此可见，隐喻的变化是多

---

① 张治英：《英语隐喻形成的社会文化背景及其翻译》，《湖南商学院学报》1999 年第 10 期。

种多样的，我们能深切地体会到其灵活性。

2. 模糊性

隐喻相当于一个潜在的或隐晦的明喻。但又不像明喻通过使用"像、比作"等词语来把一件事物比喻成另一件事物。当读者对隐喻义的理解停留在字面义时，隐喻的模糊性就充分体现出来了。

3. 约定俗成性

就像汉语的习语或成语一样，英语隐喻有许多都是祖祖辈辈口传笔授的产物。当提到主体时，人们会自然而然地想到其喻体。例如用 fire 代表 anger，用 a bull in a china shop 代表 a rash person，用 the heel of Achilles 代表 mortal weak point。可以说这些都是传统的、固定的。所以隐喻的约定俗成性是文化遗传的结果。

4. 民族性

语言是文化传播的媒介。因此，隐喻在一定程度上反映出一个国家的传统习俗和思维方式。举例来说，以狗喻人在汉语中是贬义，但由于狗的忠贞和可信而被说英语国家的人们所称赞。他们用 lucky dog、top dog、jolly dog 等来表达积极向上的意义。①

第二节　英语隐喻的翻译原则和策略

一　翻译原则

隐喻涉及两种相似或相关联的事物。在隐喻创作过程中，能把这两种事物关联起来，其中肯定涉及跨文化的交流活动，而创作隐喻语言句式本身也涉及不同语言形式的拼合。从动态的思维活动来看，英语隐喻创作是跨语言和跨文化的交流活动。而翻译过程首先是两种不同语言的基本转换，为了翻译得地道，还必须熟知两种语言所涉及的文化背景，可见翻译过程也是一种跨语言和跨文化的交流活动。英语隐喻和汉译在交流活动中的跨语言和文化共性决定了隐喻汉译的两大原则：传意性和可接受性。传意性指在翻译中要将原文的意思用译文忠实地表现出来（实际上是跨语言的交流），使读者或听者能获得原文的信息。可接受性是指译文读者对

---

① 熊炎中：《小议英语隐喻翻译》，《中南民族大学学报》（人文社会科学版）2006 年第 1 期。

译文能否理解（实际上是跨文化的交流），译文是否明白易懂。可接受性高低直接影响翻译的效果，即读者对译文的理解程度。

二　翻译策略

（一）　直译翻译策略（Literal Translation）

直译主要是用来处理一些原文意义较明确、句法结构较简单、完整，按字面意思直接翻译便能同时表达句子的表层意思和深层意思的翻译方法。例如：

（1）But I hated Sakamoto，and I had a feeling he'd surely lead us both to our ancestors.

译文：但是我恨坂本，并预感到他肯定会领着咱们去见祖先的。

（2）A policeman waved me out of the snake of traffic and flagged me to stop.

译文：一位警察向我挥手，从长蛇阵般的车流中出来，并招呼我停下。

（3）Money is a bottom less sea in which honor，conscience and truth may be drowned.

译文：金钱是无底的海洋，荣誉、良心和真理都可以被淹没。

（二）　意译翻译策略（Free Translation）

意译是一个相对于直译的概念，通常指取原文内容而舍去其形式，是一种经过消化后的"语内翻译"，容许译者有一定的创造性，但原文的基本信息应该保存。

（1）His theory has thousands of little rooms and long，windy corridors.

译文：他的理论有过多的组成部分，而且各部分间的关系也过于错综复杂。

（2）Because of his one – man style of operation，Henry Kissinger had become a kind of bottleneck in his own National Security Council system.

译文：由于亨利·基辛格惯于独断专行，他已经成了国家安全事务委员会工作中的一块绊脚石。

上述两种策略有时也可综合利用，即采用直译加意译的合译策略。

（三）　归化翻译策略（Domestication Translation）

归化翻译策略追求译文符合译入语语言及文化的规范，较好地满足译入语读者较少异味的阅读需求。例如：

（1）They were only crying crocodile tears at the old man's funeral because nobody had really liked the man.

译文 1：在老头的葬礼上，他们只不过假惺惺地哭了几声，因为在老人生前，没人真的喜欢他。

译文 2：在老头的葬礼上，他们只不过挤了几滴鳄鱼的眼泪，因为在老人生前，没人真的喜欢他。

译文 1 采用了归化的翻译，为读者阅读荡平了一切障碍。按照"译文读起来应不像译文"的业界标准，译文 1 应该算得上是很好的翻译。然而从文化交流的视角看，译文 2 显然更佳。因为，"鳄鱼的眼泪"虽为舶来品，但其含义已为中国读者所熟知，直译过来不仅能为中国读者理解所接受，而且能较好地体现原文的民族风格，再现原作的民族色彩。另外，用目的语的表达方式代替原语的表达方式，虽然能够传意，却不能反映原文使用者的思维方式，帮助读者融通他们的文化，从而达到真正意义上的翻译目的。

（2）Many Canadians have never read a newspaper though some newspapers are free，because they do not know their ABC.

译文 1：尽管有的报纸免费，许多加拿大人从不看报，因为他们目不识丁。

译文 2：尽管有的报纸免费，许多加拿大人从不看报，因为他们不懂自己的 ABC。

译文 2 虽然进行了语言对等转换，但却没有实现其交际意图。因为，一般而言，中国读者大脑所储存的百科信息中没有理解"不懂自己的 ABC"的相关语境假设，这样的译文对于中国读者来说就是不相关的。要想实现关联，译者就需要进一步解读非语言符号。在英语中，ABC 常被比喻为"最简单的事"或"最简单的技能"，这是 ABC 的文化内涵。当然，随着越来越多的人学习英语，这种 ABC 的文化内涵会很快融入译语。

（四）异化翻译策略（Alienation Translation）

异化翻译策略是以源语文化为归宿而进行的语际间篇章意义的相互转换。近年来，在翻译界主张重视异化翻译的学者日益增多。合理的异化具有很多积极的意义。从文化交流的角度看，它是尊重各国文化的内在要求，有助于在平等的基础上真实地反映外国文化。国际交往的不断扩展和深入也为异化翻译创造了客观条件，拓展了读者的文化视野。在全球化的大背景下，通过异化翻译认识、理解和吸收外国文化，必将大大丰富本国的文化财富。当原语隐喻在译语中没有相对应的表达时，恰当地使用异化的翻译策略，既能形象地保留原文的隐喻意味，又可以逐渐丰富译语中的隐喻表达。采用异化策略翻译的隐喻一开始也许会让读者感到陌生，但它们一般会很快融入译语，成为目的语的有机组成部分，这是因为它们既保留了原语的异质成分，又大大丰富了译语的语言文化。随着文化交流的不断深入，异化翻译逐渐显示出其特有的魅力。

隐喻的异化翻译策略可以分为直接异化方式和异化阐释方式两种情形。

某些隐喻的喻义通过上下文能够清楚明白地体现出来，就不必刻意寻找译语中的对应表达，而可以采用直接异化的翻译方法。例如：

（1）Hitler was armed to the teeth when he launched the Second World War, but in a few years, he was completely defeated.

译文：希特勒在发动第二次世界大战时是武装到牙齿的，可是不到几年，就被彻底打败了。

"全副武装"或"装备精良"都不如直译成"武装到牙齿"形象生动。

（2）Some personnel executives complained that many college graduates they had interviewed here had two – star abilities with five – star ambitions.

译文：一些人事经理抱怨，在他们面试过的大学毕业生中，不少人本事只有"二星级"，心气儿倒有"五星级"。

能够使用直接异化策略翻译隐喻的情况是有限的，很多情况下在异化翻译的同时，必须简要阐释其中蕴涵的文化信息或文化语境，才能达到交际的目的，即使用异化阐释方式。例如：

（1）The Warren Report has left many questions unanswered.

译文：沃伦报告（指美国肯尼迪总统被谋杀事件的调查报告）留下许多未解之谜。

（2）The man who waters his grass after a heavy rain is carrying coals to Newcastle.

译文：大雨后给草地浇水是多此一举。（注：纽卡斯尔是英国的一个产煤中心）

（3）He was in the seventh heaven last night.

译文：昨晚他欣喜若狂。

（4）in the seventh heaven：（not formal）in a state of great happiness or contentment.

译文：人能和上帝同居最高层，自然是非常愉快的。

（5）Our history teacher is a good talker. I'd like to ask him, "Where's the beef?" because we sure don't learn much from him.

译文：我们的历史老师很能夸夸其谈。我真想问他，"管用的货色在哪儿？"因为我们真的没有从他那里学到多少东西。

（"Where's the beef?"原是美国一则快餐广告语，意思是"这个汉堡包里的牛肉太少"，后赋予其"没有实质性的内容"的语用意义。）

归化和异化是译者针对两种语言及文化的差异，面对翻译目的、文本类型、作者意图和译入语读者等方面的不同而采用的两种不同的翻译策略，其目的是指导具体翻译方法和技巧的选择和运用。这两种策略的选择有时还要参照社会文化以及政治和意识形态方面的规约。不论选择何种策略，都应着眼于读者和社会的需要。归化所要做的不仅使译文符合译入语的表达习惯，还要使原文的文化特色符合译入语文化规约，异化要保留的也不仅是纯语言的形式特色，还有异域的文化因素。

（五）功能等值策略（Functional Equivalence）

世界上任何语言都根植于特定的文化背景之中，反映着特定的文化内容。英汉民族衍变历史、生活环境、宗教信仰、民情风俗、审美情趣和思维方式的不同，形成了各具特色的民族文化。汉英隐喻存在共性，但汉英两种语言存在系统性差别，两种文化也存在着巨大差别，这必然反映在语言的修辞现象里。在处理英汉隐喻的文化内涵所存在的不对应现象时，我们可以采用功能等值翻译策略，例如：

（1）A thousand mustaches can live together, but not four breasts.

译文：千条汉子能相处，两个婆娘不相容。

（2）He is a dog in the manger.

译文：他占着茅坑不拉屎。

（3）He is an all purpose basket.

译文：他是个多面手。

在下面的例句中我们能够看到，由于英国是大不列颠岛和爱尔兰岛东北部及附近许多岛屿组成的岛国，人民生活与海洋息息相关。而中国是传统的农业国，民族的生存方式是从刀耕火种开始的，大量的谚语产生于农业实践过程中，语言中的内容大多与农业生产有关，要想做到真正成功的翻译，熟悉两种文化甚至比掌握两种语言更重要，因为词语只有在起作用的文化背景中才有意义。在处理英汉隐喻的文化内涵存在不对应现象时，我们可以用汉语中已经存在的现象来直接翻译英语的语言现象，实现功能等值翻译策略。例如：

（1）Fish begins to stink at the head.

译文：上梁不正下梁歪。

（2）The great fish eat up the small.

译文：弱肉强食。

（3）He who would catch fish must not mind getting wet.

译文：不入虎穴，焉得虎子。

（4）Never offer to teach fish to swim.

译文：班门弄斧。

（六）增补策略（Supplementary Translation/Over Translation）

有些隐性隐喻含义深刻，言简意繁，其喻义的准确翻译离不开语境/语篇的理解和制约，在译文中有时必须增加适当的词语。这类翻译其实包括两种情况，一种是对原文某些关键词的词义进行挖掘、引申或扩充，将原文的深层意思加以发挥，或使其含隐意思凸显，另一种情况主要是出于中文表达习惯上的考虑。所以在多数情况下，出产的译文的意义明显超出原文，是典型的超额翻译。例如：

（1）Continuing study is the key to reaching new height.

译文：不断上进源于不断学习，要达到一个新高度就要持续学习。

（2）No one is above the law and no one is beneath it.

译文：没有任何人可以凌驾于法律之上，也没有任何人不受法律保护。

（3）It is not just Britain's breathing in which makes it so international but also its breathing out.

译文：英国之所以成为如此国际化的国家，不仅仅在于她大量地吸纳国外的人力和物力资源，而且还在于她大量地向国外输出其人力和物力资源。

隐喻是人类认知和交际的重要方式，隐喻无处不在。隐喻根植于语言文化中，蕴含着丰富的和为不同文化所特有的语义信息和文化体验。英汉隐喻中存在着对应性，也更具有异质性。翻译是跨文化的认知活动，对英语隐喻翻译策略的探讨说明翻译原则不应是绝对的和单一的。英语隐喻翻译策略的选择应根据原语和译语不同的交际意图和翻译目的等，选择相对的、并用的和多重的方法。[①]

第三节　英语隐喻的翻译方法

一　直译法

英语中有许多词语的隐喻意义与汉语对应词语的隐喻意义完全一样或基本相同，采用直译法是最常用的翻译方法。另外，采用直译法，保留原喻体的形象特征，有助于保留源语隐喻的文化特色，并能丰富目的语语言的表达能力。例如，中国读者已普遍接受：条条大路通罗马（All roads lead to Rome），血浓于水（Blood is thicker than water），武装到了牙齿（armed to the teeth）等译法。汉语的 paper tiger（纸老虎），lose face（丢脸），kung fu（功夫）等也进入了英语词汇。而且，随着科技的进步，社会的发展和信息的广泛传播，国际交往与合作日益扩大，国家和民族之间的交流与接触日益频繁，各民族文化相互渗透，加速了文化的融合与趋同。随着许多外来语，外来词汇进入了汉语，一些英语词语的隐喻意义也进入了汉语。

直译法注重保留源语的字面意义，由于东西方思维方式不同，在符合汉语表达习惯的前提下，将英语隐喻译成与汉语对等的隐喻，基本使用与源语同一修辞格，译后的形式及内容与原句较相似，强调"形似"。例如：

（1）Marriage is a book of which the first chapter is written in poetry and the remaining chapters are in prose.

译文：结婚是一本第一章以诗写成、其余各章则以散文写就的书。

（2）They are the pillars of the college.

译文：他们是这个学校的台柱。

（3）Out, out, brief candle! Life's but a walking shadow.

---

① 鲍勤、陈利平：《英语隐喻类型及翻译策略》，《云南农业大学学报》2010 年第 4 期。

译文：……熄灭了吧，熄灭了吧，短促的烛光，人生不过是一个行走的影子。

句（1）中的 Gook，chapter 和 Poetry，句（2）中的 pillar 和句（3）中的 shadow 都是直译，译者通过跨语言和文化的交流，汉译过来，达到了传意性；而读者也通过这种交流，准确理解了原隐喻，实现了可接受性。

二 修辞格变通法

由于语言具有很强的民族特色，有时将英语隐喻翻译成对等的汉语隐喻后，其喻义令人费解，这时就需要作者进行跨语言和跨文化的思维活动，根据源语，将其修辞格进行适当的变通，以便获得最佳修辞效果，保留源语的特殊文化色彩。

（1）She actually recommended Miss Sharp for the situation, firebrand and serpent as she was.

译文：她真的介绍了夏普小姐去担任这项工作，虽然她是一个既像纵火犯似的捣乱者，又像毒蛇似的阴险人物。

此处将 firebrand（纵火犯），译成明喻"像纵火犯似的捣乱者"，而将 serpent 同时也译成明喻"像毒蛇似的阴险人物"，便栩栩如生地向读者刻画了 Miss Sharp 的性格本质——暴戾与阴险。

（2）With the buoyancy of a feather, the bond skipped over the threatening whirlpool, and was out of danger.

译文：小舟像羽毛一般轻盈，一下就越过那可怕的旋涡，脱离了危险。

三 换喻法

鉴于英汉两种语言在修辞资源、文化意识和美学观念等方面的差异，一些英语隐喻在汉译的过程需要更换比喻形象，以填补英汉两种语言由于文化背景差异所造成的鸿沟。

（1）To cry up wine and sell vinegar.

译文：挂羊头，卖狗肉。

修辞格中的某些比喻形象具有很强的民族性，译文将 wine，vinegar 分别替换成"羊头"、"狗肉"，喻体不同，但喻义却基本相同，"以好名义为幌，兜售低劣货"，符合中国传统文化，也折射出民族色彩。

（2）I am applying for several jobs，because I don t really want to put all my eggs in one basket.

译文：我打算同时申请几份工作，因为我的确不想在一棵树上吊死。

译文将 "put all my eggs in one basket" 更换成 "在一棵树上吊死"，意指寄所有希望于一处，更换比喻形象后译文更具表现力，既映射出中、英语言表达的差异，又传达出符合汉语思维方式的信息。

（3） Don't set a fox to keep your geese.

译文：莫要引狼入室。

（4） I haven't got an ear for music.

译文：我没有音乐细胞。

ear 是耳朵，隐喻意义指人们理解或鉴赏所听到的某事物的能力。汉语的习惯是说成音乐细胞。

（5） The danger is certainly a lion in the path, you can go ahead or turn back. Which will you do?

译文：这危险当然是拦路虎，你可以勇往直前，也可以往后退缩，你准备怎么办？

汉语只说拦路虎，不说拦路狮，所以翻译时要改变喻体。

（6） True, more judges are now being appointed in their late forties and early fifties, but many courts are still presided over by dinosaurs in their late sixties and early seventies.

译文：现在确实有较多 50 岁上下的人被任命为法官，但是，许多法庭现在仍然由 70 岁上下的老古董们把持着。

英语中的 dinosaur 和汉语中的老古董虽字面意义不同，隐喻意义则完全相同。Dinosaur 的隐喻意义为思想陈旧，行为处世方式古板，不合时宜的人。

四　意译法

大量英语词语的隐喻意义是英语文化中所特有的，汉语读者无法从喻体形象联想其喻义，因此在翻译时只能译出其喻义，以利于汉语读者理解和译文语言的流畅。

（1） That lady tries to make sheep's eyes at her new boss.

译文：那位女士想向新老板献媚。

（2） Send the axe after the helve because he had lost both money and fame.

译文：赔了夫人又折兵，因为他既丢去了钱财又丢掉了名声。

（3）With determination, with luck, and with the help from lots of good people, I was able to rise from the ash.

译文：凭着我的决心，我的运气，还有许多善良人们的帮助，我终于可以东山再起了。"ash"在英语中意指"烬，废墟"，若采用直译法译为"从废墟中站立起来"，喻义不易为人们领悟和理解，采用意译法，译成"东山再起"，既做到传意，又增强了语言的艺术感染力。[①]

（4）The maxim was that when a married couple saw red lawyers saw green.

译文：俗话说，夫妻吵得脸红耳赤之日，正是律师招财进宝之时。

美元的颜色是绿色的，这句中 green 指钱财。

（5）She was, to be sure, a girl who excited the emotions, but I was not the one to let my heart rule my head.

译文：她确实是一个令人动情的姑娘，不过我不是一个让感情支配理智的人。

英语中 heart 被视为最深刻的感情之所在，尤其是爱之类的情感，head 则指头脑，是控制人体动作和人的思维的器官。

五　加注法

有时在译文中保留了源语的喻体形象，但由于文化差异，隐喻的含义难以为目的语读者所理解，特别是有些蕴涵历史人物或事件的典故，为便于译文读者的理解，可用加注的方法处理。

（1）He is another Shylock.

译文：他是又一个夏洛克。（注：夏洛克是莎士比亚的《威尼斯商人》中的一个非常刻薄吝啬的商人）

（2）He was a Machiavellian, who would employ all means to attain to power.

译文：他是一个马基雅维里式的人，会用一切手段来获取权力。（注：马基雅维里是意大利古代政治家，主张为了达到目的可运用任何权谋术数，不择手段）

---

① 瞿艳艳：《英语隐喻汉译的原则和方法浅析》，《双语学习》2007 年第 8 期。

第四节 新闻英语隐喻的翻译

在遵循新闻报道的纪实性、正确性的原则和前提下，为了使所报道的新闻形象具体、生动活泼，语言言简意赅、幽默隽永，不管是英文报纸还是英语电视新闻都大量灵活巧妙地运用各种修辞手段，以此增加报纸的可读性、生动性和吸引力，扩大新闻的传播面和宣传效果。在这其中，隐喻是最常用的修辞格，在英语新闻报道中比比皆是。

新闻英语的作者在报道中为了使大多数读者能理解并看懂内容，总是尽量使用生动形象的词语，既可适应读者的爱好和阅读习惯，又会增加报道的趣味性。隐喻在新闻语篇中使用频率甚高，其特点是语言生动、活泼、新颖而又简练，有助于增强新闻报道的娱乐效果和美学价值，使抽象的事物具体化，让概念的东西形象具化，增加新闻标题的可读性、生动性和渲染力，使新闻事实易于被读者接受。在翻译实践中，隐喻的理解与应用是建立在源语作者和目标语读者之间共享概念的基础上的，也就是说他们必须对喻体有共同的认知概念。

新闻翻译的标准是择词准确，语言通顺，文体适当。因此，在对新闻隐喻的翻译实践中，隐喻的理解与应用应建立在源语作者和目标语读者之间认知互动的基础上。也就是说，他们必须对喻体有共同的认知概念。①

一 直译

直译就是在翻译过程中，把句子视为翻译的基本单位，同时考虑语篇和语境的制约，保留原文句子结构和原文修辞，努力再现原文的形式、内容和风格。英汉两种语言中常用的隐喻有许多不谋而合的地方，英语中一些隐喻在汉语中有时都能有相同的或相似的对应形式，这为英语中隐喻修辞手法的再现提供了可能性。英汉修辞格以相似的修辞手法和修辞意象来表达相似的修辞意义，以达到相似的修辞效果。如果原新闻采用的隐喻修辞形式直接译成汉语后，既不会使中国读者产生理解上的误差或困难，又能保持原来的修辞效果，则可采用完全直译的方法。例如：

（1）The crowd put a dunce cap on the victim and herded him through the

---

① 叶立刚：《新闻英语隐喻的翻译》，《新闻爱好者》2010 年第 9 期。

streets, calling him aizi – dwarf and dog's head, cattle demon, despot, capitalist – roader.

译文：疯狂的人们给无辜者戴上了个小丑帽，赶着他游街，骂他是矮子（即侏儒）、狗头、牛鬼、恶霸、走资派。

这里译者没有直接把"矮子"译为"dwarf"，而是先用汉语拼音保留汉语文化形象，再加上解释性的英文。中国读者通过读音马上想到了对应的汉语词"矮子"，从而充分体会到了蕴含在"aizi"这个拼音词里的讥讽和侮辱味道，这对于不深谙汉语的一般译文读者是体会不到的，采用直译加注方法可以和中国读者一样感受到新闻语言丰富的蕴意。

（2）More probably, the very volume and intensity of coup talk had dulled his political antennae; the cry of wolf was sounding old and tired.

译文：比较可能的原因是，解体的传闻事前就传播得沸沸扬扬，反而使他的政治触角麻木了。狼来了的呼声叫得太多次，已经不新鲜了。

（3）Surely the Prime Minister was advised that public voicing of "What we have we hold" position would wound Chinese pride; and that a bold public declaration which amounted to her pledging to take the interests of the people of Hong Kong—people whom Peking regards as her own—into account would rub salt into the wound. (The Guardian, Oct. 17. 1982)

译文：（撒切尔夫人）公开宣称英国不放弃已拥有的（香港），这是伤害中国自尊心。她答应考虑香港人的利益问题（北京认为，他们是中国人），这无异于把盐撒在（中国人的）伤口上。

上面两句里，原文中隐喻"the cry of wolf"和"rub salt into the wound"在汉语中都能找到与之在语言和文化上都相对应的说法。英语隐喻喻体意象能轻易地被汉语读者理解。这个时候采用直译的方法是最佳选择，因为直译法从语言、文化、交际以及美学、语用等的角度，能更完整地转换原文的内容和用意，既体现原修辞效果又保留原修辞形式，使译文读者对译文与原文读者读原文时产生相同的反应，以达到翻译的功能等效。

（4）Wallstreet is catching the Asian Flu.

译文：华尔街患上"亚洲流感"。

1998 年金融危机席卷亚洲许多国家，使亚洲许多国家的经济遭到严重打击，其影响也波及世界其他国家和地区。将亚洲金融危机比作流感，形象地反映了金融危机给美国社会带来的深刻影响。整个隐喻是在说美国已经感染"亚洲流感"，经济活动开始衰竭。该译例借助于隐喻修辞手段，新颖别致，幽默易懂。

二　意译

意译就是舍弃原文隐喻形象，直接采用中文隐喻形象的翻译方法。由于英汉两种语言文化存在着相当大的差异，大量文化上的差异所造成的思维模式上的不同，同一个喻体形象在英语和汉语中可能引起不同的联想，往往在语言的转换中很难和汉语相对应。在直译会给读者造成理解不畅时，不妨意译。因为隐喻的喻体形象既无法保留，又难以取代，那么只能放弃，用非形象性语言把原文信息内容表达出来，只译喻义，即对原语的喻义给予恰当的阐释。例如：

（1）An admixture of wealth，rivalry and instability has made the Middle East a brimming cauldron of the trade，accounting for a third of the world's arms deals.

译文：中东地区的富庶，加上那里的冲突和动荡使得该地区军火生意十分火爆，占到世界武器交易（总额）的三分之一。原文中的隐喻"a brimming cauldron"字面上的意思是一口滚沸欲溢的大锅。但在汉语中无法找到与之完全相对应的意象。这时，如果我们采用直译法将该句译成"军火生意是一口滚沸欲溢的大锅"，汉语读者可能很难想象军火生意与滚沸欲溢的大锅之间究竟是什么关系。这样一来，原文中的比喻不仅不能被译文读者接受，反而给他们设置了理解的障碍，完全失去了隐喻的初衷：把抽象难懂的事物用形象的语言表示，使读者能更容易理解和接受。因此我们对此采取意译法，保留原文的修辞效果，舍弃原文的修辞形式，译出该隐喻要表达的意思"军火生意十分火爆"。意译法是在形式与意义不可兼得时采取的译法，虽然不能完全与原文对等，但奈达的功能对等理论强调读者的反应，意译法可以尽量使读者体会到原文隐喻的内涵。

（2）Sea Quest DSV，NBC'S new futuristic undersea adventure，has a big-name backer（Steven Spielberg）and a big commitment from the network（which ordered 22 episodes sight unseen）. But once critics got a look at its dreary pilot，most pegged the show as a seagoing white elephant.

译文：美国国家广播公司新的未来式海底冒险剧集（征服海洋 DSV）背后有大牌靠山（斯皮尔伯格），公司也以大手笔表示承诺（没看到作品就订购了 22 集）。可是评论家看到了乏味的剧情之后，大多把这部剧集称为一只下海的白象——无用而又花费巨大。句中的隐喻"white elephant"通常代表既花钱又不怎么样的东西，而且要继续花大钱维持的事物。这对于汉语读者非常陌生，在汉语找不出与之相似的隐喻。为了既保留原语的隐喻，又让译文读者明白隐喻表达的意思，这里运用直译加解释的译法，虽然出现了原文中没有的内容，但这种补充说明却能更好地传达原隐喻的交际意图和信息传递效果，使译文读者明白原隐喻的意思，以达到对等效果。

（3）Clearly a tug of war over key policies continues between the pragmatic and ideological camps.

译文：不言而喻，注重务实的和强调意识形态的两大营垒还会在重大政策问题上争吵不休。

句中"a tug of war"的"拉绳子"、"游戏"等语义认知成分均被删除。而在现代汉语中，在语义认知模式上与"a tug of war"较为接近的惯用语"拔河"通常没有这层引申意义。因此，翻译时无法保留原文隐喻形象，只能用主要定义性成分，用与"a tug of war"的成分很不一样的汉语词语来传达原文隐喻所含的信息。

（4）"The Chinese market is a bottomless pit", said the visiting Nike CEO here in Shanghai.

译文：中国的市场潜力巨大。

这是正在上海访问的耐克公司的首席执行官所讲的一句话，此句中的"the bottomless pit"，对译者的第一反应就是可以把其译为"无底坑"。但稍一留神，便不难发现这种译法甚为不妥，因为在汉语中没有"无底坑"这样的惯用语，有"无底洞"之说，意为永远填不满的洞。原文中的隐喻形象"a bottomless pit"喻指其发展潜力很大，形象地向读者传达出市场的发展前景。但若翻译成"中国市场好比是一个无底洞"，没有译出讲话者对中国的市场充满希望和信心的感觉，而是让人感觉带有一种贬义的色彩。译文舍弃了原有形象，言简意明，一目了然。

　三　套译

套译就是用汉语的隐喻形象套用原文隐喻形象套译法。在对隐喻的翻译过程中，英汉两种语言中不同的语言形象可能会产生同样的语义联想，形成一些喻体形象不同但喻义相同的隐喻，显示出同一概念的不同形象，产生两种认知方式的冲突。如果对这种现象进行直译，那么虽然不会产生文化冲突，但读者可能不理解译文含义。译者可以将原文中的喻体套译为目标语文化中比较容易接受的隐喻形象，添加必要的解释性词语，以求形象恰当、意义顺畅的传达，使译文形象生动，体现出原文的风格和神韵。例如：

（1）The city's "rob Peter to pay Paul" mentality caused the death of a third-grade pupil at Lincoln Elementary School today.

译文：市政府拆东墙补西墙的心态导致今日林肯小学一名三年级学生的死亡。

此句中隐喻"rob Peter to pay Paul"对英语读者很熟悉，但在汉语里没有这种说法，因此在两种语言中喻意相同时，可以将其转换成相应的符合汉语习惯的喻体"拆东墙补西墙"。这样更符合读者的语言习惯，符合功能对等理论以读者为导向的翻译方法。①

（2）It was the first time that Mr. Clinton, who is facing the most severe political crisis of his career, picked the Pentagon as the backdrop for a major address.

译文：这是克林顿在他的政治生涯中面临的最严峻的危机，他把五角大楼（美国国防部）作为解决这一重大问题的挡箭牌。"backdrop"原意是"背景"，若直译的话，不仅语言生硬，而且会使读者如坐云端。这时可用译语读者所熟悉的语义等值的形象来替换英语中的形象，即将"back-drop"直接套译为"挡箭牌"，联想意义极佳，有利于新闻宣传报道。

（3）The 40-plus summiteers are a mixed bag from Europe, Africa, the Middle East, Asia, the Americas and the Pacific.

译文：法语国家首脑会议是个大杂烩，有来自欧洲、非洲、中东、亚洲、美洲和太平洋地区的四十个国家的首脑参加。

"a mixed bag"，如果直译为"混装袋"不仅字面意义非常浅薄，而且其引申义也不易被读者接受。但是，这里采用了形象替换的方法，译成"大杂烩"，既可传神达意又生动形象。隐喻形象直接转换既达到了和源语喻体相同的修辞效果，又充分发挥了译语的优势。事实上，在不违背译文规范以及不引起误译的前提下，译者完全可以借用译文中相似的意义形象和句法结构，套用译语中现成的类似表达形式。

---

① 全鑫：《英语新闻中隐喻的功能对等翻译》，《湖北经济学院学报》（人文社科版）2010年第10期。

　　总之，新闻英语隐喻的翻译不是简单的、由源语到目标语的直线操作，它需要从一个心理认知空间转换到另一个心理认知空间。任何语言形式的翻译都是多种手段综合利用的结果，是一个复杂的认知过程。在翻译英语新闻隐喻时，一方面应该正确地处理原文隐喻的喻义，最大限度地传递源语的认知信息，另一方面又不要受限制于原文，要对原文隐喻修辞格进行恰当的翻译，力求传达原文的风格韵味。理解和翻译好英语新闻中的隐喻，必然能使英语新闻在汉语新闻读者中同样传神达意，提高新闻爱好者的英语文化水平和扩大新闻视野。①

第五节　商务英语隐喻的翻译

　　商务英语作为近年来 ESP（English for Specific Purposes）中发展最快、最为活跃的一个分支，其重要性是毋庸置疑的。隐喻作为商务英语中最为普遍的语言组成部分之一，不仅存在于日常对话与文学中，在经济全球化的今天，还被大量地运用到商务英语中：商务合同，商标，商品介绍，商品使用说明书等等。对商务英语的隐喻意义不了解，就会导致对方误解，甚至引发商务纠纷，造成产品滞销等问题。

一　商务英语中隐喻的分类

（一）有生命的形象性隐喻

　　指的是始源域（source domain）为人类或动物的身体及其部分，是有生命的。以 "The apartment buildings in New York were a useful cash cow for the American company." 中的 cow 为例，人们一提到 cow 就会自然地联想到可以每天为其主人提供牛奶的奶牛，而该句中的 cow 则隐喻能定期向母公司提供现金的分支企业或机构。如果译成"挣钱的奶牛"，虽然忠实于原文，但却与译入语的文化背景发生了冲突，因为在汉语的规约隐喻（conventional metaphor）中奶牛在人们的认知中不具有这一映射（mapping），因而这一译法是不妥的。在汉语中与之相对应、最直接的译法就是"摇钱树"。虽然后者的译法在始源域上发生了偏移，但更贴近译入语文化，更能为译入语的读者所接受。

---

　　① 叶立刚：《新闻英语隐喻的翻译》，《新闻爱好者》2010 年第 9 期。

（二）无生命的形象性隐喻

指始源域为非生命的物体，如 blue chip，字面意义是"蓝色的筹码"。这一隐喻源自体育比赛中的扑克牌游戏，蓝色的筹码为数值大的筹码。在商务英语中，blue chip 被意译成"绩优股"。当英汉两种文化中对于同一事物的认知具有相同的规约性隐喻时，如 corporate ladder 中的 ladder，其始源域相同。在翻译的过程中我们采取直译的方式，如 corporate ladder 译为"公司晋升阶梯"；chain store 译为"连锁店"；benchmark 译为"基准"；blip 译为"小变动"等。另一种情况是译出语与译入语有不同的规约性隐喻时，我们遵循译入语中的规约性隐喻，即翻译时采用译入语的始源域，如 cash cow 译为"摇钱树"。

（三）实体隐喻

指目的域与始源域均为实体（ontology），如 downstream industries。这一隐喻中的 downstream 是指河流的下流，而在工业链中处于下游位置的企业，我们则称为"后续企业"。同属实体隐喻的商务用语如 empty desk syndrome。这一源自医学词语 syndrome（综合征）及主管者办公室或办公室空置这一形象组合而成的比喻用来说明公司高级主管离任，领导层空缺的状况，译为"主管空缺综合征"。

（四）结构隐喻

如 clean up 这一源自日常生活的词语本意是指打扫干净，而在商务英语中则隐喻清扫一切，主宰或赢得市场，不给竞争者留下任何收益。"Because the London publisher was first in the book market with the famous scientist's biography, the book cleaned up."应译为：这家伦敦出版商首先将这位著名科学家的传记推向市场，因此而垄断了市场，发了大财。又如 freefall，原指跳伞运动中的特技动作：自由坠落。"Shares on the New York Stock Exchange went into freefall when traders panicked over unexpected bad news about the economy."一句的"freefall"已隐喻为"股市狂跌"。"rat race"指的是用于实验中的、不断地使之奔跑的老鼠，而在下面这个句子中我们可以瞥见其在商务英语中的隐喻意义：William had a good job as an accountant in a big New York stock broking firm, but after twenty years of non‐stop, high pressure work he wanted to get out of the rat race. ①

---

① 张阳：《从认知的角度看商务英语的隐喻翻译》，《外语研究》2011 年第 6 期。

二 商务英语隐喻的翻译策略

(一) 音译

针对语用学范畴内商务词块隐喻的误解问题,大多采用音译。音译是指用发音近似的汉字将外来语翻译过来,这种用于译音的汉字不再有其自身的原意,只保留其语音和书写形式,而与原英文的意义一致。目的不是向另一种语言输入新词,而是为了交流方便。如 hacker (黑客),英文 hacker 原指热心于计算机技术,水平高超的电脑专家,但到了今天,"黑客"一词已被用于泛指那些专门利用电脑网络搞破坏或恶作剧的家伙。而对于商务词块隐喻文化的保留问题,可采取音译意译相结合的方式。近年来,在翻译商务广告语中采用这一策略,能引起消费者的关注并产生共鸣。金利来 (Gold lion) 是近年来很时髦的一个品牌名,是金利来国际有限公司的命名。原来叫"金狮",但"金狮"在粤语中与"金输"谐音,港澳的许多消费者对此很忌讳,用意译与音译相结合的方法,将汉名定为"金利来",迎合消费者求吉利的心理,并很快被公众接受。

(二) 直译

针对语法范畴内商务词块隐喻的误解问题,大多采用直译。直译侧重于保存原文的内容和形式,不歪曲原作的面目和精神。译文的语言与原文的语言常常用相同的表达形式来体现同样的内容,并能产生同样的效果。条件是该意象在译入语中出现频率、常用程度和文体相当:Bubble Economy (泡沫经济)"Bubble"一词可追溯至 1720 年发生在英国的"南海泡沫公司事件",现在用来表示虚拟资本过度增长与相关交易持续膨胀日益脱离实物资本的增长和实业部门的成长,金融证券、地产价格飞涨,投机交易极为活跃的经济现象,这在中英角度都是最贴切的说法。与之相似的有 White Collar (白领阶层)。Production line 以对等方式直接译为"生产线",简洁明了的同时也不会带来任何理解问题。

(三) 意译

针对语义范畴内商务词块隐喻的误解问题,大多采用意译。所谓意译,就是指不拘泥于原文的形式,重在保存原文的思想内容 (冯庆华,2008)。译文的语言与原文的语言在许多情况下并不拥有同样的表达形式来体现同样的内容,更谈不上产生同样的效果。在这种情况下,一般采用意译为好。例如:They are doing their utmost to open up an outlet. 译为:他们正在尽最大努力以打开销路。句中"outlet"本意为"出口,出路",将其翻译为销路更有助于汉语使用者的理解。又如，We've got to report back to the head office. 译为：我们还要回去向总部汇报情况，句中 "head office" 如果译为 "脑部的办公室" 就贻笑大方了。实际上，它在汉语中有对应的表达——"总部"，更助于中国人理解，也更符合汉语的表达习惯。①

三　商务英语隐喻的翻译方法

（一）　名词性隐喻的翻译方法

名词性隐喻是通过两种事物间直接或间接的联系，如两种事物共同具有的某种特点、特性，或让人们通过熟悉、已知的事物来推断复杂、陌生事物，或是通过另一个领域专业化的术语使人们得到更精确的概念。如：

（1）The electricity failure caused the train service's paralysis. 断电使得火车运输瘫痪了。（用指人的 paralysis 来喻指运输完全无法动弹的样子。）

（2）He made a complete diagnosis of the company's daily running. 他对公司日常运营问题作了彻底的调查分析。（diagnosis 原指医生对病人病情的诊断与确认，这里形容运营者对公司中存在问题的寻找和分析就犹如医生在给病人看病。）

（3）Most central bankers are hostile to the idea of puncture bubbles. 大多数央行人员对挤出经济中的泡沫持反对态度。（Bubble 原指水泡、泡沫，而在这里指经济运行中的泡沫，即指资产价值超越实体经济，极易丧失持续发展能力的宏观经济状态。用日常生活中常见的现象来指代人们不熟悉的经济概念，人们通过水泡美丽脆弱容易破灭的特点来形容经济运行表面繁荣终究难逃破灭，使晦涩难懂的概念变得生动易于理解。）

（4）After the sale, they began to solicit comment. The consumer's feedback was generally favorable. 售后他们开始寻求大家的评价，大体上消费者的反应是良好的。[在这里自动化领域的专门术语 feedback（反馈）用来表示消费者的反应，使得表达更为生动。]

（5）The political fallout from the gasoline shortage was spreading in America at that time. 那时，由于汽油短缺所导致的政治上的灾难性后果正在美国蔓延。[Fallout（放射性坠尘）是指原子弹爆炸后留在空气中的微粒，对人体危害很大。这个句子中通过隐喻使它扩展为 "灾难性的后果"，生

① 王蒙等：《认知语言学视角下商务英语隐喻词块汉译探析》，《湖北经济学院学报》（人文社科版）2010 年第 6 期。

动地表达了汽油短缺给美国带来的影响。]

（二）动词性隐喻的翻译方法

大量动词通过隐喻应用到商务英语中。在动词表达的隐喻中，本体和喻体不一定都直接出现，而是由动词通过联想、联系折射出来。隐喻性动词大多通过具体、形象的动作来描述和解释抽象、难懂的趋势行为等。如：

（1）In the past, trade documents needed to be ploughed one by one, now the EDI could deal with the whole lot at once. 过去，贸易单证需要一张张处理，现在，电子数据交换（EDI）则可以一次处理许多张。（例中用人们所熟悉的农耕活动 plough 比喻对贸易单证手工处理的麻烦，突出了手工处理的烦琐。生动地突出了 EDI 的优点：与 EDI 相比，人工处理单证就像处在农耕时代那样，落后并且烦琐不言而喻。另一个相似的例子是 Many employers don't have the time to plough through a long resume. 许多雇主没有时间来细看一份冗长的履历。）

（2）In an age that showers new commodities upon us daily, how can we pick out those we really need? 在一个新商品层出不穷的年代，我们怎样才能找出我们真正需要的呢？（在这里，喻体"雨"没有出现，而是通过动词 shower 表现出来。在习惯用法上 shower 常常作为动词使用：冲凉的意思，商品的生产出现像雨一样劈头盖脸而来，形象表现了当今社会商品生产发达。新产品层出不穷、令人目不暇接的情景。）

（3）We're now drowning in information. 我们畅游在信息的海洋里。（在这个例子中用隐喻 drown 将信息比喻成海洋。海洋在我们的认知中是"宽广，博大，浩无涯际"的，将当今社会中存在的大量的信息比喻成海洋，令我们对信息之多有了形象的认识。）

（4）When one is in the middle of an ever – changing business world, one has two choices：to follow yesterday's map or quickly chart a new course and grab the opportunities that we find. 当人们处在不断变化的商业世界中时有两种选择：要么沿用以往的做法，要么迅速寻找新的途径去把握机遇。（follow yesterday's map 和 chart a new course 分别指人们作出的两种抉择，前者比喻"因循守旧"后者意指"积极进取，开拓创新"。）

（5）During the 80s, despite continuing anxiety in the Crown Colony about its future after the reassertion of Chinese sovereignty in 1997, Hong Kong surpassed the U. S as the biggest outside investor on the mainland；in1992 it injected a record of 39. 6 billion into the Chinese economy. 80 年代，尽管香港人对 1997 年中国恢复对香港行使主权后的前途依然感到担忧，但香港却已超过美国成为大陆最大的外来投资商。1992 年，香港注入中国经济的资金达 396 亿元，这是前所未有的。（在这个例子中用医学名词 inject 代指投资行为，产生了原词所没有的形象和生动。）

（6）Right now，a lot of companies are kicking the tires and trying to determine how ATM（A synchronous Transfer Mode）can improve their net work's operation. 现在很多公司正加紧研究，试图弄清异步传输模式是怎样改进他们网络运行的。（kick the tires 意指使汽车加速。在这里引申为加紧研究。）

（三）其他几种常见翻译方法

一种是将经济喻人化，如名词的 economy growth（经济增长），economy recovery（经济复苏），in today's infant electronic commerce industry（在当今刚起步的电子商务产业），economy disease（经济弊端），经济也如有机体一般呈现的活动方式，如 recover（复苏），grow（增长），need（需求），decay（消退），cure（医治），pickup（崛起），move（运转），suffer（遭受，经历），think（预期，预料）等等。

另外一类是将市场视为液体或球体，如 the currency float（币值浮动），a huge float of change（兑换汇率巨大浮动），buoyant demand（浮动需求），the market bounce（市场反弹），作为动词的有：boom（增长，繁荣），collapse（崩溃，崩盘），expand（膨胀），overheat（经济过热），open（开市），fall（下跌），rise（上升），remain（持续），become（运转，成为），crash（破产），slump（暴跌）等。

再就是最常见的将商场比喻为战场：trade wars（贸易战），The war between Coca - cola and Pepsi has been raging for years. （可口可乐与百事可乐之间的较量已经持续多年了。）Carrefour could still be vulnerable to a hostile bid. （家乐福面对充满敌意的对手仍势单力薄。）Local banks are fighting back and local cigarette markets are up in arms，to fend off hedge funds etc. （为抵御对冲基金等，当地的银行开始反攻了，当地的卷烟市场也已严阵以待。）①

---

① 陈振东、杨会军：《商务英语中的隐喻及翻译》，《上海翻译》2007 年第 1 期。

第六节　科技英语隐喻的翻译

隐喻在科技英语的翻译中比较常见，主要表现为科技工作者借用熟知事物的功能、特征、形状、性质、过程、状态来映射陌生、新鲜的事物，从而对此事物产生更加清楚明晰的认识。处理好科技英语中的隐喻翻译会使语言生动，增强论点的明确性及有效性。因此，翻译科技英语中的隐喻主要应考虑以下几个方面的问题：隐喻能否保全，喻体形象如何传达，修辞格如何表现，喻义如何保留等。

一　科技英语隐喻化的分类

随着科学技术的发展，新观念、新理论、新技术、新材料层出不穷，需要创造一些新词或原有词语赋予新义。这在很大程度上借助于隐喻化（metaphorization），体现在两个方面：一是大量科技术语来源于隐喻；二是不少科技术语通过隐喻增加和扩展了它的含义。

（一）大量科技术语来源于隐喻

大量科技术语是通过隐喻产生的，主要有如下几种情况：

1. 一些日常用语通过隐喻被借用到科技领域，从而具有新的科技意义

以"head"为例，"head"原本指代人或者动物的一种器官，在字典中定义为"身体的一部分，包括眼、鼻、嘴和脑"；而在科技英语中"head"指"磁盘的磁头"。对于这两种意义，其指代对象在位置和功能上具有明显的相似性。正是在这个相似点的基础上，单词"head"被隐喻化，意义发生了转移。又如，"memory"（记忆）也是个常用词，用于计算机，根据其类似的功能，成了接受、储存和提取信息的"存储器"。

2. 一个领域的术语，随着科技的发展，被用于另一领域，产生新的词义

例如：Information Highway（信息高速公路），是把运输领域的概念形象地应用到信息领域。再如："lay by"这个词最初用于航运，是指河流或运河的一段宽阔水域，船只可以在那里停泊。以后，随着铁路事业的发展，"lay by"被用于铁道运输，成了"列车交会的侧线"。近年来，随着公路的发展，这个词又成了"公路上宽阔地带，供汽车停车或拐弯的地方"。

3. 通过模仿原有词产生新的术语

fireproof（防火），water – proof（防水）是产生较早的词。通过模仿，产生了 fool proof camera（操作简单、傻瓜也能操作的照相机）等。

4. 通过生动的形象类比产生新的术语

现代科技中一些新术语，特别是由"V + adv.（prep.）"构成的术语，是根据生动的形象类比产生的，例如：flyover（立体交叉），blastoff（火箭、导弹的发射），pile – up（连环车祸），airumbrella（空中保护伞）等。在公路和铁路交叉的地方看到汽车在火车上空飞驰而过，于是形象地创造出 flyover 这个词；看到高速公路上一辆辆汽车碰撞在一起，堆成一团，于是形象地想出 pile – up 这个词。Airumbrella 更是形象地表示掩护地面部队的空中保护伞。

（二）科技术语通过隐喻增加和扩展其含义

一些科技术语又通过隐喻增加和扩充了其原有的含义，有的科技术语被应用到日常生活、政治、经济、文化和教育领域，通过隐喻，类比其特征或功能，表达得十分生动、形象，给读者留下深刻的印象，特别受到西方政治家和记者的喜爱。其中以使用名词、动词居多，也有其他词类。

1. 名词

（1）The policy of pacific's is catalyst to war. 绥靖政策是战争的催化剂。"catalyst"（催化剂）是化学上的术语，在这个句子里通过隐喻生动地被应用到政治领域。

（2）After the 2nd issue, they began to solicit comment. The readers' feedback was generally favorable. 出了二期之后，他们开始征求意见。一般说来，读者的反应是良好的。在这里，作者不用常用的 response，而是通过隐喻借用了自动化领域的专门术语 feedback（反馈），使表达更为生动。

2. 动词

（1）I inched my way through the narrow space between the cars. "inch"原为名词，意思是英寸，在这里用作动词，表示一点一点向前挪动，形象地表示了一个人在停车场内许多汽车之间穿行的艰难情况。

（2）US influence and prestige nosedived in Africa. 美国在非洲的影响和威望已急剧下降。"nosedive"是航空领域的专门术语，指飞机俯冲，直线下降，作者把这种生动形象应用到政治领域。

3. 其他词类

除了名词、动词外，科技上常用的形容词、介词有时也通过隐喻借用到其他领域，从而增加和扩展了其含义。例如："sophisticated" 原为一个贬义词，表示"久经世故的"，如 sophisticated boy（世故的男孩）；借用到科技领域就成了一个褒义词，如 sophisticated weapon（尖端武器）。Plus 和 minus 原为介词，表示数学上的"加"和"减"，也可用作名词，表示"加号"与"减号"；借用到日常领域，扩展了含义，成了"优点"和"缺点"；例如：So far as the work is concerned, the pluses outweighed the minuses. 就这项工作而言，其优点超过缺点。①

二　科技英语隐喻的翻译方法

（一）直译法

科技英语中有许多词语的隐喻意义与汉语对应词语的隐喻意完全一样或基本相同，采用直译法，保留原喻体的形象特征，有助于保留源语隐喻的文化特色，并能丰富目的语语言的表达能力。形象之所以可译是因为不同文化的人的生活经历，感受以及对事物的认知方式具有共性，同一形象在不同的语言中具有对应的表达。因此，翻译这类形象时，可采用直译法，将形象移植过来，既保留了隐喻的形象又明白无误地表达了隐喻的信息和相似的联想寓意。例如：

（1）Three computers in this area are infected by virus. 这个地区的三台计算机感染了病毒。

（2）In effect, the network can end the "tyranny of geography". 实际上，网络可以结束"地理的专制"。

（3）Adhesive bonding is often the only practical way to join a honeycomb core to the surface skins. 胶合粘接法往往是将蜂窝夹心结构接合在蒙皮上唯一可行的方法。"honeycomb" 直译为"蜂窝夹心结构"。

（4）In actual practice, however, several variations have crept into high – level languages so that no high – level languages is to – tally "portable" to all computer systems with a compiler for the language in question. 但是，实际上，某些变化已悄悄进入高级语言中，使得没有一种高级语言对于带有该语言编译程序的所有计算机系统是完全可以移植的。在这个例子中，"变化"被

① 俞碧芳：《科技英语中的隐喻及其翻译》，《遵义师范学院学报》2006 年第 12 期。

比喻为人，"crept into" 可以直译为 "悄悄进入"。

（5）DOS is a very special program because it is the program that is in charge of your computer. DOS 是一个非常特殊的程序，因为它管理你的计算机。在此句中，"DOS 程序" 被比喻为人，可以进行 "管理"，"in charge of" 可以直译为 "管理"。

（二）意译法

意译即舍弃原有形象，仅传达出原有的意义。由于不同民族之间的科技观念发展存在着不平行的现象，源语与目的语之间不可避免地会出现某些概念对应空缺从而导致语言形式对应空缺的矛盾，而意译则是解决这一矛盾的捷径之一。在科技隐喻词汇翻译中，有些形象是不可译的。所谓不可译是指由于不同民族的生活环境各异、生活经验及认知方式存在着明显差异，因而一种语言的形象表达在另一种语言中找不到贴切的对应词语，翻译这类形象可采用意译法，舍弃原文形象，全部替代，但忠实原文意义。

（1）The political fallout from the gasoline shortage was spreading in America at the time. 那时，汽油缺乏在政治上的灾难性后果在美国蔓延。

（2）In recent years, there has been a succession of outbreaks of "emerging" diseases and of old enemies, such as TB that have become resistant to drugs. 近年来，曾有过连续的 "新生" 疾病大暴发，以及一些如肺结核等老顽疾的大暴发，而且这些老顽疾的抗药性也越来越强。

（3）When they look down, see a whole new niche for the human race. 当他们的目光注视脚下时，他们看到的是为人类准备的全新的天地。

以上三句名词性隐喻中若将 "fallout"、"old enemies" 与 "new niche" 保留形象，分别译成："原子弹爆炸后留存在空气中的微粒"、"老敌人"、"生态龛"，则译文与原文语体就格格不入。所以，在翻译这类形象时有时只能舍弃其形象，保持译文和原文在语体上的得体和一致性。像以下四句动词性隐喻的翻译，同样只能进行意译。

（4）When they switched on their phone, their blood pressure shot up by 5–10 millimeters of mercury. 当他们打开手机时，他们的血压瞬时升高 5—10 毫米汞柱。

（5）A nearby object falling with a black hole is never heard from again. 附近天体一旦落入黑洞，就销声匿迹，永无踪影。

（6）Smoke blankets the city. 烟雾笼罩着这个城市。

（7）Inflation in capitalist countries erodes the purchasing power of working people. 资本主义国家通货膨胀削弱劳动人民购买力。[①]

（8）The latest findings will fuel the debate over the environment safety of those crops by giving both sides more ammunition. 最新的发现结果给双方提供了更多的证据，从而使有关这些作物环境安全的争论变得更加激烈。句中"ammunition"本意为"军火，弹药"，在此意译为"证据"。

（9）This brief tour will get your feet wet. By the time you acquaint yourself with Windows 95 here, you'll be prepared for the everyday tasks. 简短的浏览使你初涉门径，等你熟悉了 Windows 95 以后，你就为每天的工作做好了准备。这里，"get your feet wet"可以意译为"使你初涉门径"。设想一下，如果我们把"get your feet wet"直译为"打湿你的脚"，该多么费解和可笑。

（10）Reusability can be a mixed blessing for users, too, as a programmer has to be able to find the object he needs. 对用户来说，可重复利用性也可能是一件好坏难说的事情，因为程序员必须能够找到他所需要的对象。如果把"a mixed blessing"直译成"混合的恩惠"，读者会不知所云。综观上下文，应该把它意译为"一件好坏难说的事情"。这样一来，作者的意图简单明了，读者也乐于接受了。[②]

（三）直译与意译相结合

由于英汉民族思维表现方式不同，其隐喻化用语所取的形象自然地存在着错位现象。有些形象，如照直译似觉牵强附会，如忠实原义翻译则"意尽形未尽"。造成这种现象的原因是，这类形象在两种不同文化的语言中既不完全对应，也不完全缺省，而是存在着一定程度的对应，因此翻译此类词语，我们不妨采取直译与意译相结合的方法，在表达、语体上做些调整，保留部分形象，进行部分代替，尽可能达到神形皆似的境界。

例如：the field of science 科学领域；the forefront of science 科学前沿；information highway 信息高速公路；a catalyst to war 战争的催化剂，等等。

还有一些句子：

<hr>

① 李满红：《科技英语隐喻词及其翻译》，《湖北经济学院学报》2008 年第 5 期。
② 俞碧芳：《科技英语中的隐喻及其翻译》，《遵义师范学院学报》2006 年第 12 期。

（1）Knowing that the "Iron Man" was in great danger; all the workers in the oilfields were on pins and needles. 了解到"铁人"处境十分危险，所有油井工人如坐针毡。

（2）The telemetry streamed back to earth, a torrent of computer data updated 1, 000 times a second. 这种遥控系统源源不断地送回地面大量最新的计算机数据，每秒达 1000 次。①

（四）解释与补译

由于语言及语言中的隐喻现象非常复杂，单纯地运用直译或意译远远不够。很多情况下，我们需把两种方式结合起来，在译出喻体字面意义的同时，给出必要的解释与补充。

（1）Yet another possibility is that the steady growth in the number of clinical categories for mental illness is fuelling a kind of "disease inflation". 然而，另一种可能性是精神病临床种类数目的稳步增长加速导致一种所谓"疾病膨胀"现象——精神病范围的盲目扩大。"disease inflation"本意为"疾病膨胀"，译为"疾病膨胀现象"。"疾病膨胀现象"是它的直译，"精神病范围的盲目扩大"是对它的补充。补译使得译文准确，没有歧义。

（2）In effect, mobile computing is already doing that with the size and cost of digital components shrinking rapidly, each breakthrough in mobile computer – a 30 pound, battery – operated dazzler when it was introduced in the mid – 1980s – is today's electronic equivalent of a steamer trunk. 实际上，移动式计算已经在这样做，数字部件的尺寸与成本在迅速地减少，移动式计算机设计的每一次突破如此迅速地使以前的机器相形见绌，昨天的便携机（这种重 30 磅，由电池驱动的 80 年代中期推出的明星产品）在今天是相当于老式的旅行大衣箱一样的产品。"dazzler"原意为"令人眼花缭乱的东西"，把它解释为"明星"；"产品"是对它的补充。解释加补充使得译文既准确又不失生动活泼。

（3）If a window freezes on your screen, press Ctrl + Alt + Del（all three keys at the same time）. 如果一个窗口在你的屏幕上冻结了（死机），要按 Ctrl + Alt + Del 键（同时按三个键）。句中"freeze"除了直译为"冻

---

① 李满红：《科技英语隐喻词及其翻译》，《湖北经济学院学报》2008 年第 5 期。

结"以外,又用括号中的"死机"加以补充解释,使其含义通俗易懂。

(五) 省略不译

在某些特殊情况下如不影响原文的信息重点,为了符合译语的表达习惯,可省略不译。例如:

This means that traditional programming could thus be called single threa-ded because the programmer is responsible for managing only a single thread during its careful journey from one instruction to the next. 这就是说,传统的程序设计之所以可被称为单线索的,是因为程序员在其小心地设计一个接一个的指令时,只负责管理一个单线索。

"careful"和"journey"都是用来指人的,在原句中用的主语为"it",显然把"single thread"隐喻成了人。译文中"journey"没有被译出,原主语"it"被转换成"程序员"。这并不影响读者对原文的理解,且使译文更加符合中文的语言逻辑。

第七章　文化空缺现象的翻译

第一节　文化空缺现象简述

　　文化空缺是在 20 世纪 50 年代首先由美国语言学家霍凯特发现的，他在对比两种语言的语法模式中提出了"偶然的缺口"（random holes）；随后，俄罗斯文艺学家和文化学家将阻碍双方文化交际的民族特性界定为在文化交际过程中的"寻衅之物"；70 年代，对空缺现象的讨论更是引起了更多学者的兴趣。美国文化人类学家赫尔在研究澳大利亚土著居民的语言中对颜色的描述时，发现该民族缺少其他民族所具有的基本颜色的名称，从而启用了"空白、间隙"（gap）的术语；80 年代末，苏联学者索罗金等在论述话语及其民族文化特点时提出了"空缺"（vacancy）理论。经过学者们几十年的探索和分析归纳，文化空缺渐渐地形成了一系列的理论定义。目前，普遍被人们所接受的定义是：由于各民族在历史背景、社会习俗、宗教文化、意识形态等方面的差异，一种语言具有的概念、事物或现象，在另一种语言中找不到对应或相近的表达方式，形成了语言文化的空缺。

一　词汇文化空缺

　　这方面的空缺属于翻译中出现的文化空缺的主要部分。从其产生的原因方面看，具体可以分为以下几种：

（一）生活环境地理差异引起的词汇空缺

　　语言常常是客观世界的反映。地域上的差异使得英汉两种语言表现出巨大的差异，从而表现各自在对方中的词汇空缺或概念空缺。例如，"泰山北斗"、"暗度陈仓"等带有强烈的中华民族地域色彩的成语是无法在英语中找到相对应的词汇的。同样，英语中的"When Dover and Calais meets. "（绝不可能的事），"carry coal to Newcastle"（多此一举，Newcastle 为英国产煤地）等带有英美地域色彩的习语在汉语中也没有完全对等的词语来表达。另外，英语中与水产、航船有关的词语非常多。如"all at sea"（不知所措），"big fish"（大亨），"take the sea"（择业）等。主要原因在于英国是个岛国，水产和航海业在其经济生活中占有重要地位，因而产生了许多与此相关的词语，汉语在这方面的词语却很少。中国自古以来是一个以农业为主的大国，因此产生的是很多与农业、庄稼、田地有关的词语，如瓜熟蒂落、揠苗助长、顺藤摸瓜等。这类词语在英语中也没有对应的词语。

（二）因宗教信仰不同而引起的空缺现象

欧美信仰基督教的国家认为世界是上帝创造的，世间一切安排都是上帝的旨意；而在中国，佛教的影响根深蒂固，人们心中有的是开天辟地的盘古和主宰自然界的老天爷。这里，上帝和老天爷所代表的东西是截然不同的，其含义也不大一样。尤其是"God"这个概念，具有浓厚的基督色彩，是欧美文化的特性。另外，英、汉语中虽都有"dragon"（龙），但 dragon 在英语文化中是罪恶的象征，它往往使人联想到"凶狠、残暴"；而在汉语中则恰恰相反。在封建时代，龙是皇权的象征；在近现代，龙却是珍奇、高贵的象征。因而在汉语中就相应地出现了"龙飞凤舞"、"龙攘虎步"、"龙马精神"等褒义表达法。从这种意义上说，"龙"是我国文化的"特产"，是一种文化个性。

（三）因政治制度不同而引起的空缺现象

由于政体、国体等方面的差异，也导致了许多文化空缺词汇，如 "Were it left to me to decide whether we should have a government without newspapers or newspapers without a government I should not hesitate a moment to prefer the latter. "这是曾经为美国总统的 Thomas Jefferson 说的一句话。由于西方资本主义国家一贯标榜新闻言论自由。报纸、广播、电台这三大媒体，差不多已成了"言论自由"的代名词。杰斐逊在这里把"报纸"与"政府"相提并论，西方人一看便知道是指"自由"和"统治"的人权问题。但 newspaper 这个词会使大多数中国读者摸不着头脑，怎么把报纸和政府对立起来呢？不是政府出版报纸的吗？很显然，newspaper 这个具有独特文化内涵的词，是欧美资本主义国家的一种文化个性。与此相反，有些词汇的文化内涵是汉语中所特有的。如一对夫妇一个子女（A child a couple），希望工程（the Hope project）、五讲四美（Five stresses and Four points of Beauty）等。如果英、美国家的人不了解我国的基本国策和精神文明建设方面的内容，对这些说法也会不知所云。这是一种因国体、政体不同所造成的文化空缺词汇现象。

（四）风俗习惯差异导致相对词汇空缺

风俗习惯指的是贯穿于日常社会生活和交际活动中形成的文化。习俗是文化最直接的反映。语言作为一个民族的文化的特殊组成部分，必然反映出该民族的习俗。按中国人的传统习俗，但凡兴工动土，都要察看地形环境，看它是否得"风"得"水"，然后择宜土、避凶地。这就是中国古代相地术中所谓的"风水"。但是西方文化中只有相面术，却无相地术。在西方文化中，但凡信奉基督教者，死后一般葬于教堂墓地，并不考虑什么"风水"，兴工动土一般也无避凶之意，而只出于对建筑本身的考虑。所以，中国式的"风水"在英语中无对应词。中英两国都有着悠久的历史。在历史的长河中形成了各具民族特色的文化典故和风俗习惯。因而在这两种语言之间常出现相对的文化词汇空缺现象。如中国人把娶媳妇、贺生日称为"红喜"，把老人过世称为"白喜"。这对于没有接触过我国文化的西方人来说，把娶媳妇说成"红喜"尚可接受，因为英语就把喜庆日称为"red - letter day"，但把上年纪人的去世也当成一大"喜事"，这就会让他们感到奇怪与震惊。因为西方人举行婚礼时，新娘总是穿白色婚纱，取其纯洁，习惯上将"白色"与婚礼联系起来。所以，与欧美文化相比，把死人称作"白喜"则是中国文化的特性。又如，Gordian knot（戈尔迪结）一词用来喻指棘手问题则是西方文化中的特性。戈尔迪结源于希腊传说，是一个有关由农夫变成国王的戈尔迪和亚历山大王之间的故事。相传戈尔迪在木桩上系了一个众人无法解开的绳结——Gordian knot。该结后由亚历山大一刀斩开。从此 Gordian knot 便成了棘手问题的代名词，若不熟悉西方文化的中国人遇到这词，肯定会感到一筹莫展。

二　文化形象空缺

许多文化空缺因素都承载着相应的文化形象。不同文化有不同的文化形象，有时候要保留文化形象也实非易事。例如英国是个岛国，受北大西洋暖流的影响，从西边吹来的风总是暖洋洋的，"西风"给英伦三岛送去春天，故有"西风报春"之说。在英诗中不乏咏西风的诗句，雪莱的"西风颂"是人们耳熟能详的诗篇。又如夏季是英国温馨宜人的季节，常和"温和、美好"等联系在一起，莎士比亚就将爱人比作夏天。但是在中国，东风是和煦温暖的，代表着春天和美好事物。西北风则意味着寒冷的到来，我们不能想象西风能带来春天。再如，临时抱佛脚，道高一尺、魔高一丈，放下屠刀、立地成佛等，简单地翻译，往往不能传达该词的全部含义，造成文本的信息丢失。

第二节　文化空缺现象的翻译策略

要解决文化空缺对翻译带来的问题就需要用译入语语言形式补足在转换原文语言形式时造成的语义缺损，在表达时要考虑原文的文化空缺中所蕴含的文化意义，以最接近于原著的艺术效果的方式，消除读者的意义真空，传达原著所蕴涵的意义和文化信息。而所要重点关注的内容则是原语读者视为当然而译语读者却不甚了解的社会背景，文化内涵以及原文中所含的伴随信息等。因此，译者在翻译实践中应根据在翻译中涉及的多种因素，如具体的语境、翻译的目的、译入语的包容度、文学作品、作家、译入语读者的接受效果、民族的思维习惯和不同文化的趋同程度等，根据具体情况斟酌使用不同的翻译方法。①

第三节　文化空缺现象的翻译方法

一　音译法

音译法指的是将源语的发音形式转换成目的语的发音形式的翻译方法。对于两种文化中完全找不到相对应的词汇时，即出现完全空缺词现象的时候，一般采用音译法。如汉语中的旗袍、茅台、琵琶、磕头、功夫、荔枝、炕、风水、气功、饺子、狗不理包子等已分别被译成了英语词：chipao, mao－tai, pipa, kowtow, kongfu, litchi, kang, fengshui, qikong, jiaozi, goubuli baozi 等，这些词已被英语所接受，成为英语中的外来词。

---

① 王显涛：《中英文翻译中文化空缺现象及翻译策略》，《华东交通大学学报》2009 年第 8 期。

而英语当中的 engine，motor，logic，sofa 等已被译成汉语词：引擎、摩托、逻辑、沙发等，这些词也已被汉语所接受，成为汉语中的外来词。虽然音译法是一种比较简单好用的译法，但是音译也有许多缺陷，因为音译往往译不出它们的历史文化意义和隐含意义，更译不出它们的文学艺术意义。

二　改编法

改编法指的是一种音译或直译加意译补充的翻译方法。在这种翻译方法中，一方面译者尽可能保持原文语言的特性，另一方面却更希望译文含义明确，让读者一目了然。添加解释性文字既可保持原文特殊的语言形式，也可通过简要的文字说明译文，帮助读者理解作者的意图，这是一种形、义并用，简洁、直接的变通手法。例如：

（1）班门弄斧：showing off one's proficiency with the axe before Lu Ban，the master carpenter.

（2）梁祝：Liang shanbo and Zhu Yingtai，the Romeo and Juliet in China.

（3）东施效颦：Tung shih imitating His Shih. His shih was a famous beauty in the ancient kingdom of Yue，Tung shih was an ugly girl who tried to imitate her.

再如，在把一些含有西方文化特性的英文翻译成中文时，我们也常常这样做。

Let both sides unite to heed in all corners of the earth the command of Isaiah to "Undo the heavy burdens，（and）let the oppressed go free."

不管我们在地球的什么地方，让我们双方都记住先知以赛亚（圣经人物）的重托："卸下重负，让所有受压迫的人都获得自由。"

三　直译法

直译法就是在不违背译文语言规范的前提下，在译文中保留原文的内容和形式。直译法通常能最大限度地保留原文的内容、形象和语法结构，保留源语文化的民族、地方和历史特色。

比如：burn one's boat 破釜沉舟，walls have ears 隔墙有耳，zebra line 斑马线（人行横道），dry red wine 干红（味淡的无甜味的红色的葡萄酒），dry white wine 干白，win-win situation "双赢" 局面等。但是往往翻译时多会在直译的基础上增加意译补充的翻译。一方面译者尽可能保持原文语言的特性；另一方面却更希望译文含义明确，让读者一目了然。如在翻译一些成语时，会用到这种方法。如三个臭皮匠，顶个诸葛亮 three cobblers with their wits combines equal Chukeh Liang, the mastermind. 这样的注解才会让西方读者明白诸葛亮的文化内涵。

另外，英文翻译当中也有不少需要用到这种翻译方法，比如 foggy bottom 雾谷（美国国务院），Pentagon 五角大楼（美国国防部），Whitehouse 白宫（美国总统府），John Bull（约翰牛）（指英国人）。这样的翻译不仅填补了文化空白，而且使译语读者一目了然，既获取了正确的信息，同时避免了误会和错误理解，达到了译语与原语真正的语用等值，最终获得了最理想的交际效果。

四　借译法

按照外来词的形态结构和构词原理直译过来的方法就是借译。通常在英汉语中的某些文化内涵词在其各自的目标语中能找到指示意义相同或相近的对应词，就可以借译。例如：

（1）五十步笑百步：The pot calls the kettle black ;

（2）黄鼠狼给鸡拜年：when the fox preaches, take care of your geese;

（3）一个唱红脸，一个唱白脸：One coaxes , the other coerces;

（4）三纲五常：three cardinals and five permanent virtues.

在这些汉译英句子中，它们的指示意义是基本相同或相近的，但其文化内涵意义都或多或少地存在差异。请看例（1）五十步笑百步，在英译时我们借用了英语成语句子 The pot calls the kettle black 来翻译。一方面，这对句子都表达"两个人犯有同样的缺点或错误"或"自己有同样的错误却指责人家"的指示意义。但该汉语句来自《孟子》，除了"两个人都有错误"这一相同的指示意义外，还有"一个比另一个程度要轻"的内涵意义，而后一部分的含义英语句子却没有。

再如，英语中的一些文化部分空缺词语亦可用借译法或语义再生法来处理。

（1）at sixes and sevens：乱七八糟

（2）neither fish nor foul：非驴非马

（3）rack one's brains：绞尽脑汁

（4）as bold as brass：厚颜无耻

还有一些外来词，也是借译法的典型：超级明星（superstar）、超市（super market）、毫微技术（nano - technology）、千年虫（millennium）、

热线（hot line）、冷战（cold－war）、绿卡（green card）、情商（emotional quotient）。Two civilizations（两个文明），Four modernizations（四个现代化），One China policy（一个中国的政策），fairly comfortable standard of living（小康水平），iron rice bowl（铁饭碗），Confucianism（儒家思想），Four Books（四书），Five Classics（五经），Eight legged Essay（八股文），Chinese herbal medicine（中草药）等。

五 增补法

"增补法"是翻译中最重要的变通手段之一，其翻译可以同时兼顾习语的字面意义、形象意义和隐含意义。一些习语按字面意义被翻译成别的语言后，往往因其文化、社会、历史内涵而令人费解或产生混淆，但若单译其隐含意义又会失去其本义上的形象比喻和丰富色彩，这时就应该采用"增补翻译法"。例如"树倒猢狲散"这个习语可译成 Once the tree falls, the monkeys on it will flee helter－skelter，其中 helter－skelter（慌慌张张），是翻译时增添的成分，原文虽无其字而含其义，添加部分可使译文形象突出、有声有色。另外，英语习语还常以缩略语的形式出现，如 Jack of all trades and matter of none（杂而不精的人）常常用 Jack of all trades 来表示；Where there's smoke 则是 Where there's smoke, there's fire（有烟必有火）的简化表达，如果翻译时拘泥于原文的简化形式而译成"只要有烟"或"有烟的地方"，许多读者就会不知所云。

第八章　英语习语的翻译

第一节　英语习语简述

　　习语是语言的核心和精华，是某一语言在使用过程中形成的固定的表达方式，其表达形式简洁却意义精辟，能以形象的比喻（或比拟）说明深刻的道理。一个国家和民族只要有各自的语言文字，便有各自绚丽多彩的成语、谚语和典故。

　　随着人类社会物质文明和精神文明的不断发展，新事物的大量涌现和新概念的相继产生，人类语言变得更加充实，然而，由于每个民族历史和文化的不同，每种语言均保留着自己的习惯用法和表达方式，这种习惯用法在英语中我们称为"Idiom"，也可解释为"Set phrase"，意指英语中长期的、习用的、表达完整意义的、结构定型的固定词组和短句。

　　习语的特点有：（1）由一个以上的词构成；（2）其意义不能从构成这个习语的词及其句法结构直接推导出来；（3）习语中的词通常不能用类似的词来替换。①

　　英语习语的形成与相关的民族文化是密不可分的，从某种意义上说，文化是产生习语的"温床"。每个民族自身独有的文化是各民族在生产劳动、生活方式中形成的独特风格和传统，其中包含着历史、语言、风俗、生活方式、思维方式和婚姻习惯等。习语是经过人们长期使用、千锤百炼而成的语言形式，它在很大程度上依赖于特定的社会文化背景。

一　地理环境的影响

　　文化的形成脱离不了自然地理环境的影响，而习语作为文化的一种鲜

---

① 　胡亮才：《英语习语的语义特征与翻译方法探析》，《零陵学院学报》2004年第5期。

活表现形式也不可避免地制约于这一客观的自然地理环境。英语习语的形成深受英语国家特有地理环境的影响。英国土地面积不大，但其海岸曲折，海岸线长，海港水深，具有优良的航海条件。因此，英语的习语和海有着很深的联系。如 cold fish 字面意义是"冷鱼"，但这样理解显然不合理，作为俚语，其含义为"冷血的人、冷酷无情的人"。Fish 作为大海中常见的一种动物也就成了俚语的一个重要来源。再如，sail under false colors 这个短语，在海上通商兴起的那一段时期，海盗活动猖獗，他们的海盗船常常悬挂假旗号（false colors），光明正大地接近其他商船而不会引起对方的警惕。后来人们就用这个短语表示"假装"和"冒充"的意思。

二 宗教信仰的影响

宗教作为一种人类社会与客观世界相互作用的产物，是一种特殊的现象。宗教信仰在人类的社会生活中有着重要的影响，它影响着人类的物质和精神世界。宗教作为文化的一个重要构成要素，在方方面面影响着人们的社会和生活，当然也影响着我们的语言。我们通过一个例子来说明这个问题：我们通常用 God Bless You 来祈求上帝的保佑，当然，别人有什么不祥的事情发生时，也会这样说。再如，在英语国家人们的心中，上帝是神，是无所不能的。在上帝的面前人们是渺小的，无能为力的。而"Man proposes, God disposes"（谋事在人，成事在天）这个习语恰好能体现这种思想。

三 《圣经》的影响

《圣经》是基督教的经典教义，更是一部史书。这部书对英语国家的影响不可估量。据有关机构统计，《圣经》作为世界上销量第一的畅销书，已经被翻译为 1900 多种语言，销量超过十亿。这样的一个大部头著作，其影响可见一斑。如 at the eleventh hour 出自于圣经的《马太福音》：有个阔人想雇几个人到他的园子里去干活，他从早上五点就开始雇人，雇到最后一个人时已经是夜里很晚了。干完活后付工钱，结果大早上来的和夜里来的都一视同仁地得到了一枚银币，这就使一大早就开始干活的人极为不满，早知如此，还不如夜里十一点钟来，因为只要不超过十二点，都能得到同样的报酬。从此 at the eleventh hour 就有了挽回局面的关键时刻的含义。

四 西方文学作品的影响

文学是语言的一种重要表现形式，也是构成民族文化的基本要素之一。人们通过文学作品，表达自己的思想和情感。文学源于生活，又高于生活。经典的文学作品除了给我们带来一些经典的文学人物和故事情节，更为我们留下了一些经典的习语。如 Girl Friday 是"女秘书"的意思，这个意思来源于英国著名作家迪福的《鲁滨孙漂流记》。鲁滨孙漂流到一个孤岛后，由于一个偶然的机会救了一个食人族的人，因为他是在星期五那天救的，因此他为这个仆人命名为 Friday。这个 Friday 对于鲁滨孙非常忠诚，后来慢慢发展成为"奴仆和秘书"的意思，而 Girl Friday 的意思即源于此。

五　民族风俗的影响

风俗习惯指个人或集体的传统风尚、礼节、习性，是特定社会文化区域内历代人们共同遵守的行为模式或规范。风俗由一种历史形成，它对社会成员有一种非常强烈的行为制约作用，它深刻影响着人们社会生活的各个方面。如 walk down the aisle 这个习语，西方国家的人们基本上都信奉基督教，他们的婚礼大都在教堂举行。在婚礼的开始，一般都是父亲陪着新娘沿着教堂的过道走向神父，因此 walk down the aisle "沿着教堂过道走"就有"结婚，出嫁"的意思。①

（一）民族性

习语是人民大众在长期的生产劳动中创造出来的，习语与一个民族的地理环境、历史背景、经济生活、风俗习惯、宗教信仰以及价值观念等方面都有不可分割的联系。由于英汉两个民族在地理环境、生活习惯、文化心态等方面的差异，所以在一些习语上明显地呈现出两种不同的民族性。例如，汉语中使用"雨后春笋"来形容事物迅速而大量地产生，而在英国是不产竹子的，因此，英语是利用"like mushrooms"（像蘑菇一样）来表达相同的意涵的。又如形容一个人喝水很多，汉语中常用"牛饮"，而英语中则用"to drink like a fish"，因为英国是个岛国，四面环海，渔业发达，因此，常拿鱼儿来比喻。中国是个农业大国，以农耕为主，因此常以耕牛为喻。另外，英汉两族人民都有养狗的习惯，但英国人把狗当作忠实可靠的朋友，就常以狗的形象比喻人的行为和生活。比如，"sick as a dog"（病得厉害），"Every dog has its day"（人人都有得意时）等。在中国，很多人不喜欢狗的性格，因此与狗有关的成语大都含有贬义，比如

---

① 马山虎：《英语习语的来源及翻译点滴研究》，《学术研究》2012 年第 2 期。

"狗仗人势"、"人模狗样"、"狼心狗肺"等。所以，我们只有注意这种语言的民族差异，才能更加准确地理解其中的内涵。

（二）整体性

习语的意义是不可分割的统一体，整个组合的语义无法从构成组合各词的单独词义推出，各个词在组合中也相应地丧失了它们原先在语义上的独立性。由此可以得出，研究和掌握英语习语的关键自然就在于弄清其语义特征。换句话说，也就是要知道一个习语它到底是什么意思。如在《英语动词习语》中有这样一个例句：He cannot tell the manager off, so he takes it out on the office boy（他不能申诉经理，就总是找勤杂员出气）。句子中 tell off 和 take it out on somebody 两个习语的意义分别是"申诉、斥责"和"向某人发泄怨气"。可以看出，它的意义与其他的各词的原来意义有很大的出入，甚至是毫不相干的。因而即使在一定的上下文当中，有时也难以猜出其正确意思。

（三）不合逻辑性

英语中有部分习语，无论是从词的组合还是从语义上看，都明显地背离思维逻辑，但由于多年的沿袭使用，却从未变动。如 face the music（接受批评或责备，不躲避责任），grass widow（离婚，被遗弃或丈夫暂别的女子）。上述两则习语不仅词的搭配不合逻辑，习语语义与原义也有很大的差别，甚至毫无内在联系。更多的习语则是在词不达意的组合上似乎还合乎逻辑，但从语义上看，则同组成的字面意义或比喻意义截然相反，如习语：There is no love lost between them. 按逻辑推理，应该是"他们互相恩爱，从未闹过别扭"之意，但在长期的使用过程中却发展成为如今完全相反的语义："他们彼此憎恨，毫无爱情可言"。像这种语义的习语不胜枚举，如 get out of bed on the wrong side（心情不佳）；start a hare（话离本题）；see red（勃然大怒）；on the nail（立即、当场）等。这类习语虽然难以理喻，却往往有较强的表现力，为人们所乐于使用。正是这种风马牛不相及的习语激发了想象，增添了语言的生气和魅力。

（四）不可类比性

习语的语义往往由于种种历史、社会的原因自然形成，而非产生于逻辑推理，因此一般不能通过类比（analogy）的方法随心所欲地变动、创新或者望文生义，否则就会背离所学语言国家的文化传统和语言习惯，在理解或表达上出错。例如，我们不能按 upside down（乱七八糟）来类比

downside up，不可把 take in hand（控制）改为 take in hands 或 take into hand 等等。总之，不管是近似类比，还是反义类比，都不能随意运用于习语。我们既不能运用类比的方法推出习语的已知语义，也不能根据习语的已知语义，运用类比的方法随意创造新的习语。

（五）比喻性

一个人所共知的语言现象或单词往往在其使用的过程中会产生各种各样的比喻意义，尤其是隐喻，英语习语更是如此，许多英语习语都具有隐喻意义。如 hat in hand（卑躬屈膝）；beat about the bush（旁敲侧击）；burn the candle at both ends（过度耗费精力）。这类习语的语义，虽然也由整体性所决定，无法从组成习语的各词的单独词义推出，但它们各自的字面意义组合到一起，通过它们所构成的概念或形象，使人产生联想而理解其比喻意义。又如习语。Wash one's dirty linen in public；Carry coals to Newcastle；Even Homer sometimes nods 它们各自的字面意义为，"当众洗衣服"，"运煤到纽卡斯尔"，"就连荷马也有时打盹"，但是由于所用的比喻生动形象，只要在联想中稍加推理，就不难明白它们所表达的真正语义是："家丑外扬"，"多此一举"和"智者千虑，必有一失"。还有一点，有的隐喻习语由于在形式上同按字面意义理解的自由词组完全相同，如果不加以结合上下文认真推敲，有时就易于弄错其真正含义。习语"at the top of the tree"可以有几种理解，你既可以说是"躲避某人而隐藏起来"，也可以意指"爬得太高而处境危险"，还可以指"在事业上已经取得了辉煌的成绩"。究竟指哪层意思，必须放在较长的上下文中来考虑，在使用这类习语时，要力求避免产生歧义的任何可能。[①]

第二节　英语习语的翻译方法

一　直译法

直译指在不违背译文语言规范以及不引起错误联想的条件下，在译文中保留原习语的民族色彩、语言风格和比喻形象的方法。随着科学技术的迅速发展和国际交往日益频繁，一些具有民族特色的东西越来越多地被其

---

① 胡亮才：《英语习语的语义特征与翻译方法探析》，《零陵学院学报》2004 年第 5 期。

他民族所理解和接受，尤其是英语作为世界语言，在中国已经形成一股学英语热，英汉语的文化差异正在缩小，民族特色正在逐步融合，这使习语的直译成为可能。由于希腊罗马神话故事的流传，对于英语习语 Pandora's box，略懂英语文化的中国人并不陌生，并且知晓其隐含意义——灾祸的根源。因此，这个英语习语可以直译为"潘多拉的盒子"。又如，like a bull in a china shop 可直译为"像闯进瓷器店的公牛"。瓷器是非常精美但易碎的工艺品之一。一般的顾客在瓷器店里选购物品尚需轻手轻脚，小心轻放，以免打碎瓷器。若有一头公牛闯进瓷器店，后果必然一塌糊涂。因此，该习语常用来指"举动鲁莽，动辄闯祸，成事不足而败事有余的人"。

更多典型译例如：

（1）All roads lead to Rome（条条大道通罗马）；

（2）to draw water in a bamboo basket（竹篮打水一场空）；

（3）to cry for the spilt milk（为打翻的牛奶哭泣）；

（4）to pave the way for sth（为……铺平道路）；

（5）as busy as a bee（像蜜蜂一样忙）；

（6）to give the green light to（为……开绿灯）；

（7）Time is money（时间就是金钱）。

直译法不仅保留了英语习语的形象，并且将源文化完全地传递给了译入语的读者，但是在采用直译法时应考虑译文是否符合译入语的读者的思维，是否能使他们从字面上引起联想，从而获得其隐含意义，并引起与源语读者相类似的反应。

二　意译法

语言毕竟是交流的工具，因此译者的首要任务是让读者理解原文隐含意义。当在源语中找不到相同或相类似的习语或习惯表达式时，应考虑意译。由于不同的文化给语言造成不同程度上的差异，能找到合适的套译的机会并不多。如中国根本没有负鼠（possum）这种动物，就不可能有由负鼠构成的表达法。

请看下面只能采用意译的两个译例：

（1）the real McCoy（货真价实）。McCoy（麦哥尔）是姓氏。在英语国家在体育运动中通常采用别人的姓氏称呼运动员。据说，美国有位叫 Charles McCoy 的拳击家。一次，一个流氓冒充他在公众场合欺负弱者，正好麦哥尔路过，一怒之下将流氓一拳打昏在地，流氓醒来的第一个反应是大叫："It was the real McCoy!" 意为："这才是真正的麦哥尔！" 由此 McCoy 表示"货真价实，绝非假冒"。而 McCoy 这个姓氏，绝大多数中国人连听都没听说过，更别提与之相关的典故了。

（2）fight like cat and dog 如果按字面意义将其直译成汉语，尽管保留了原文形象，但不符合汉语的表达习惯。因此，可以根据习语在文中的意义进行意译。如 We fight like cats and dogs, but we love each other very much. （我们常吵吵闹闹，但仍很相爱。）因此，翻译这类习语只有舍弃源文化内涵而采用意译，以避免文化冲突而使译入语读者获得其隐含意义。

三　套译法

用汉语中字面意义、形象意义和隐含意义都相近的习语套译英语习语。如 wolf in sheep's clothing （披着羊皮的狼）意指 a person who pretends to be good but really is bad。这一习语在欧洲几乎所有的国家都使用，同样在汉语中使用也很普遍，无论是在字面意义、形象意义，还是在隐含意义方面都极其相似，因此可以直接借用。

更多译例如下：

（1）pour oil on the flame 火上浇油

（2）fish in the troubled waters 浑水摸鱼

（3）know sth. like the palm of one's hand 对某事了如指掌

（4）go through fire and water 赴汤蹈火

（5）new wine in old bottle 旧瓶装新酒

（6）spend money like dirt 挥金如土

（7）to offer fuel in snowy weather 雪中送炭

从以上译例中，我们不难看出，英语习语中所使用的形象和它们本身的字面意义和所表达的隐含意义在英语国家和中国都极其相似，用汉语习语套译，保留了原习语的韵味，并且译入语即汉语读者也感到非常熟悉而亲切。

由于两种语言在词语、文化和认知上存在差异，绝对等值是很难达到的，因此有时只能舍弃由于形成背景的差异而引起的形式或语义上的细微差别，在目标语中寻找一些意思相近的成语或习惯表达式，保留最重要的隐含意义。如果在译入语读者中产生的效果接近于源语读者所产生的效果，也算是大致等值。如英语习语 kill two birds with one stone 通常套译为"一箭双雕"。该习语的英汉语表达中意思基本相等，读者也都能理解其隐含意义，但二者喻体有别。英文中用"石头"做工具，而汉语中则用"弓箭"，但不论是哪种工具都意指做一件事情却意外促成两件好事。在源语和目的语读者中产生的效果是等同的。

请看以下译例：

（1）put all one's eggs in one basket 被译成"孤注一掷"。如果将一个人所有的鸡蛋全放在一只篮子里，万一打翻则彻底完蛋，一无所有。而汉语成语"孤注一掷"意指将所有的赌注一次性押上，一旦赌输则同样彻底完蛋，一无所有。二者都侧重风险太大。

（2）to teach one's grandmother to suck eggs 可译为"班门弄斧"。老祖母的人生阅历和经验是小孙子无法相比的，只有祖母教孙子吸蛋清而没有孙子教祖母的道理，因此用来比喻在行家面前卖弄，虽然与汉语的"班门弄斧"所借用的喻体和意象不同但其喻意却相同。

由以上译例不难看出，该种翻译方法借用译入语中的喻体或意象来诠释源语习语中的喻体，即牺牲了源语中的喻体，但其形象传达原习语的隐含意义，也就是最重要的原文意欲表达的意义，并且还保留了习语的简洁而又多用修辞手法的特点。

四　注释法

由东西方历史、地理、宗教、风俗等各个方面的差异造成的许多习语的"不可译因素"，不仅难以在译入语中找到相应或类似的表达，而且通过意译也常常顾此失彼。对于这类习语，可以采用加注释的方法来处理。

（1）keep one's fingers crossed 或 to cross one's fingers 译作"但愿好运，祝愿成功"（美国人喜欢做一个手势：把食指和中指交叉起来后再向人伸出，表示祝别人成功和交好运）。中国文化中并没有交叉手指传达祝愿的习俗，因此必须向汉语读者解释美国人的习俗，否则会令读者丈二和尚摸不着头脑。

（2）sword of Damocles 或 Damocles sword 通常译为"达摩克利斯之剑——临近的危险，岌岌可危"（古希腊的国王西拉古斯为了让贪图安乐、妒忌主人生活的大臣达摩克利斯知道当国王的危险，当达摩克利斯到宫中赴宴时，叫人在他头上悬挂着用一根头发拴着的利剑。整个宴会期间，达摩克利斯提心吊胆，吓得要死）。

很明显，该种译法汉译比较长，其硬伤是累赘，不符合习语言简意赅的特点，但能表现习语的隐含意义，传达习语形成的文化背景和内涵，并且还能给汉文化以新鲜的血液。

五　增补法

增补法是翻译中重要的变通手段之一，它可以兼顾习语的字面、形象意义和隐含意义。有些习语按字面意义翻译后往往因为文化、社会、历史内涵而让译入语的读者费解，但意译其隐含意义又会失去其比喻形象和文化色彩，这时，可以考虑增补法。如英语习语 to get blood from stone 用增补法译作"石中取血——做不可能的事"。又如英语习语（as）rich as Croesus 直译为"富如克罗伊斯"，令读者费解，因为译入语的读者对克罗伊斯一无所知；若意译为"非常富有"，文化信息和比喻形象则损失殆尽，没有习语的任何特点。此处，采用增补法将其译为"像克罗伊斯国王一样富有"。尽管略显啰唆，但既传达了隐含意义，又保留了形象，并且还采用明喻的修辞手法。①

第三节　英语习语临时变用现象的翻译

英语习语会出现临时变用现象，能使人感受到这种修辞手段在表达上的独特魅力。

一　个别词汇的临时变用

（1）I wish I were as popular as Jack was. I knew hardly anyone in this city, while he has friends to burn.

has friends to burn 的原型是习语 to have money to burn（钱多得花不完），这里说话人把 money 一词换成了 friends，易词后的形式以诙谐幽默的语气将杰克八面玲珑的人际关系刻画得淋漓尽致。

（2）After 14 years of civil war, apocalypse has become ordinary in Lebanon. The Lebanese long ago perfected a perverse ability to live and let die.

to live and let die 的原型是 to live and let live（和睦相处），将第二个 live 换成）die，通过反义替换，原习语中所蕴含的太平景象蓦然不翼而

---

① 赵昌彦：《浅谈英语习语翻译的方法》，《承德民族师专学报》2008 年第 11 期。

飞，连年战乱给黎巴嫩人带来的心理创伤跃然纸上。

（3）Their only recourse was a small Henry Moore sculpture, the title's "Object of Beauty" and it is their prime subject of debate as they whine and dime. She owns it. He needs it.

本句对 to wine and dine（热情款待）进行了词语替换，易词后的形象通过保留元韵修辞格（assonance）的手段产生了幽默诙谐的表意效果。尽管 wine 与 whine 读音相同，但却不见了原习语中所蕴涵的热情友好的气氛，展现在我们面前的只剩下一幕十足的闹剧景象。

二　增加词汇的临时变用

（1）Post war rich living and the automobile all but took the country's breath and legs.

to take somebody's breath away（使人激动不已）经过调整增加了 legs 一词，扩展后的形式具有习语变用和一语双序的双重修辞效果：令美国人神往，也使他们的双腿与之俱往。

（2）I'm a night owl and my husband is an early riser, but once we adjusted to each other's habits, that became only a small fly in our matrimonial ointment.

a fly in the ointment（美中不足）是源于《圣经》的习语，扩展以后增加了表达的形象性与具体性。

三　提炼习语的临时变用

（1）You shouldn't let your envy show like that, Becky. Green doesn't go very well with that dress you re wearing.

本例将习语 to be green with envy（妒火中烧）中的主要成分 green 和 envy 提炼出来，green 有双关（pun）意义，一是指"绿色"，一是指"嫉妒"。

（2）If you insist on marrying that girl, I can't stop you. But don't come running to me when the shoe stairs pinching.

上例对习语 to know where the shoe pinches（知道问题的症结所在）进行了提炼，该习语出自希腊哲学家普卢塔克（Plutarch）的名著《比较列传》（*Parallel Lives*），指婚姻生活出现了问题。

（3）Cinderella says that as much as she dislikes her stepmother, she is not ready to exchange the frying pan of her terrible home life for the uncertain fires of her marriage.

本例被提炼的习语原型是 to jump out of the frying pan and into the fire（跳出油锅又落入火海）。

四　合成习语的临时变用

（1）My father always says he believes in the iron－hand－in－the－velvet－glove approach, but when he is angry, it's sometimes hard to feel the velvet.

本句用连字符将习语 feel（an）iron hand in the velvet glove（外柔内刚）连接起来，合成后的形式用作形容词前置定语，整个句子结构因此得以简化。

（2）The boss's sour mood wet－blanketed the atmosphere of the meeting.

to wet－blanket 是 to throw a wet blanket on something（泼冷水）的提炼合成形式，这里用作动词，充当谓语。

（3）He sometimes gets upright, often starts projects and doesn't finish them and gets "antsy" when he's not working.

习语的合成还有一种极为特殊的情况，比如在下面例句中、antsy（坐卧不安）原出自 to have ants in one's pants，但合成后的形式已变得面目全非，几乎看不到原习语的影子了。

五　通用习语的临时变用

（1）little Tom was born with a silver spoon in a mouth which was curly and large.

本例通过把 to be born with a silver spoon in one's mouth（生于富贵之家；生来富贵）中的 mouth 具体化而对整个习语进行了变用。定语从句的运用使 silver 一词获得了一实一虚的双关语意义：银匙、富贵。这句话的实际意思是：小汤姆虽有富贵命，却无富贵相。

（2）A：Well, well, we'll reduce the price by 5%, I hope this sets the ball rolling.

B：I'm afraid the ball can hardly roll very far. I'd suggest another 5%.

甲、乙分别代表交易中的买卖双方，甲首先运用了习语 to set the ball rolling（使……顺利开始），乙则采取了迂回的策略顺水推舟地将习语通用到底，从而既避开了与对方的直接冲突，又可接着该习语的幽默气氛把谈话继续下去。以便进一步提出自己的建议。

第四节　英语习语修辞的翻译

英汉两种语言都有大量丰富的习语及修辞手段，而习语本身就是语言中的重要修辞手段。确切地说，习语是语言中修辞手段的集中表现。可以说，习语是语言修辞格的浓缩。英语中的大多数修辞格都能在汉语里找到与之相对应的修辞格。根据两种语言在修辞手法上极为相似的情况，下面就英语习语中的部分常用修辞格作初步的分析、比较和归纳。

一　明喻

英语修辞格和汉语修辞格明喻的特点完全相同，其基本格式是"甲像乙一样"常用比喻有"像"、"似"、"仿佛"、"犹如"等（as, like, seem, as if/though, etc.）。即本体、喻体和比喻词全都出现，明确地表示出本体和喻体之间的比喻关系，故称为明喻。如：

（1）as busy as a bee 像蜜蜂一样勤劳。

（2）as quiet as a lamb 像羊羔一样温顺。

（3）quick like lightening 疾如闪电。

（4）as honest as a dog 像狗一样忠诚。

（5）as white as flour 像面粉一样白。

（6）as proud as a peacock 像孔雀一样骄傲。

（7）as sharp as a knife 像刀一样尖。

（8）as slow as a tortoise 像乌龟一样慢。

（9）as motionless as a statue 像雕塑一样稳。

（10）as brave as a lion 像狮子一样勇敢。

（11）as light as a feather 像羽毛一样轻。

（12）as rigid as a stone 像石头一样坚硬。

（13）as hungry as a wolf 像狼一样饥饿。

（14）as straight as an arrow 像箭一样直。

（15）as thick as a wall 像墙一样厚。

（16）as thick as porridge 像粥一样稠。

（17）as black as a crow 像乌鸦一样黑。

由于基本格式相同，运用汉语明喻的格式基本可正确表达原文思想。

因此，翻译这类习语时可采用直译方式，即用词和结构上与原文保持全对应。

二　隐喻

本体、喻体都出现，中间用比喻词"是"、"成了"、"变成"等连接，有时不用比喻词。隐喻的典型形式为："甲是乙"。同明喻一样，隐喻也是最基本和常用的修辞格之一 a brow as white as marble "像大理石一样洁白的前额"，有比喻词 as，故是明喻，而 a marble brow "大理石般的前额"，就是隐喻。因为这个习语无比喻词，而是把比喻关系暗含在句子中。英语的隐喻包含汉语的隐喻、借喻和拟物。举例如下：

（1）Black market：黑市——暗中进行不合法买卖的市场。

（2）Running dogs：走狗——本指猎狗，今比喻受人豢养而帮助作恶多的人。

（3）Double - faced：两面派——指耍两面手法的人。

（4）Cold war：冷战——指国与国之间在军事以外的外交上、经济上和心理上的战争。

（5）Hot line：热线——指两国领导人间的专用电话。

（6）With the tail between the legs：夹着尾巴——意指狼狈的形象。

（7）To play with fire：玩火——暗示正在做危险的事情。

英语中有着极其丰富的典故、成语，由于每个民族典故、成语产生的背景不同，也决定着翻译时不能套用汉语典故。如：Two heads are better than one 一些人用汉语习语"三个臭皮匠顶个诸葛亮"就不妥，若译为"一人不及两人智"更好。因为我们常说的"忠实"就是要忠实原文，忠实其民族色彩等。

三　异叙和拈连

异叙的格式是一个词如动词、形容词、介词等与两个词或更多的词相搭配，形成一词多义的特点，并且与一个词搭配用一种词义，与另一个词搭配时用另一种词义。如：

He lost the game and temper. 他输掉了这一局，大发脾气。

中心词"lost"与"game"和"temper"搭配。在这个句子中，"lost the game"（输掉这一局）意为"fail"（失败）而"lost temper"（发脾气）意为"out of control"（失去控制）。有了中心词"lost"这两个短语很自然地、巧妙地联系在一起。再如：

（1）He made a creature and mistake. 他制造了一个怪物同时也犯了错。

（2）In his fishing trip, he caught。fish and cold. 他钓到了鱼，也患了感冒。

拈连是指用一个词来搭配两名词。它在形式上与异叙相同，但这两者本质上却不同，拈连的特点是关键词与一个词成自然搭配外，还与另一个本来不该搭配的词搭配在一起。如：

weeping eyes and hearts. 一双双流泪的眼睛和一颗颗哭泣的心灵。

一般地说，在这个例句中，"weeping"（哭泣）仅仅只能与"eye"（眼睛）搭配，但在这里被用来与"hearts"（心）而不是与"grieving"（悲痛的）或"bleeding"（悲痛的）搭配。这与常提到的一笔双叙法不同。再如：

（1）To wage war and peace. 发动战争与谋求和平。

（2）Open her door and her heart to the boy.

她为小伙子开了门，也敞开了心扉。

翻译这两类习语时，要理解原文，特别是上下文，不能用汉语的修辞格来表达就考虑用别的修辞方式。

四　借代

英语借代专指用专有名词代替普通名词或用普通名词代替专有名词的借代方式。例如：

（1）Romeo 罗密欧——代替情侣

（2）John Bull 约翰牛——代替英国人

（3）Solomon 所罗门——代替聪明人

（4）Uncle Sam 山姆大叔——代替美国

（5）Father of lies 谎言之父——代替魔鬼撒旦

（6）White House 白宫——代替美国政府

（7）Pentagon 五角大楼——代替美国国防部

（8）Whitehall 白厅——代替英国政府

五　音韵修辞格

英语中很多习语前后对称，音节优美，韵律协调，读起来铿锵有力，朗朗上口。这些习语在结构上近似汉语的对偶，译为汉语时最好能译成具有上述特征的汉语。这类习语很多，如：

（1）Seeing is believing. 眼见为实。

（2）Several men, several minds. 千人千品，万人万相。

（3）Safe bind, safe find. 藏得好，容易找。

（4）Out of sight, out of mind. 眼不见，心不烦。

（5）Past cure, past care. 听之任之。

以上例句属押头韵。

（6）No bees, no honey. 无蜂则无蜜。

（7）No pains, no gains. 不劳则无获。

（8）Seeing is believing. 眼见为实。

（9）One man, no man. 孤掌难鸣。

以上例句属押尾韵。这些习语语言凝练、常具有鲜明的形象和一定的韵律，易于记忆。①

第五节　翻译英语习语时应注意的问题

在翻译英语习语时，应考虑到英汉两种语言的文化差异及由此所引起的词汇空缺现象，避免其不可译性。能用形象的汉语表达的则套用汉语习语，不能套用的则真实地反映其隐含意义。但是，在翻译的过程中，译者还应该注意以下几个问题。

一　切忌望文生义

由于英汉文化之间的差异，有一些英语和汉语字面相同，但意义却不同，这些习语可谓"貌合神离"，翻译时要特别注意，切不可望文生义，铸成错误。例如：break the ice 不是"打破冰"而是"打破僵局"、"打破冷场"。face the music 不是"面对音乐"，而是"勇敢地面对困难，接受责罚或挨骂"。have a long head 不是"有一个长脑袋"而是"有远见"。have one's tail up 不是"翘尾巴"、"骄傲自大"，而是"兴致勃勃"。in the hole（for）不是"在洞里"而是"负债"。move heaven and earth 不是"翻天覆地"而是"竭尽全力"。pull one's leg 不是"拖后腿"而是"取笑某人"、"开某人的玩笑"。under the table 不是"在桌子下面"而是

---

① 张建华：《英语习语的修辞特点及翻译》，《安顺高等师范专科学校学报》2003 年第 6 期。

"私底下，秘密地"。wear two hats 不是"戴两顶帽子"，而是"一心两用"。wet blanket 不是"弄湿毛毯"，而是"扫兴的人"、"败兴的事"。

二 切忌逐字翻译

不同的民族有着不同的文化背景和生活经历，虽然同一思想内容在两种语言中都有意义相近的表达法，但是由于双方运用的形象和比喻不同，译成汉语时，在内容上会有所差异。翻译这类英语习语时，不能逐字翻译，应结合汉语的语言习惯，加以适当变通。例如：

（1）as mute as a fish（噤若寒蝉）

（2）as stubborn as a mule（笨得像牛）

（3）as stupid as a goose（蠢得像猪）

（4）as timid as a rabbit（胆小如鼠）

（5）black sheep（害群之马）

（6）cherish a snake in one's bosom（养虎为患）

（7）like a cat on hot bricks（像热锅上的蚂蚁）

（8）like a rat in a hole（瓮中之鳖）

三 注意民族地方特色，不要强搬硬套

汉语和英语中有许多习语反映各自的民族或地方色彩，英译汉时，一方面应注意保存这种特色，另一方面应当注意不要用汉语中具有鲜明民族、地方色彩的习语硬套英语的习语。例如，习语 Two hands are better than one 在翻译时不能套用汉语"三个臭皮匠顶个诸葛亮"，因为诸葛亮是我国的一个历史人物，与原作上下文会形成矛盾。如果把它译成"一人不及两人智"就比较合适。必须注意，把英语习语译为汉语习语时不应违背忠实、通顺的翻译标准，而要有助于更好地达到这个标准。不能滥用汉语习语，否则往往会产生相反的效果，以词害义。

四 注意习语的缩略、变异形式，合理翻译

英语习语有时以缩略的形式出现，而其含义不变。一般来说，这种简化习语的英译汉是在易理解的条件下保持原文的简化形式。下面是一些英语习语常用的缩略形式，翻译时应特别注意其真正含义：To cry over spilt milk 是"It's no use crying over spilt milk"的缩略形式，我们常译为"覆水难收，徒悔无益"。To teach one's grandmother 是从 to teach one's grandmother to suck eggs 中缩略，意思是"在行家面前显示本领"，即汉语中的"班门弄斧"。a friend in need 来自 a friend in need is a friend indeed，意思是"患难之友才是真朋友"。Birds of a feather 由 Birds of a feather flock together 缩略而来，意思是"物以类聚，人以群分"。a bird in the hand 是 a bird in the hand is worth two in the bush 的缩略语，意思是"一鸟在手胜于两鸟在林"。①

---

① 王金凤：《英语习语中的文化内涵及翻译时应注意的问题》，《科技信息》2007 年第 14 期。

第九章　英语谚语的翻译

第一节　英语谚语简述

　　谚语是人们在语言使用过程中对日常生活经验的概括和总结而形成的一种固定的表达方式，凝聚着人们的智慧和幽默，表达了人们对自然、人生和社会的理解和对真善美的追求。世界上凡是历史悠久的语言都包含有大量的谚语。它是语言经过长期使用而提炼出来的固定的词组、短语或短句。这些谚语蕴含着丰富的文化信息，包含着大量的文化特征和文化背景，具有鲜明的形象和喻意。带有鲜明的民族特色和地域色彩。谚语一般具有结构严谨、形式简练、寓意深刻、形象鲜明、表达生动的特点，读之悦目、听之悦耳、说之顺口、易懂易记，是人们喜闻乐见的一种语言艺术表达形式。正确理解和翻译英语谚语对了解英语国家人们的生活特性、宗教信仰、风土人情、民族特征等文化背景具有深远的意义。①

　　英语谚语是经过长时间的使用而提炼出来的固定短句，是英语国家人民智慧的结晶。英语谚语大都具有鲜明的形象，适宜于用来比喻事物，因而往往带有浓厚的民族色彩和地方色彩。英语谚语有的意思明显；有的富于含蓄，意在言外，可引起丰富的联想；有的可能包含几个意思，必须根据上下文的具体情况来明确它的意义。英语谚语既是语言中的重要修辞手段，同时其本身也是各种修辞手段的集中表现。不少英语谚语前后对称，音节优美，韵律协调。尽管英语和汉语是两种截然不同的语言，但英汉谚语有着一些相同的语言特征，它们都有简明、简单、生动的语言，它们都借助象征性的形象，大部分的谚语都有相当整齐的结构和和谐的押韵。

---

① 　何少珍：《英语谚语的汉译技巧》，《湖北教育学院学报》2007 年第 7 期。

一　英汉谚语的特征

（一）口语性

谚语大多来自民间，是劳动人民集体智慧的结晶，多是人民大众对具体事物的认识，故谚语都带有浓厚的口语性。如瘦死的骆驼比马大。A bird in the hand is worth two in the bush. （双鸟在林，不如一鸟在手）

（二）民族性

谚语来源于生活，它就像一面镜子一样能逼真地反映一个民族的文化特征。它具有鲜明的民族性，各个民族都有各自的谚语。同一思想内容的谚语，不同民族由于他们的生活环境和习惯，有不同的说法。中英谚语都是在特定的历史、地理、经济环境和宗教信仰等文化背景下产生的，故此，中英谚语都具有很强的民族特色。如三个臭皮匠顶个诸葛亮。Rome is not built in a day. （冰冻三尺，非一日之寒）

（三）艺术性

古人曰："言之无文，行而不远"，"文"就是文采，文饰，也就是讲求语言的艺术性。中英谚语广泛而恰当地运用各种修辞来表情达意。①

二　英语谚语分类：

（一）在长期的社会实践中总结出来的朴素道理、普遍常识或经验教训

例如：

（1）Well begun is half done. 良好的开端是成功的一半。

（2）One swallow does not make a summer. 一燕不成夏。

（3）Empty vessels make the greatest sound. 半桶水，响叮当。

（4）Fish begins to stink at the head. 上梁不正，下梁歪。

（5）The rotten apple injures its neighbors. 一只烂，一筐烂。

（6）Pride goes before a fall. 骄傲使人落后。

（7）Enough is as good as a feast. 知足常乐。

（二）从神话寓言、莎士比亚剧作、《圣经》故事等经典著作中流传下来的格言、名录

例如：

（1）A soft answer turns away wrath. 婉言可以释怒。（《圣经》箴言6）

（2）The tree is known by its fruit. 观其果而知其树，观其行而知其人。

---

① 赵义森：《英语谚语的翻译策略研究》，《和田师范专科学校学报》2010 年第 6 期。

（《圣经》马太福音6）

（3）Too swift arrives as tardy as too slow. 欲速则不达。（莎士比亚《罗密欧与朱丽叶》）

（4）Humer sometimes nods. 人非圣贤，谁能无过；智者千虑，必有一失。（希腊）

（5）The child is father of the man. 从小看大，三岁看老。（米尔顿《复乐园》）

（6）Borrowing dulls the edge of husbandry. 借来的钱不心疼。（莎士比亚《哈姆雷特》）

（三）从西方多年的思想、生活、学习中总结流传下来的格言

例如：

（1）All that glisters is not gold. 发亮的东西未必都是金子。

（2）It is not the beard that makes the philosopher. 并非胡子使人成为哲学家。

（3）Every cloud has a silver lining. 黑夜漫漫终有尽头。

（4）Look before you leap. 三思而后行。

（5）Wish is the father to the thought. 愿望是思想之父。

（6）Handsome is that handsome does. 行为美才是真正美。

（7）Do as you would be done by. 你愿意别人怎么待你，你就应该如何待别人。

（8）The course of true love never did run smooth. 爱情的道路崎岖不平。

（9）Unity is power. 团结就是力量。

（10）A friend in need is a friend indeed. 患难朋友才是真正朋友。

（11）Many drops of water sink the ship. 涓涓细流沉大船。

（12）Practice makes perfect. 熟能生巧。

（13）Experience is the mother of wisdom. 经验是智慧之母。

（14）Rome is not built in a day. 罗马非朝夕建成；冰冻三尺，非一日之寒。

（15）The proof of the pudding is in the eating. 空谈不如实干。

（16）Tide waits for no man. 时光不等人。

（17）The lost is never found again. 光阴一去不复返。

（18）Make hay while the sun shines. 晒草要趁太阳早。

（19）It is never too old to learn. 活到老，学到老。

（20）No pains, no gains. 不劳则无获。

（21）Jack of all trades is a master of none. 行行都懂点，行行都不精通。

（22）Where there is a will there is a way. 有志者，事竟成。①

第二节　英语谚语的翻译策略

一　套用现成的汉语谚语

在浩瀚的汉语谚语中，可以找到一些在意义上、形象上、表意形式上都与英语谚语相同或基本相同的汉语句子。之所以会有这种巧合，一是由于各民族之间通过文化交流，一些外来语被汉语吸收和消化，渐渐成为汉语的一部分。例如汉语成语"以眼还眼，以牙还牙"的原语就出自《圣经·旧约全书》里的英语谚语的"eye for eye, tooth for tooth"；再如"血浓于水"出自"Blood is thicker than water."；"条条大路通罗马"出自"All roads lead to Rome"等。英语谚语早已为汉民族所认识并接受。二是由于人类思维所具有的某种共性，即人们在社会生活、劳动实践中对同一事物或现象所触发的相同感受和理解，反映到谚语中，便出现了英汉谚语中的"巧合"现象，试举数例：

（1）More Haste, less speed. 欲速则不达。

（2）Well begun is half done. 良好的开端是成功的一半。

（3）All is not gold that glitters 闪闪发光物，未必尽黄金。

（4）Everything is good when new, but friends when old. 物莫如新，友莫如旧。

（5）If you confer a benefit, never remember it; if you receive one, remember it always. 施恩勿记，受恩勿忘。

既然在汉语中处在这种可与英语谚语相吻合的现成谚语句子，可以尽量套用。这样既可以忠实地表达原语内涵，又可使译文不失谚语的形式和

---

① 张毓彪：《英语谚语的分类与翻译》，《成都教育学院学报》2005 年第 6 期。

特性，并且言简意赅，能为中国读者所接受和运用。不过英语和汉语是两种全然不同的语种，再加上民族的千差万别，词类等同语自然不会很多。

二　"客随主便"与"主随客便"

比喻是谚语很常用的一种修辞方法，通过比喻，可把抽象的事物表现得具体、形象，把深奥的道理阐述得通俗、浅显。英语谚语如此，汉语谚语同样如此。但是，由于两种文化传统，环境习俗不同，往往是要表达的意思一样，而选择的比喻形象或比喻手法不一样。例如：英语谚语"as timid as a hare."（胆小如兔）和汉语谚语"胆小如鼠"都表示胆子很小的意思，但两种语言用作比喻的东西却大不相同，在讲英语的人看来，兔子是胆小的象征，而汉民族则视兔子为敏捷，快速的象征。如古语"静如处子，动如脱兔"。所以一般应译为"胆小如鼠"。词类情况为数不少，在翻译时如何处理好主客关系呢？对此，很难一概而论。以"Never offer to teach fish to swim"为例，倘若"客随主便"直接译成"不要鱼儿游水"，保留了原语的比喻形象，但中国读者不易吃透这句话的含义；相反"主随客便"，选用同义的汉语谚语"不要班门弄斧"作为译文，含义不点自明，只是改变了原语的比喻形象，失去了英语味。由此可见，不管是"客随主便"还是"主随客便"的翻译方法都各有利弊。究竟哪种利多弊少，应根据翻译时的具体情况和要求加以抉择，不可失之偏颇。试举几例比较：

（1）Love me，Love my dog. 爱我及犬（爱屋及乌）

（2）He that lies down with dogs must rise up with fleas. 与狗同眠的人身上必然有跳蚤。（近朱者赤，近墨者黑）

（3）The cat shuts its eyes when stealing cream. 猫偷吃乳酪时总闭着眼睛（掩耳盗铃）

（4）Every cloud has a silver lining. 乌云也有银衬里（塞翁失马，焉知非福）

（5）A fools bolt is soon shot. 蠢人一下子就把箭射完。（黔驴技穷）

（6）The mountain has brought forth a mouse. 大山生出只小老鼠（雷声大，雨点小）

以上几例，都是喻体的英语谚语，即这些谚语经常使用的并不是它们的本意义，而是它们的喻义，它们仅作为喻体被人们运用，其喻说的对象（被比喻的主体）在说话语本身中没有出现，要在具体的运用场合中才能明确。如人们在运用"The mountain has brought forth a mouse"这条谚语时，一般不是取其本义，"山"和"鼠"在此仅作为两个比喻形象，用来说明"声势大，效果小"的意思，至于究竟是指某项措施、工程，还是指某个人的行为结果，只有在一定的上下文中才可以确定。这类谚语是一种很形象的语言材料，可以用来构成多边的比喻，喻说我方面的事物和形象，常常意在言外。因而在翻译此类谚语时，据原语直译无法点明含义，不如借用同义的中国谚语作译文更简洁贴切。这就是"主随客便"的特殊翻译方法。

还有另一类运用比喻手法的英语谚语，其被喻说的主体和用来比喻主体的客体在说话语本身中已经确定，比喻义已经挑明，如：

（1）Many heads are better than one. 一人不及众人计。

（2）The water that bears the boat is the same that swallows it up. 水能载舟，亦能覆舟。

（3）Loftiest trees most dread the thunder. 最高大的树也怕雷击。

因此，即便是有同义的汉语谚语可以借用，也不必"反客为主"，尽管依据原语直译，以便保持原语的比喻形象的神韵。

三 "直译"与"意译"

大部分英语谚语在汉语中是很难找到现成的对等或相似语的，因此必须直译。所谓"直译"是指在符合疑问语言规范的基础上，在不引起错误的联想和误解的前提下，保留英语谚语的比喻、形象以及民族特色的方法。另外，译出的汉语句子要有说话语味，尽可能使之具备形似汉语谚语的句型结构：精巧洗练、朗朗上口、易于记忆。而要做到这些，拘泥原文，逐字"死译"的方法是不可取的。所谓英语谚语的直译，即根据原语译成汉语。与套用现成的汉语句子相对而言，其中实际包含了通常所说的"意译"成分，在忠实于原意的前提下，精心磨炼词语，推敲句意，酌情变动增删，使译文成为能为中国读者所接受的外来谚语。鲁迅曾强调翻译"必须有异国情调"，"要保留原作的风姿"。直译是最能保留原语的"异国情调"和"丰姿"的方法。像下面这些直译过来的英语谚语，早已起到了丰富汉语语言的作用，并且已成为日常使用词。如：

（1）Quality is better than quantity. 质胜于量。

（2）Knowledge is power. 知识就是力量。

（3）Action speaks louder than words. 行动胜于空言。

（4）He laughs best who laughs last. 谁笑到最后，谁笑得最好。

（5）Hope for best, but prepare for the worst. 怀最好的希望，做最坏的

打算。

（6）In water you may see your won face，In wine the heart of another. 水中可见己面，酒中可见人心。

（7）It is better to be closed in rags than to be clothed with shame. 宁可穿上破衣，不可蒙上耻辱。

四　"近似语"与"巧译"

有些英语谚语用直译法翻译，不是句子不顺，就是表意不清，而借用汉语中的近似语"巧"译，则简练达意，恰到好处，这种巧译的方法实际上就是"套用现成句子"方法的一种补充和扩大，使人们在选用现成的汉语句子时，有更大的回旋余地。列举几例如下：

（1）You can't make an Omelet without breaking eggs. 你不打破鸡蛋，又怎能制成煎蛋——有失才有得。

（2）Draw not your bow till your arrow is fixed. 箭没搭好先别拉弓——三思而后行。

（3）Bind the sack before it is full. 袋子要在装满前扎着——见好就收。

（4）While the grass grows the horse starves. 等到草长出来时，马早已饿死—— 远水救不了近火。

（5）One must howl with the wolves. 跟狼在一起就得学狼嚎——入乡随俗。

从以上例子中可以看出，巧译的灵活性很大，近似语与原语之间存在着或多或少的差异。并且有的原语含有比喻，而近似语没有；有的近似语含有比喻，而原语没有。在修辞手法及语言风格上往往也不吻合。因此，在翻译时，必须全面地、透彻地理解原语的含义、语言色彩及褒贬程度，恰如其分地选择近似语。如果望文生义，胡乱套用，结果会弄巧成拙。例如："Fine weather makes fine birds. " 真正的含义是"好衣装，仅能扮出好外表" 含有讥讽的意思。另外，翻译时还要尽量考虑谚语的民族性，不宜选用含有汉语民族所特有的专有名词或典故的近似语，特别是在文学作品的翻译中。以免使读者产生"似西非西，似中非中"的感觉来。例如：Don't cross the bridge until you come to it. 如果译为"不要杞人忧天"，总有点洋人穿长衫的感觉，不如译成"船到桥头自然直"更为贴切。①

---

① 沈奇：《论英语谚语的汉语翻译方法》，《社科纵横》2008 年第 12 期。

第三节 英语谚语的翻译方法

一 等值译法

即在一种语言里有时能够找到形象和意义相同的谚语来直接译出另一种语言里的谚语。例如：

（1）Knowledge is power. 知识就是力量。

（2）Barking dogs do not bite. 吠犬不咬人。

（3）Strike while the iron is hot. 趁热打铁。

（4）Kill two birds with one stone. 一石二鸟。

（5）As a man sows, so he shall reap. 种瓜得瓜，种豆得豆。

（6）All that glitters is not gold. 发光的不一定都是金子。

（7）Man Proposes, Heaven（God）disposes. 谋事在人，成事在天。

（8）He who laughs best who laughs last. 谁笑到最后，谁笑得最好。

（9）We never know the worth of water till the well is dry. 井干方知水可贵。

二 模拟译法

原文谚语的形象和意义明白易懂，虽在译文语言里没有现成说法，也可模拟原文直接译出，例如：

（1）armed to the teeth. 武装到牙齿。

（2）No smoke without fire. 无火不生烟。

（3）a wolf in sheep's clothing. 披着羊皮的狼。

（4）A Stitch in time Saves nine. 一针及时省九针。

（5）The tortoise wins the race while the hare is sleeping. 兔子睡觉，乌龟得胜。

（6）The early birds catches the most worms. 早起的鸟儿捉的虫多。

（7）Said is easier than done. 说起来容易，做起来难。

三 类比译法

即在一种语言里可找到形象不同但意义相同或十分接近的谚语来翻译另一种语言里的谚语，例如：

（1）A drop in the ocean. 沧海一粟；九牛一毛。

（2）Where there is a will，there is a way. 有志者，事竟成。

（3）Every bean has it's black. 凡人各有其短处。

四　套用法

即借用汉语谚语来复述英语谚语，这种方法是翻译英语谚语的普遍而又重要的手法，采用此译法，即保持英语谚语的风采，又与汉语谚语相吻合，读起来颇有浓郁汉民族谚语风味。

（1）Practice makes Perfect. 熟能生巧。

（2）Seeing is believing. 眼见为实 。

（3）Diamond cut diamond. 强中更有强中手。

（4）A new broom sweeps clean. 新官上任三把火。

（5）There are plenty of fish in the sea. 天涯何处无芳草。

（6）Speak of the devil（and he will appear）. 说曹操曹操就到。

（7）Spend money like water. 挥金如土。

（8）Put the cart before the horse. 本末倒置。

（9）More haste，less speed. 欲速则不达。

（10）Knowledge15Power. 知识就是力量。

（11）Money makes the mare go. 有钱能使鬼推磨。

（12）He who has a mind to beat his dog will easily find his stick. 欲加之罪，何患无辞。

五　直译加注释法

即直接翻译不能完全表现原谚语的意思，可用直译加注释的方法来处理，此法可使要表达之意一目了然。

（1）A good dog deserves a good bone. 好狗应该得好骨头（意指：有功者受奖）。

（2）（There is）no rose without a thorn. 没有不带刺的玫瑰（意指：世上没有十全的幸福；有乐必有苦）。

（3）A toad lusting after a swan's flesh——aspiring after something one is not worthy of. 癞蛤蟆想吃天鹅肉（意指：痴心妄想）。

（4）Fish begins to stink at the head. 鱼要腐烂头先臭（意指：上梁不正下梁歪）。

（5）an ass in a lion's ski. 披着狮子皮的驴（意指：狐假虎威；伪装成智者的傻瓜）。

六 对联法

使用此译法要注意条件，即译成对偶的词句，上联与下联字数必须相等。例如：

（1）Nothing is difficult to a man who wills. 世上无难事，只怕有心人。

（2）Good news comes a Pace. 好事不出门，坏事传千里。

（3）He that will thrive must rise at five. 五更起床，百事兴旺。

（4）He who keeps company with the wolf will learn to howl. 近朱者赤，近墨者黑。

（5）Better a glorious death than a shameful life. 与其忍辱偷生，不如光荣而死。

（6）Better an egg today than a hen tomorrow. 只要今天一个蛋，胜过明天一只鸡。

（7）Be slow to Promise and quick to Perform. 允诺宜缓，履行宜速。

七 意译法

意译主要是指在翻译时抓住内容和喻义这一重要方面，牺牲形象、结合上下文比较灵活地传达原意。因此，意译法要求翻译者考虑文化差异的局限，必要时舍弃原文的字面意义，以求译文与原文的内容相符和主要语言功能相似。例如：

（1）As easy as pie. 易如反掌；

（2）Be wise after the event. 事后诸葛亮；

（3）Each has its own merits. 各有千秋；

（4）Beggars can't be choosers. 饥不择食；

（5）The best fish are near the bottom. 好鱼居水底。有价值的东西不能轻易得到；

（6）Butter to butter is no relish. 千篇一律的东西令人生厌；

（7）Care killed a cat. 忧虑伤身；

（8）The child is father of the man. 三岁看老；

（9）Claw me and I will claw thee. 投之以桃，报之以李。

八 代换法

英汉语言中有些词的形象意义不同，但其文化内涵及交际意义是一样的或相近的。为了不使译文较之原作逊色，译者在翻译时常常使用代换法来克服这些障碍。下面仅以带动物喻体的英语谚语与汉语翻译作一比较。

（1）a lion in the way 译为"拦路虎"；

（2）beard the lion 译为"虎口拔牙"；

（3）kill the goose that lays golden eggs 译为"杀鸡取卵"；

（4）the four tigers of Asia 译为"亚洲四小龙"；

（5）like a cat on hot b ricks 译为"热锅上的蚂蚁"；

（6）Love me, love my dog 译为"爱屋及乌"；

（7）a top dog 译为"优胜者，左右全局的人"；

（8）You are a lucky dog 译为"你真幸运"。

第四节 英语谚语中几种特殊形式的翻译

一 以 it is... that... 句式出现的谚语

这种句式的谚语由于在形式上与英语的强调句式很相似，很有可能造成翻译上的误译。我们可以通过下面例句的翻译分析来了解这种谚语的处理方法，主要分两种情况。

（一）that 后面的句子是肯定句

（1）It is a wise father that knows his child. 本句出自莎士比亚的《威尼斯商人》的第二幕第二场，是剧中一仆人 Launcelot 对阔别多年的父亲 old Gobbo 说的。

Launcelot：Do you not know me, Father?

Old Gobbo：Alack, sir. I am sand blind, I know you not.

Launcelot：Nay, indeed if you had your eyes you might fail of the knowing me：it is a wise father that knows his own child.

这段对话的实际背景是：Gobbo 因自己的眼睛快要瞎了，无法认出眼前的孩子。他的儿子 Launcelot 对此的解释是：长久的离别，即使聪明的父亲也未必能认出自己的儿子。在上下文中，这种理解入情入理；若按字面直译为"只有聪明的父亲才会了解自己的儿子"，不仅表达略嫌拙笨，而且有悖常情：当着父亲的面，儿子评价父亲不属聪明之列，显然唐突。

下面几个例句也具有同样意思。如：

（2）I only laughed because you said you were Sir Geoffrey's son. But no matter, it is a wise child that knows his own father. 我笑只是因为你说你是乔

弗里爵士的儿子，不过这并没多大关系——即使聪明的孩子也不一定了解自己的父亲。

（3）She called her father John instead of Thomas... but perhaps she was willing to verify the old proverb, that it is a wise child that knows his own father. 她称呼她父亲约翰而不是汤姆斯，也许她愿意为那句古老的谚语作证，那就是：再聪明的孩子也不都了解自己的父亲。

（4）It is a bold mouse that breeds in the cat's ear. 这句谚语很容易被误译为"在猫耳朵里下崽的老鼠是胆大的老鼠"，或者意译为"初生牛犊不畏虎"。Brewer's Dictionary of Phrase and Fable（1956）对这个谚语的解释是"冒不必要的险"。因此在这里应该把它译成"再胆大的老鼠也不会在猫的耳朵里做窝"。

（5）It is an ill bird that fouls its own nest. 错误的翻译会是"弄脏自己窝，它是坏鸟雀"；或者"糟蹋自己窝的鸟不是好鸟"。而该谚语要表达的意思则是"正如鸟不会弄脏自己的窝一样，人不该损害自己亲近的人或东西"，或"人不应该公开批评或诋毁自己的家庭"。因此这个谚语应该译成"再坏的鸟也不会弄脏自己的窝"，或引申为"家丑不可外扬"。

下面两则谚语的翻译更是形象地说明了按照强调句式翻译和按照谚语翻译所产生的明显不同：

（6）It is a good dog that can catch anything.

误：好的狗什么猎物都能捕捉到。

正：再好的狗也不可能什么猎物都能捕捉到。

（7）It is a good goose that's lay dropping.

误：好鹅能一直不停地下蛋。

正：再好的鹅也不可能一直不停地下蛋。

根据上述几个例子，可以从中概括出以 It is... that... 形式出现的谚语具有以下基本特点：

（1）句子主语是一般的泛指，因此中心名词前面只能加表类别的不定冠词 a 或 an；

（2）中心词有一形容词作修饰语；

（3）That 从句中谓语动词的形式为肯定而意义为否定。

根据这些特点，在翻译这种谚语时可依据下面的公式：

It is ＋a（n）＋形容词＋名词＋that＋肯定谓语 ＝ However ＋形容词＋

a（n）＋名词＋is，＋he（或 it）＋否定谓语，即：再（多么）……也不会（不可能）……

（二）That 从句为否定

（1）It is a good horse that never stumbles. 这个谚语常被误译为"良马不失蹄"。在 1607 年与 1709 年出版的《英语谚语》中，词典的编纂者在这条谚语下面分别作了这样风趣幽默的点评：从不抱怨的妻，从不失足的马，二者如此之少，我从未能遇到；最美的有其不足，最好的也犯错误。该谚语的含义由此可见一斑。事实上，它与另一个谚语"四条腿的马也有失蹄时"（A horse stumbles that has four legs）同义，故应译成：人人都有犯错时。

（2）It is an ill wind that blows nobody good. 这个谚语会被误译成"使人人倒霉的风才是恶风"。《英语谚语词典》对此的解释是：在帆船时代，海上的船只驶向各种方向的都有，因此对东行的船若为逆风，对西行的船就会为顺风。总之，没有哪一种风会使所有的船都受害。引申为"在任何不幸中，总有对某人有利的地方"，"任何损失或不幸总有人获益"或"一个人的好运来源于他人的不幸"。因此我们可以把这则谚语翻译成"再恶的风也有人舒服"；"没有对人人都有害的坏事"或"害于此者利于彼"等。

下面这段文字可以帮助我们从上下文中更好地理解这则谚语：

It's an ill wind that blows nobody good. If Mr. Harrison's house is struck by lightning, Mr. Johnson makes money out of repairing it; and if Mr. Wilkins misses the last train home, the taxi driver profits in consequence.

天下没有对人人都不利的事。哈里逊先生的房子遭到雷击，约翰逊先生就可靠修理而赚钱；威金斯先生误了回家的末班车，出租车司机就因此有利可图。

无论 that 从句的否定直接体现在谓语动词上还是体现在宾语上，这类谚语译时皆可参照第一部分的公式，将"肯定"与"否定"互换即可，译成：再……也会（也可能）……

英语含 It is... that... 结构的谚语常见的有 40 余条，皆可依据上述二公式翻译。

二　谚语的押韵形式

不少谚语前后对仗，音节优美，韵律协调，读起来朗朗上口，因而为人们所喜闻乐见。下面就谈谈英语谚语的押韵以及翻译原则。

英语谚语的押韵一般分为三种：头韵、腹韵及尾韵。

（一）头韵：句中两个或两个以上的词开头辅音相同而产生的音韵叫头韵

不少英谚用头韵方式，以增加节奏感。请看下面的例子：

（1）Time tried truth. 时间检验真理。

（2）Spare the rod, spoil the child. 孩子不打不成器。

（3）Many men, many minds. 人多心不齐，人多想法多。

（4）Fair words make fools fain. 甜言蜜语喜坏傻瓜。

（二）腹韵：是由相同或相似的元音重复出现构成的，故也称元音叠韵或半谐音

例如：

（1）Out of sight, out of mind. 眼不见，心不烦。

（2）Well begun is half done. 好的开端，成功的一半。

（3）An apple a day keeps the doctor away. 苹果每天吃，医生不用请。

（4）Pain is gain. 劳苦即收获。

（三）尾韵：英语诗行的末尾押韵，即几行诗的最后一个重读音节的元音及其后面的辅音相同

英语谚语也大量使用这类押韵的方式以增加节奏感和音乐感，有时押单韵，有时压双韵。

1. 押单韵：这个押韵的末音节元音必须一样，后面如有辅音也必须相同。例如：

（1）Needle and pins, needle and pins. When a man's married, his trouble begins. 针线，针线，男人结婚烦恼生。

（2）The higher the plum tree, the riper the plum. The richer the cobbler, the black his thumb. 梅树越高，梅子越熟；鞋匠越富，拇指越黑。

2. 押双韵：前后部分文字的两个音节的元音和辅音均相同：

（1）Man proposes, God disposes. 谋事在人，成事在天。

（2）Rain before seven, fine before eleven. 晨雨不过午。①

---

① 何红：《浅谈英语谚语的押韵以及翻译技巧》，《吉林省教育学院学报》2011 年第 6 期。

三　英语谚语中的动物形象

人类是由动物进化而来的，与动物的关系向来很密切。动物在人的衣食住行、生产劳动中起着不可估量的作用。在与动物朝夕相处的过程中，人们逐渐熟悉它们的生活习性和品质特征。久而久之，人们就会将动物的外貌、生理、心理、性格、行为、习性、品质等与人类社会中的人或某些现象联系起来，于是，包含动物词语的谚语便应运而生。

1. ass 驴

（1）All asses wag their ears. 驴子都好摇耳朵/傻子总爱装聪明。

（2）A king without learning is but a crowned ass. 无知的皇帝只不过是一匹戴皇冠的驴子。

2. bear 熊

（1）He who shares honey with the bear hath the least part of it. 与熊分蜜糖，得不到多少。

（2）Kings and bears often worry keepers. 皇帝和熊常常使看守人发愁。

3. bee 蜜蜂

（1）No bees，no honey；no work，no money. 没有蜜蜂就没有蜂蜜/不劳动就没有金钱。

（2）The bee works in the summer and eats honey all winter. 蜜蜂夏日劳作，冬日享受蜂蜜。

4. bird 鸟

（1）A bird in the hand is worth two in the bush. 双鸟在林不如手握其一。

（2）Birds of a feather flock together. 羽毛相同的鸟类聚集在一起/同气相投。

（3）You cannot catch old birds with chaff. 用谷糠捉不到老鸟。

（4）There are no birds in last years'nest. 今年的鸟不宿旧年的巢。

5. cat 猫

（1）A cat in gloves catches no mice. 戴着手套的猫，抓不到老鼠。

（2）A cat may look at a king. 猫也可以看国王地位虽然不同，人与人应该平等。

（3）All cats are grey in the dark（或 in the night）. 所有的猫在黑暗中都是灰色的/没什么差别。

(4) The cat would eat fish, but would not wet her feet. 猫儿爱吃鱼，却怕爪弄湿。

6. cock 公鸡

(1) Every cock will crow upon his own dunghill. 每只雄鸡在自己的粪堆上自鸣得意。

(2) As the cock crows, so does the young. 老公鸡怎样叫，小公鸡怎样学。

7. crab 螃蟹

You cannot make a crab walk straight. 你不能让螃蟹直着走。

8. crow 乌鸦

(1) The crow thinks her own birds fairest. 乌鸦总以为自己的雏鸟最美丽。

(2) Carrion crows bewail the dead sheep, and then eat them. 乌鸦吃死羊前先痛哭一场。

9. dog 狗

(1) An old dog barks not in vain. 老犬不空吠。

(2) An old dog will learn no new tricks. 老狗学不会新戏法。

(3) Beware of a silent dog and still water. 警惕无声之狗会咬人，平静之水会覆舟。

(4) Give a dog an ill（或 a bad）name and hang him. 给一只狗一条罪状，然后把它吊死。

(5) Every dog has his day. 每只狗都有它的好时光。凡人皆有得意日。

10. donkey 驴

If a donkey brays at you, don't bray at him. 倘若驴子朝你哮，你别对着驴子叫。

11. eagle 鹰

(1) Eagles catch no flies. 老鹰不捕苍蝇。

(2) It is no honor for an eagle to vanquish a dove. 老鹰胜鸽，不足为荣。

12. fish 鱼

(1) Fish begins to stink at the head. 鱼要腐烂头先臭/上梁不正下

梁歪。

（2）It is a silly fish, that is caught twice with the bait. 被同一诱饵两次钓到的是蠢鱼。

（3）Never offer to teach fish to swim. 不要教鱼儿游泳。

（4）The best fish smell when they are three days old. 鱼过三天后，最鲜也变臭。

（5）There are as good fish in the sea as ever came out of it. 海里的好鱼和冒出来的鱼一样多。

13. fox 狐狸

（1）A fox is not taken twice in the same snare. 狐狸不会在同一个陷阱中被捉两次。

（2）Old foxes want no tutors. 老狐狸不需要教师。

（3）The fox knew too much, that's how he lost his tail. 狐狸懂得的诡计太多，丢掉了自己的尾巴。

（4）When the fox preaches, take care of your geese. 狐狸在说教，当心鹅偷掉。

（5）If you deal with a fox, think of his tricks. 假如你与狐狸打交道，要想到它的花招。

14. goose 鹅

（1）It is a silly goose that comes to the fox's sermon. 只有呆鹅才去听狐狸说教。

（2）Everyman thinks his own geese swans. 每个人都把自己的鹅想象为天鹅/言过其实。

（3）Kill the goose that lays the golden eggs. 杀鹅取金蛋/杀鸡取卵。竭泽而渔。

（4）He dare not say "Boo" to a goose. 在鹅面前也不敢呸一声/胆小软弱。

15. hare 野兔

（1）A hare sleeps with his eyes open. 野兔睁着眼睛睡觉。

（2）If you run after two hares, you will catch neither. 同时逐两兔，一只不到手。

（3）You cannot run with the hare and hunt with the hounds. 不能与野兔

同跑，又与猎犬共追。

（4）The tortoise wins the race while the hare is sleeping. 兔子睡大觉，乌龟才得胜。

16. hen 母鸡

（1）He that would have eggs must endure the cackling of hens. 谁要吃鸡蛋，得耐鸡声烦。

（2）Never cackle till your egg is laid. 鸡蛋未下莫咯咯啼/事未成功切莫宣扬。

（3）One chick keeps a hen busy. 一只小鸡已够母鸡辛苦了。

17. horse 马

（1）A good horse cannot be of a bad color. 良马的毛色不会差。

（2）Don't'change horses in mid－stream. 骑渡中流莫换马。

（3）It is too late to shut the stable－door after the horse has bolted. 亡马锁厩，为时已晚。

（4）While the grass grows the horse（或 steed）starves. 待到草长时，马已早饿死。

（5）You can take a horse to the water, but you can't make him drink. 马到河边不喝水，逼马低头亦枉然。

18. lamb 羔羊

（1）A pet lamb makes a cross ram. 宠坏的小羊将成为脾气坏的大羊。

（2）It is an evil sign too see a fox lick a lamb. 狐狸舔羔羊，这是凶迹象。

19. lark 云雀

（1）Go to bed with the lamb and rise with the lark. 随羔羊就寝，同云雀起床。

（2）Loves live by love, as larks live by leeks. 情人靠爱情生活，云雀靠韭葱生活。

20. lion 狮子

（1）A live dog is better than a lion. 一只活狗胜过一头猛狮。

（2）Hares may pull dead lion by the beard. 兔子可捋死狮之须。

（3）March comes in like a lion and goes out like a lamb. 三月来如猛狮，去如羔羊。

21. mare 母马，牡马

（1）Money makes the mare to go. 钱能让牡马走/有钱能使鬼推磨/钱可通神。

（2）The grey mare is the better horse. 牝鸡司晨/妻胜其夫。

22. mouse （小）鼠，小家鼠

（1）A mouse may help a lion. 老鼠可以助狮一臂之力/弱者也有帮助强者之际。

（2）Burn not your house to rid it of the mouse. 不可焚屋驱鼠/投鼠忌器。

（3）The mouse that hath but one hole is quickly taken. 老鼠只有一个洞，很快就被捉。

23. pig 猪

（1）Cast not your pearls before swine. 珍珠莫向笨猪投/明珠莫暗投/切莫对牛弹琴。

（2）What do you expect from a pig but a grunt? 问君对豕有何求，除却猪哼无所有。

24. rat 老鼠

（1）Rats leave （或 desert 或 forsake）a sinking ship. 老鼠也要离开沉船/船沉鼠先窜。

（2）For every fruit consumed by a rat a hundred are spoiled. 老鼠偷食一个水果，其余的都会坏掉。

25. sheep 羊

（1）A lazy sheep thinks its wool heavy. 懒羊嫌毛重。

（2）He that makes himself a sheep shall be eaten by the wolf. 甘为羔羊的人终将被狼吃掉。

（3）The lone sheep is in danger of the wolf. 孤羊有被狼吃掉的危险。

（4）There is a black sheep in every flock. 群羊中有黑羊/家家难免有不肖子。

26. wolf 狼

（1）The life of the wolf is the death of the lamb. 狼的生就是羔羊的死。

（2）The wolf has a winning game when the shepherds quarrel. 羊倌争吵，饿狼获利。

（3）The wolf may lose its teeth，but never his nature. 狼的牙齿会落掉，但它的本性永不会改变。

（4）Who keeps company with the wolf will learn to howl. 与狼结交，必学狼嚎。

27. worm 蠕虫

（1）As worms are bred in a stagnant pool so are evil thoughts in idleness. 虫蛆在死水中孵化，邪念在懒惰中养成。

（2）Tread on a worm and it will turn. 践踏昆虫，它也会反抗/人急造反，狗急跳墙。①

第五节　英语谚语修辞功能的翻译

英语谚语具有诗的活泼，文的凝重，熟语的简练。总之言简意赅、富含哲理、生动形象、幽默风趣等特点，而它所使用的修辞手法更是多不胜数，而这些修辞手法更是让英语谚语散发出夺目的光彩。

一　比喻

（1）Spare time is gold dust of life. 业余时间是生命的金砂。

（2）Books are ships that pass through the vast sea of time. 时光好比汪洋，书籍好比航船。

（3）Never bray at an ass. 勿与傻瓜斗气/君子不同小人斗。

（4）Life is a flower of which love is the honey. 人生是花，爱情是蜜。

（5）Beauty，unaccompanied by virtue，is a flower without perfume. 美而无德，犹如花之无香。

（6）Books like friends，should be few and well chosen. 书籍如朋友，宜少宜精选。

（7）Beauty fades like a flower. 花易谢，美难再。

（8）Time is money. 一寸光阴一寸金。

（9）speech is silver, silence is gold. 说话是银，沉默是金。

（10）No cross no crown. 没有困难就没有成功。

---

① 沈志和：《英语动物谚语解读》，《柳州师专学报》2007 年第 3 期。

二 拟人和拟物

(1) Fact speaks louder than words. 事实胜于雄辩。

(2) Field have eyes, and woods have ears. 隔墙有耳。

(3) He will wag as the bush wags. 见风使舵。

(4) Who keeps company with the wolf will learn to howl. 近朱者赤，近墨者黑。

(5) The devil knows many things because he is old. 人老见识广。

(6) An uncut gem does not sparkle. 玉不琢，不成器。

三 重复

(1) Like father, like son. 有其父必有其子。

(2) A bargain is a bargain. 契约终是契约。

(3) Nothing will come of nothing. 无风不起浪。

(4) Never trouble till troubles you. 不要自找麻烦。

(5) Let bygones be bygones. 过去的事情就让它过去吧。

(6) Business is business. 公事公办。

(7) Several men, several minds. 人心不同，各如其面。

(8) New lords, new laws. 一朝天子一朝令。

(9) Like knows like. 英雄识英雄。

四 对比

(1) Be swift to hear, slow to speak. 敏于听，而缓于言。

(2) One foe is too many, and a hundred friends too few. 一个仇人够多，百个朋友嫌少。

(3) United we stand, divided we fall. 团结则存，分裂则亡。

(4) Hope for the best, prepare for the worst. 抱最好的希望，做最坏的准备。

(5) Better untaught than ill taught. 宁愿不受教育，也不愿被教坏。

五 夸张

(1) Content is more than a kingdom. 知足常乐。

(2) A single slip brings eternal regret. 一失足成千古恨。

六 典故

(1) All roads lead to Rome. 条条大路通罗马。

(2) See Naples and die. 看了那不勒斯奇景，就是死了也甘心。

（3）Carry salt to Dysart and puddings to Transnet. （= Don't carry coals to Newcastle.） 多此一举。

（4）An Argus abroad and a mole at home. （= The onlooker sees the game best.） 旁观者清，当局者迷。

七 平行

（1）The best physicians are：Doctor Diet, Doctor Quiet and Doctor Merry. 人生的良医有三位：饮食大夫、宁静大夫和快乐大夫。

（2）By reading we enrich the mind; by conversation we polish it. 读书可以充实心灵，交谈可以使之增光添彩。

（3）Old wood best to burn, old wine to drink, old friends to trust, and old authors to read. 老木最宜烧，老酒最宜饮，老友最宜靠，老作家的书最宜读。

（4）To fear love is to fear life. 害怕去爱就是害怕去生活。

（5）The three foundations of learning：seeing much, suffering much, and studying much. 求学的三个基本条件是：多观察，多吃苦，多研究。①

第六节 英语谚语翻译中应该注意的问题

一 保持谚语的语言艺术特色

谚语的特点是短小精悍，生动形象，音韵和谐，寓意深刻。在翻译时，要字斟句酌，反复推敲，既要保证原文意思通晓明了，又要行文流畅，语句优美。例如：

（1）Actions speak louder than words. 事实胜于雄辩。

（2）A faithful friend is hard to find. 知音难觅。

（3）A fall into a pit, a gain in your wit. 吃一堑，长一智。

（4）Great oaks from little acorns grow. 合抱之木，生于毫末。

（5）Birds of a feather flock together. 物以类聚。

（6）Be on the thin ice. 如履薄冰。

大量人们喜闻乐见的谚语翻译都体现了这一特点，语言简练，朗朗上

---

① 杨蓉：《英语谚语的修辞手法及翻译》，《电子世界》2012 年第 6 期。

口，易读易记，体现了谚语这一受大众欢迎的特殊文学体裁的特点。所以翻译时，既不能舞文弄墨，也不能毫无文采可言。

二　准确把握英语谚语的内涵

谚语来自：All man's wisdom, and one man's wit.（众人的智慧，一人的妙语），所以谚语一般都寓意深刻，具有极强的哲理性，而这些意思又通过人们熟悉的事物或形象生动的比喻表现出来，翻译时如果没有充分挖掘其中的内涵，很容易造成误解。如 Out of sight, out of mind, 如果望文生义，人们就会理解成"眼不见，心不烦"，而这则谚语实际表达的含义是"日久情疏"，又如 Beggars cannot be choosers，很容易误解成"饥不择食"，但准确的含义是"要饭就不要挑剔"。又如 East is East, and West is West. 字面上看，"东就是东，西就是西"，而实际的内涵是："东方国家就是东方国家，西方国家就是西方国家"。表达了东西方国家在文化和道德方面的差异是无法否认的。

三　了解英汉文化方面的差异

英语谚语承载着西方文化的特色和信息，与文化传统紧密相连。因此我们在翻译英语谚语时候，必须注意到英汉两种语言的文化差异，因为词语只有在其作用的文化中才有意义。如果我们不熟悉一国的人情风俗和文化历史背景，对于文字的这种意义就会茫然。翻译要将中西文化结合起来，这样才能有利于两种语言间的交流。如果忽视中西文化差异，强行翻译往往会引起文化意象的失落和扭曲。英汉两种语言都博大精深，令很多学者为之痴迷，要真正了解其中的奥妙，我们不仅要钻研大量的文献，还要在学习一种语言的过程中认真研究与该语言有关联的文化，大量的文化信息是可以等值传递的，这就是有关两种文化共性的东西，至于与两种文化的差异相连的内容，它构成了翻译中的难题，值得我们进一步学习。英语谚语是英语国家的劳动大众在社会生活和生产实践活动中的智慧结晶，是经过千锤百炼的语言精品。

第十章　英语专有名词的翻译

第一节　英语专有名词简述

专有名词（proper noun，又作 proper name）是指特定的人、事物或地点的名称。英语专有名词作为英语不可或缺的组成部分，在日常的交际和文学作品中起着重要的指称作用，用以表明事件发生的对象或地点。但是，英语中有些专有名词由于其词源的特殊性而广为流传并为人们所熟知，其语言形式也随着时间的推移在语言中固定下来。因此，其指称意义已被淡化甚至消失殆尽，其文化伴随意义得到强调并被普遍使用。作为文化的载体，这些专有名词承载着丰富的文化内涵，反映着民族文化的鲜明个性。专有名词的文化伴随意义主要与其产生的背景有着密切的联系。蕴涵丰富文化意义的专有名词的主要来源可归纳为以下几个途径。

一　源于古希腊、古罗马神话传说

古希腊、古罗马的神话传说源远流长，内容十分丰富，对英语语言产生了深远的影响。神话是关于神仙或被神化了的英雄人物的故事，是古代人们对自然现象和社会生活的一种天真的解释和向往。传说是指民间流传下来关于某人某事的叙述。在英语中，有很多专有名词及由专有名词构成的习语因其承载了丰富的文化内涵而在语言发展过程中沉积下来，其词义在原指称意义的基础上扩大了，被引申开了。这些词语丰富了英语的表达，成了日常语言交际中形象生动的表达。如 Psyche 原为古罗马神话中美女的名字，现用以指代"美女"，这与汉语中用"西施"来指代美女确实有异曲同工之妙。

在古希腊、古罗马神话中，神仙被拟人化，赋予了人的个性。例如：罗马神话中的爱神 Cupid 是一位长着双翅、手持弓箭的美少年；爱和美的女神 Venus 是完美的女性；希腊神话中的太阳神 Apollo 是典型的美男子，因此这三个专有名词便成了"美少年"、"美女"和"美男子"的代名词。又如，在古希腊神话中，Sphinx 是一个带翼狮身的女怪，传说她常叫过路行人猜谜，猜不出者即遭杀害，英语中就有了由这一专有名词构成的习语 a sphinx's riddle，用以喻指怪谜、难题。Pandora 是希腊神话中主神宙斯命火神用黏土制成的人类第一女性，传说宙斯命她带一盒子下凡，她私自打开盒子，于是其中的疾病、罪恶等各种祸害均出来散布于世，Pandora's box 因其喻义"灾祸之源"而被英语吸纳了进来。

二 源于文学艺术作品

在人类语言发展史上，著名的文学艺术作品对语言的影响也是不容忽视的。在文学艺术作品中出现的人物和现象，本来是虚构的用于特指的专有名词，但由于它们的典型性和代表性，最终成为现实社会语言交流中经常使用的一般词汇。这也是英语产生新词，丰富表达的一种方式。在西方文学史上影响最为巨大和深远的莫过于《圣经》和莎士比亚。法国作家雨果就曾经说过，英格兰有两本书，一本是《圣经》，另一本是莎士比亚。源自《圣经》和莎士比亚的众多专有名词已成为英语中的普通名词，其原本的特别指称意义已不再重要了，而指称意义以外的文化意蕴正是这些词语被广泛使用的真正原因所在。

《圣经》故事在西方如同古希腊罗马神话一样广泛流传，历久不衰。在政治、哲学、文学、艺术等诸多领域中圣经人物和故事被借以喻人，喻事和喻理。如在《圣经》（中国基督教协会 1995）中 Judas（犹大）是耶稣的 12 个门徒之一，为了 30 枚银币，以与耶稣亲吻为暗号，致使耶稣被罗马人捉走并钉死在十字架上。Judas 被用来喻指"伪装亲善的背叛者，出卖朋友的人"。Judas' kiss，（犹大之吻）喻指"可耻的叛卖；口蜜腹剑，伪善阴险的行为"。又如，据《圣经》记载，Solomon（所罗门）是古以色列王国国王大卫之子，以智慧著称，现被用来喻指"聪明人、贤人"。再如，Adam（亚当）是《圣经》中记载的所谓的"人类的始祖"，习语（as）old as Adam 现用于表示"极古的，很久以前的，陈旧的"之意；Job（约伯）是《圣经》中屡遭不幸仍非常有耐心的圣徒，因此 Job 一词的使用就与其蕴涵的"耐心"之意联系在一起。例如：You need the patience of Job to work in the complaints department（意即在顾客投诉部工作，你需要有约伯一样的耐心）。

如前所述，莎士比亚在英国文学史上的重要地位是不可否认的。其作品中的主人公的名字可谓家喻户晓，它们的寓意显然要比名字本身的特别指称意义重要得多，这些专有名词常被用以喻指一类人或某种行为。如 Hamlet（哈姆雷特）是悲剧 Hamlet（《哈姆雷特》）中的主人公，在为父亲复仇的问题上，他表现得优柔寡断，整日忧郁寡欢。现 Hamlet 一词被用来泛指"多思考而不果断的人"；Shylock（夏洛克）是莎翁喜剧 The Merchant of Venice（《威尼斯商人》）中的主人公，他是一个贪婪狠毒的放高利贷者，Shylock 一词现在被用来喻指"敲诈勒索的放债人，残酷无情的放高利贷者"。

当然，还有一些源自其他英美名著的专有名词，它们也因其喻意而在英语中生了根。如源自英国著名作家 Charles Dickens 的小说 David Copperfield《大卫·科波菲尔》的 Micawber 现被用以泛指"米考伯式的人物"，即"无远虑而老想着走运的乐天派"。又如，Pickwick 是 Charles Dickens 另一作品 The Pickwick papers（《匹克威克外传》）中的主人公，现被用以泛指"匹克威克式的人物"，即"宽厚憨直的好好先生"。再如，Uncle Tom 是美国女作家 Harriet Beecher Stowe 所著长篇小说 Uncle Tom's Cabin（《汤姆叔叔的小屋》）中的主人公，现用来指"逆来顺受的黑人"。另外，美国作家 Joseph Heller 的代表作是 Catch—22（《第 22 条军规》），其书名现用来指"叫人左右为难的规定或情况；面临两个同样不合意抉择的处境"。

三　源于历史事实

源于重要历史事实的专有名词由于其特殊的历史地位而臭名昭著或名垂青史，进入到英语的普通词汇中来。例如：在历史上实行法西斯专政，发动第二次世界大战的希特勒（Hitler）因其罪恶行径在英语中留了名，其姓氏成了"独裁者"的代名词。又如，理查德·尼克松在 1972 年美国总统竞选时，共和党有关人员为刺探民主党竞选策略和活动情况而潜入华盛顿的水门大厦（Watergate），即民主党全国委员会总部，后被警卫发现拘捕，该事件导致美国历史上第一次总统辞职，这就是有名的"水门事件"、"水门丑闻"。Watergate 就在这样的背景下转化成一个普通名词，意为"水门事件式的政治丑闻"。在历史上，某一理论的创始人，某一物品的发明人，或是某一现象的发现人，由于其卓著贡献，很多人名被用以命名相关的事物、现象或概念。例如：英国物理学家 Isaac Newton 的姓氏成了力的单位 Newton（牛顿），James Watt 的姓氏成了电力单位 Watt（瓦特）。此外，英国医生 James Parkinson 发现的震颤麻痹症也是以其姓氏被命名为 Parkinson's disease（帕金森综合征），而 sandwich（三明治夹肉面包）是从其发明人的姓名 John Montagu fourth Earl of sandwich 而来的。[1]

第二节　英语专有名词的翻译原则

一般来说，在进行英语专有名词翻译时，要遵循符合标准、名从主人、约定俗成和灵活创新四项原则。

一　符合标准原则

英语专有名词翻译要符合国际标准、国家标准和行业标准。世界上大多数国家都有本国官方制定的罗马字母拼写地名的统一形式，如韩国有"韩语罗马转写方案"，日本政府颁布"训令式"法定转写方案，用于日本国家地图集、国际百万分一世界地图、海图和海上保安厅的其他出版物。我国采用汉语拼音方案作为中国地名罗马字母拼法的国际标准获得了国际认可，不仅使推广普通话和实行以汉语拼音字母拼写汉语有了依据，而且还可促进英语专汉译的规范，避免当前因语音差异，同一专名，不同地方有不同译法的混乱，如美国总统 Bush、英国首相 Blair，内地媒体译成"布什"、"布莱尔"，香港媒体译成"布殊"、"贝理雅"，澳大利亚的著名海港 Sydney，大陆译成"悉尼"，香港译成"雪梨"，美国的 Hollywood，内地译成"好莱坞"，香港译成"荷里活"等。英语专名汉译时，必须依据国家标准《汉语拼音正词法基本规则》和《汉语拼音方案》，须用普通话的标准语音和规范的汉字译写英语人名、地名和所有英语专名中的英语地名人名，实行国家的有关法规，坚持国家标准的原则。行业标准是由国务院有关行政主管部门制定，在全国某个行业内统一实行的标准。中国地名委员会制定有《外国地名汉字译写通则》，民政部和国家测绘局制定了英语、法语、德语、西班牙语、俄语、阿拉伯语 6 种外语地名汉字译写规则和意大利语、瑞典语、印第安语等 55 种语言汉字译音表、新华社译名室编有《世界人名翻译大辞典》等行业标准并参考中国地名委员

① 　高蕾：《英语专有名词语义的特殊性》，《浙江教育学院学报》2003 年第 3 期。

会编的《外国地名译名手册》、《美国地名译名手册》等工具书以及中国地名委员会组织新华社、总参测绘局等单位审定的《世界地名录》以及中国对外翻译出版公司的《世界地名翻译大辞典》等工具书。各国形势不断发展变化，大量新出现的人名、地名和组织名应以新华社、《人民日报》、中央电视台等主流媒体的译名为准。

二 名从主人原则

名从主人原则是指以专名各自所在国家的官方或通用语言的标准发音为准音译，以便忠实于主权所有者、忠实于原文。如 Potsdam Proclamation 波茨坦公告，Seoul 首尔（原译汉城），Airport de Paris Charles de Gaulle 巴黎戴高乐航空港，Goodman Fielder Wattie Limited 古德曼—菲尔德—沃蒂公司，Nobel Prize 诺贝尔奖，Palais de Versailles 凡尔赛宫，Szalay Ferenc 绍洛伊·费伦茨（匈牙利人名），Szolnok 索尔诺克（匈牙利地名）等。此外，还应特别注意以下几点：

（1）有不少英语人名地名，即使拼写相同而读音在英国、美国却不一致，相应的译名也不一样，如 Greenwich 译为"格林尼治"；美国标音为［′grinwit∫］，译为"格林威治"。如 Berkeley 英音为［′ba：kli］，美音为［′be：kli］，所以应分别译为"巴克莱"和"贝克莱"。对这些专名，最好括注其所属的国家或地区，以示区别。

（2）还有一些名字读音不规则，如 Maugham 不应译成"毛格姆"或"毛汉姆"，因其中的 gh 不发音，应译成"毛姆"。其实，著名球星 Beckham 的规范译名是"贝克姆"，因为 h 不发音，不过现在的流行译名是"贝克汉姆"，只得"将错就错"罢了。

（3）名从主人这一原则，只能原则性地说译名与原名"音同"。可是各种语言文字本身在发音上就因人因地因时不同而有多样性和复杂性，而且又是从一种语言文字转成另一种语言文字，要达到绝对的"音同"是不可能的，只能相对"音同"或"音近"、"音似"。为了达到更好的交流效果，对音译冗长难记的人名地名，从汉字译名特点出发，常采取省略轻读音的方法，如 Scotland 译为"苏格兰"，William Shakespeare 译为"威廉·莎士比亚"，Worcester 译成"伍斯特"等，要力求译得音同意合。

三 约定俗成原则

人们经过长期实践而确定或形成的某种事物的名称、形式或某种社会习俗称为"约定俗成"。专名的翻译必然要考虑到译者所处的历史背景、文化氛围等因素的影响，反映出时代、文化特色，并且，不同时代的专名翻译又呈现出不同的历史特征，使专名翻译具有历时性与共时性。如 Gone with the Wind 译成"飘"，Hamlet 译成"王子复仇记"，英国外交官、汉学家 Herbert Allen Giles 译成"翟理思"，其编著 A Chinese Biographical Dictionary 译成"古今姓氏族谱"，Matteo Ricci 译为"利玛窦"，Citibank 译成"花旗银行"，Standard Chartered Bank 译成"渣打银行"，Fleet News Agency"英国快讯社"等。那些在规范和统一之前的专名翻译，与其改为规范翻译可能引起人们对已习惯的旧译产生新的混乱，还不如顺其自然，按国际通用的约定俗成原则来处理，以免引起混乱。要经常查阅有关的权威词典来处理这类问题。

四 灵活创新原则

创新是任何事物的灵魂。近年来出现的与时俱进的缩略名音译和直接用英文缩略名的融入新译法即是一例。如 Organization of Petroleum Exporting Countries 石油输出国组织，首字母缩略为 OPEC，音译成"欧佩克"，World Trade Organization 世贸组织，缩略为 WTO 等。"欧佩克"、UN、UNESCO、SARS、GDP 等，在我国媒体已广为采用。英语专名汉译的创新，体现了我国各方面与国际接轨的现实和汉英两种语言相互融入的包容性。遵循开拓创新原则，译者既要充分发挥自己的理解力、艺术欣赏力和语言表达能力，又要考虑到译语读者的接受力。如 The Waterloo Bridge 译成《魂断蓝桥》，Love at First sight 译成《一见钟情》，Star Wars 译成《星球大战》，As You Like it 译成《皆大欢喜》，Pretty Woman 译成《风月俏佳人》，Ghost 译成《人鬼情未了》，Forest Gump 译成《阿甘正传》等，都是专名译得富有开拓创新性的典范。①

第三节 英语专有名词翻译中的音译

英语专有名词，通常情况下都是采用音译的方式引入汉语的，而英汉语音的差别无疑是影响音译的一个重要因素。音译则作为吸收外来语的一种基本手段，在翻译专有名词方面起着重要的作用。

---

① 于志明：《跨文化交际中英语专有名词翻译的原则》，《商场现代化》2008 年第 7 期。

一 音译的过程中遇到的困扰

(一) 汉语拼音中没有的音

英语所用的音素,有些是汉语没有的。这当然不是汉语的缺陷,而是语言的语音特性不同。下面列举的是汉语中没有的,仅能用近似音替代的英语音素。例如:元音的长短,汉语没有长音和短音的区别,翻译时只好模糊处理;汉语中没有辅音和元音这种叫法;一些英语中常见的组合却在汉语普通话中不存在;还有就是英语的单词,可以由元音开头,也可以辅音开头,单词的结尾可以是元音,也可以是辅音;而汉语中,绝大多数是由辅音开头,元音结尾,这一区别在英汉音译中也会造成困扰。

(二) 汉语方言的影响

我国的方言众多,而且发音上差别比较大,同一个汉字,辅音和元音可能都有差异,这种差异很难不在英汉音译中有所体现。

同是汉语文化,大陆把 Bush 译为"布什",台湾译为"布希";New – Zealand,大陆翻成"新西兰",台湾译作"纽西兰";Beckham,内地译作"贝克汉姆",香港译作"碧咸"。

二 专有名词音译遵循的方法与原则

(一) 准确读音

音译要严格遵守原语和译语的标准发音规则,如英语发音要根据通用的国际音标,汉语发音则要根据《汉语拼音方案》。音译是以准确的读音为基础的,不搞清原词的发音就信笔硬译,势必会造成错误音译。准确读音中有一个很重要的原则叫作"名从主人",即所译人名、地名若原先不是英文中的,应按照其本来的读音处理,而不依照英语中的发音。当然有些音译虽然译音不准,但已经约定俗成,沿用至今,为世人所公认,一般不再改动。如法国著名作家 Hugo 应按照法语读音译为"雨果",而不是按英语读音译为"休果";德国音乐家 Bach 应按照德语读音译为"巴赫",而不是按英语读音译为"巴曲"。

(二) 增加特征词

专有名词有时由专名和通名两部分组成。音译通常是针对专名的,而表示特征、性质意义的通名要进行意译。如 Calvinism 加尔文主义;周口店人 Zhoukoudian Man 等。有时,虽然原词中没有表示特征的词素,但为了便于读者接受和记忆,准确理解音译词,要在译词后面增加一些特征词。例英汉音译:Mohair 马海毛;Carbine 卡宾枪;Dahlia 大丽花等。

（三）注意词语搭配，避免不当联想

由于发相同音的汉字会因字形、字义和搭配的不同而产生不同的联想意义，音译时应注意词语搭配，避免让人望文生义，产生不当联想。如将 Hooke 译成"虎渴"，以"-on"结尾的人名不能译为"××翁"。在这一方面，佛经的翻译可算是典范。"菩萨"、"佛"、"涅槃"一类的词挑选得非常合适，丝毫不给人望文生义的可能。过去人名 Walker 译为"倭寇"，但由于该名从字面上看具有贬义，因而现已改译为"沃克"。

（四）尽量做到音意双关

如果在音译时，能够在照顾原词读音的基础上，恰当地处理音译词的表意，就有可能取得音意双关的佳译。常用的手段有以下两种：一是通过语义搭配。这是通过选择恰当的同音字进行组合，使搭配后的词能表达（或部分表达）原词意义的一种音译手段。如英文中的 Coolie 指几乎没有生产技术，只能靠出卖体力挣钱的亚洲劳工，汉语译成"苦力"，音意两方面都非常匹配。Utopia 音译成"乌托邦"，也暗示了原词的意义。二是通过偏旁暗示。这种方法利用汉字兼有标音、标意的优势，以偏旁暗示词语所指事物的种类，对读者的理解有一定的帮助。如 DDT 滴滴涕（从偏旁可以看出是一种液体），还有 coffee（咖啡）、bandage（绷带）等。

（五）注意选字

1. 注重汉字的文化内涵

音译名称采用哪个汉字对其译名有着重要的影响，一个好的音译名称可以使人们产生丰富的联想进而揭示事物的本质及内涵。如 vitamin 被音译为"维他命"这个音译名称就把维他命是人体所必不可少的物质这一点加以强调。Shampoo 是带有芳香味的洗发用品，它的被音译为"香波"这个名称很容易让人联想到由这种产品所带来的舒适感。

2. 约定俗成的原则

此原则要求，在翻译一些使用范围较广的专有名词时，由于这些专有名词已经有了为人们普遍接受的译名，即使这些译名不符合音译的某些标准，译者也不宜重译，只需使用这些已有的译名。例如当看到 Waterloo 这个词的时候，我们可能首先想到的就是比利时的"滑铁卢"，这个地名因拿破仑军队兵败于此而闻名于世。但是在加拿大也有一个叫作 Waterloo 的地方，尽管两个地名一致，但是后者一般被译为"沃特卢"。又如 San Marino 指欧洲的一个国家时译为"圣马力诺"，但是美国也有一个叫 San

Marino 的地方，为了与上述国家有所区别，译作"圣马力诺"。

3. 使用普通话音作为标准，避免使用方言音

由于方言音有可能与普通话音有很大的差别，同一个英语词用方言和普通话音译就有可能得到不同的译名。鉴于此，在把英语词汇音译成汉字的时候应该使用普通话为标准来确保翻译的一致性与标准化，如 Guate-mala 用普通话译为"危地马拉"台湾则译为"瓜地马拉"。[①]

第四节　英语专有名词翻译中的笔译

英语专有名词的汉译法有加词法、简译法、替代法、解释法和加注法。

一　加词法

有些专有名词对原文读者很熟悉，但对译文的读者却不那么容易理解，翻译时如果采取直译法，译文的意思就不够清楚，这时如果适当地加词，其意思过目便知。加词法又可分以下三种情况：

（一）在专有名词前加词

如同中国人名一样，外国人名中同名同姓，或者姓名相近的相当多，翻译时如果不在这些姓名前加上他们的国籍、职业，就会让人理解不清。希腊神话中的一些神名对我国一般读者并不陌生，如阿波罗（太阳神）、丘比特（爱神）等，但对有些神名知晓不多，翻译时在这些神的名称前加上它们的属类，有助于读者理解。例如：

Strauss's most famous single composition is The Blue Danube, the main theme of which became one of the best known tunes in the 19th century music.

在 19 世纪的欧洲音乐界，有一对奥地利父子音乐家，父亲叫 Johann Strauss the Elder，儿子叫 Johann Strauss the Younger。另外，还有一位德国音乐家叫 Reheard Strauss。上例中的 Strauss 是指父亲还是指儿子呢？或者是指那位德国音乐家？如果按照字面翻译，只译成"施特劳斯"则指代不明，含混不清。根据有关资料，The Blue Danube 是 Johann Strauss the Younger 最成功的作品，翻译时要把这个区别体现出来，上例可以试译

---

① 　刘煜：《英语专有名词的汉语音译》，《湖北广播电视大学学报》2013 年第 7 期。

为：《蓝色的多瑙河》是小约翰·施特劳斯最成功的作品，是 19 世纪乐坛中最受欢迎的曲子之一。

再如：Since the time of President Monroe we have known how sensitive the American government is to any European involvement in the American hemisphere。

译文：从（美国）门罗总统时候起，我们就知道美国政府对于任何欧洲国家卷入美国所在的西半球是何等的神经过敏。

（二）在专有名词后面加词

英语中表示山脉、河流、岛屿、机构、船只、报纸杂志等的专有名词与表示这些专有名称的汉语专有名词不一样，汉语的专有名词后面还有一个表示属性的词，如……山，……江（河），……报等。英语中这类专有名词的含义对原文读者无须任何解释，但对我国的一般读者则不一样，因此，翻译时应按照汉语的习惯加词。例如：

（1）The Andres are rich in minerals, especially copper, gold and silver.

译文：安第斯（山脉）矿藏丰富，特别是金、银、铜。

（2）Some Westerners see environmentalists growing stronger in the USSR these days and believe their pressure might confine the Ob diversion to the drawing boards.

译文：有些西方观察家认为，目前的苏联环境保护主义者在辩论中逐占上风，他们的反对可能使鄂毕（河）改流规划停留在绘图设计的阶段上。

（3）He was referring to foreign enterprises, especially the United Fruit.

译文：他指的是外国企业，特别是联合水果（公司）。

（4）There were fears that the United States might become embroiled—mutterings of another Vietnam. The sinking of the Sheffield produced almost as dreadful as impact in America as in Britain.

译文：有人担心可能会把美国牵扯进去——他们私下议论，越南战争时的局面又会重新出现。"谢菲尔德"号（导弹驱逐舰）被击沉——使美国几乎同英国一样受到震惊。

英语中还有一些表示时间、地名的专有名词，并不单纯表示某一时间或地点，而是和一定的政治或者历史事件联系在一起的，翻译时必须增词。例如：

（5）I reminded Haig how often he had assured me that this would not be another Suez.

译为：我提醒黑格，他以前曾不止一次充满信心地对我说，这次绝对不会重蹈苏伊士运河（事件）的覆辙了。

翻译时如把专有名词 Suez 只译成"苏伊士"或者"苏伊士运河"，则与原句意义不符。1956 年 7 月，埃及总统纳赛尔宣布将 Suez Canal 收归国有后，英、法两国武力侵占苏伊士运河，最后在世界各国的强烈反对特别是在当时的苏联扬言要出面干涉的情况下，英、法两国被迫从苏伊士运河撤出。埃及成为这事件中的胜利者，而英、法两国在这场危机中不但没有捞到什么好处，反而失掉自己在中东的大部分影响。翻译时必须把这个专有名词所代表的历史背景体现出来。

（6）The path to November was uphill all the way for Nixon.

译为：尼克松要在 11 月的（大选）中获胜，困难重重。

美国在每四年的 11 月举行总统选举，当选者即可担任下一届美国总统。原名中的 November 即包含"大选"这个含义。

（三）在专有名词中间加词

有些专有名词的翻译既不能在其前或其后加词，采取直译法表达又不清楚，这时往往要考虑在其中间加词。请看下例：

（1）The document initialed in Peking last Wednesday by British Ambassador Sir Richard Evans and Chinese Vice Foreign Minister Zhou Nan is being widely hailed here as much better than expected.

译为：此间各方欢呼由英国驻华大使理查德·伊文思和中国外交部副部长周南上周星期三签订的中英关于香港问题的联合声明，认为比他们所预期得好。

如果把专有名词 British Ambassador Sir Richard Evans 直译为"英国大使理查德·伊文思"，意思还不清楚，这篇文章刊登在香港的 Asian Wall Street Journal，这个 Evans 是英国驻哪个国家的大使呢？如果在中间加上"驻华"，意思就清楚多了。

（2）Richard Beeston, Moscow correspondent for The Daily Telegraph of London, encountered Mr. Philby, an old friend, at the Bolshoi Opera only last year.

译为：理查德·比斯敦是伦敦出版的《每日电讯报》驻莫斯科的记

者，他只是去年在博尔肖歌剧院邂逅老朋友菲尔比先生。

对 The Daily Telegraph of London 如只采取直译法，其意思还不够十分清楚，而在其前边或者后边加词又会画蛇添足。一家报纸可能会在世界上几个地方同时出版。如果在这个专有名词中间加上"出版的"，其所指意义更明确。

二　简译法

英语中有些专有名词的译名，它们的全称及简称对一般读者都不陌生，翻译时可以用简称。例如：

（1）The problems include coming to terms with a much reduced role in the world and The European Community, which Britain should have joined at its inception.

译文：英国在欧共体成立之初就应该加入这个组织了。现在它面临不少问题，其中包括它必须接受这样的事实：它在国际事务及欧共体所发挥的作用，已经是越来越小了。

The European Community, the European Common Market, the Common Market 都是指"欧洲经济共同体"，这个组织在我国的一般读者中是家喻户晓的，所以完全可以简译为"欧共体"。

（2）The Defense Ministers of the North Atlantic Treaty Organization called an emergency meeting to discuss the Soviet occupation of Afghanistan.

译文：北约国防部长召开紧急会议，讨论苏联侵略阿富汗问题。

The North Atlantic Treaty Organization 的中文全称是"北大西洋公约组织"，我国新闻媒介常把它简译为"北约"，在我国一般读者中，可谓人人皆知。类似的简称如"安理会"（联合国安全理事会），"欧安会"（欧洲安全与合作会议）等我国读者熟谙的国际机构及国际会议名称，即使原文是全称，翻译时也可以用简称。但有一点必须注意，我国一般读者不了解的国际机构及国际会议的名称，译文还是要采用全称，以免引起误会。

三　替代法

英语中往往用一个专有名词来代表整个事件或者历史背景，翻译时要增加适当的词。英语中往往还用一个专有名词来代替另外一个事物或者人，二者不相类似，但却有密切关系，翻译这类专有名词时采用上述谈到的译法都欠佳，这时，必须把专有名词所代替的原名称译出。例如：

（1）They will be celebrating the Bard's birthday in a grand style.

bard 是指 poet，大写时不是指任何一位诗人，而是指英国的大戏剧家、诗人莎士比亚，有时也称 Bard of Avon，翻译时应把这一特指意义译出。

译文：他们将举行活动隆重纪念莎士比亚的诞辰日。

（2）He was appointed Ambassador to the Court of St. James.

译为：他被任命为驻英国的大使。

英国 16、17 世纪有好几个国王叫 James 的。有出生才 15 个月就当上国王的 James Ⅰ，king of England，有被认为残暴成性、腐败无能，后来被英国资产阶级 "光荣革命" 推翻的 James Ⅱ，king of England, Scotland and Ireland。所以，Court of St. James 就成了英国政府的代称。

（3）The French treat their slaves much better than we do...John Bull does not endeavor to conciliate their affections.

译文：在对待自己的奴仆问题上，法国人比我们做得好多了……英国人不想去博得他们的欢心。

以动物来喻称一个国家或者这个国家的人民，这在英语中也不少见。John Bull 喻指 England（英国），或者 the English people（英国人）。另外，英国还有另外一个别称：British Lion。Soviet bear 是指前 Soviet Union（苏联），或者 Soviet people（苏联人）。"中国"、"中国人" 被外国人戏称为 Chinese dragon。在翻译这种换称时，大多数情况下必须把它们的原名称译出。现代英美报刊中常用的以地名或者建筑物来替代某个政府或某行业的称谓，我国新闻媒介还是采用直译法。例如：The White House（白宫，指美国政府）；Downing Street（唐宁街，指英国政府）；The Pentagon（五角大楼，指美国国防部）；Wall Street（华尔街，指美国金融中心）。

四　解释法

英语中有些专有名词具有特定意义。本语读者对这些特定意义了如指掌，但汉语的一般读者却不知所云。在翻译这类专有名词时，必须增加适当的解释性内容。例如：

（1）Nixon's Odyssey to China drew a world – wide attention.

译文：尼克松在中美关系经过艰难而曲折的发展后访问中国，引起世界的广泛关注。

Odyssey 原为古希腊诗人荷马写的一部英语史诗。它描绘主人公 Odysseus 在 Troy 被希腊人攻占后所经过的一段漫长而艰难的历程。这里作者用来比喻中美关系正常化所经历的一段漫长路程。翻译时如果不加进解释性内容，译文的大多数读者对其义则会有如堕五里雾中。

（2）The two stewards were charging down the aisle with thick，wooden mop handles held in the joust position，Dunn watched them rush by，Dear God！Don Quixote！

译文：两个乘务员手持粗大的拖把木柄，沿着机舱通道冲过来，架势像手执长矛往前冲的骑兵。邓恩看到他们从自己身旁冲过去，惊愕不已。天啊！真是侠义相助，然而却是自不量力的堂·吉诃德。

Don Quixote 是 16 世纪末 17 世纪初西班牙小说家 Cervantes 所著的小说 Don Quixote 里的主人公。此人耽于幻想，脱离实际，为除暴惩凶，时时冒险行侠，然而却处处碰得头破血流。例句源于一篇叙述 1982 年 7 月 25 日发生在西安至上海航班上的飞机劫持事件的报道。面对暴徒，Dunn 及飞机上的其他美国乘客袖手旁观，别人不畏强暴，奋起斗争，他们还要阻止，甚至讥笑这些人为堂·吉诃德。翻译时要对 Don Quixote 进行解释性翻译。

五　加注法

英美国家中有些文化、习俗方面的专有名词，翻译时使用上述译法均不妥。如某些作家杜撰的小说人物，我国一般读者知之不多的外国节日，根据现代英语构词法构成的专有名词、临时用语，或者其他形式的专有名词。翻译时可以先进行直译，然后在译文后加上注释。

（1）Just like Pygmalion loved the perfect woman he had finished，so I loved Polly...I ground my teeth. I was not Pygmalion；I was Frankenstein，and my monster had me by the throat.

译文：犹如善于雕刻的塞浦路斯王皮格马利翁爱上了他自己雕刻的美女一样，我对波莉一往情深……我所切齿痛恨的是：我没有像皮格马利翁那样感化他的雕像，却成了弗兰肯斯坦因，被自己造成的魔鬼卡住了脖子。

在希腊神话里，塞浦路斯王皮格马利翁擅长雕刻，他曾亲手雕了一尊少女像，并且爱上了这个雕像，祈祷她活起来。爱神阿芙罗狄蒂看到皮格马利翁感情真挚，于是给少女像以生命，使他们二人结为夫妻。而 Frankenstein 是何人也？一般读者恐怕难知其指，这时可以加上注释：弗兰肯斯坦因——指英国作家 Wollstonecraft Shelley 在 1818 年所写的小说中塑造的一位生理学研究者，这位学者创造了一个怪物，最后被这个怪物毁灭。

（2）In the Middle Ages St. Valentine's Day came to be held on February 14th, and people in Europe and America developed a variety of new ways to celebrate the day.

译文：在中世纪，圣瓦伦丁节被确定在 2 月 14 日。欧洲人和美洲人在这一天的庆祝活动与众不同，别具一格。

圣瓦伦丁节——又叫情人节，西方人在这一天赠送给情人或者亲朋好友礼物，贺词或者卡片。在西方，每年的节日多如繁星。除了几个有影响的节日，如圣诞节、感恩节、复活节等为我国大多数读者知晓外，其他节日则知之甚少，在译文后加上恰当的注释有助于读者的理解。

（3）According to the survey made by United Nations Children's Funds, about 95% of the children in the Fourth world countries develop such disease.

译文：根据联合国儿童基金会的调查报告，第四世界国家中大约有 95% 的少年儿童患有这种病。

现代英语构词法中有一种叫作类比构词法，这种构词法的特点是仿照原有的同类词创造出其对应词或者近似词，如由 Green Berets（绿色贝雷帽，指美国的特种部队）类比出 Brown Berets（棕色贝雷帽，指一批美国墨西哥人中的激进派），由 First Lady（第一夫人，指国家元首的夫人）类比出 First Mother（第一母亲，指国家元首的母亲）。上例中的 the Fourth World 就属于这种构词法。因此可以加注：the Fourth World——第四世界。指西方资产阶级所谓的最贫国集团。这是仿照 The First World，The Second World，the Third World 构成的。①

第五节 英语军事专有名词的翻译

一 军事专有名词的类型

《格林希尔军事名言词典》收录了来自不同国家和民族从古至今的文

---

① 袁斌业：《英语专有名词的汉译技巧探讨》，《广西师范大学学报》（哲学社会科学版）1992 年第 9 期。

学经典、军事典籍、著名军事人物在通信中有关军事的著名论述和一些军事俗语。其中的专有名词来源广泛,包括世界多个民族不同时代的人名、地名、机构名等,体现了英语专有名词几乎所有的构成特点。就其构成来看,大体可以分为以下三大类:

(1)典型的英语人名、地名、书名和机构名等,表示英语国家的军事人物、军事史上有名的地方、军事著作及军事机构等,符合英语的拼读规则,其中又可以细分为三类。首先是地名、书名、机构名和术语等,或是由普通词组构成,或是由容易拼读的地名组成;其次是人名,前面没有修饰词,即便有也只有一个,前面的修饰词或是表示军衔,或是表示爵位;最后是典型的英语人名,前面有两个或两个以上的修饰词,表示军衔、爵位或是绰号。

(2)外国地名、人名、书名等,表示非英语国家的人物、地方或著作等,其构成词或是英语普通词汇,或虽不是英语词汇,但大致符合英语的拼写规则,容易根据英语的读音规则读出来。根据来源不同,这些专有名词又可分为三类。一类来自法语、德语和拉丁语这些与英语同样使用拉丁字母的欧洲语言,另一类来自希腊语和俄语等不使用拉丁字母的欧洲语言,还有一类来自非欧洲语言,特别是汉语、日语、越南语等东方语言,以地名和书名居多。

(3)外国人名、地名、书名等,表示非英语国家的人物、地方或著作等,或是直接借用这些专有名词在原语言中的拼写形式,或是根据英语与原语言的对应规则转写而来,不符合英语的拼读规则,难以拼读出来。

这三类专有名词中,后两类体现了英语专有名词(特别是军事文献中专有名词)的新特点,即来自其他语言的专有名词日渐增多,而且越来越倾向于直接借用原语的形式,或是根据某种对应规则转写原语的形式,意译而来的专有名词有减少的趋势。

二 军事专有名词如何翻译

(一)思想要重视,要认识到专有名词翻译的困难

西方一直有轻视专有名词翻译的传统,有些学者甚至认为"专有名词从不需要翻译",更没有必要研究专有名词的翻译。这当然与西方语言之间专有名词互译和转写难度较小有关。在中国,虽然很少有学者明确表示对专有名词翻译的轻视,但近些年关注这一问题的学者越来越少却是事实,说明在有些学者的心目中,专有名词的翻译已经不成问题了。各位译

者在专有名词上所犯的错误，大多都是因为不加深究，草率地根据英语读音进行音译造成的。有些专有名词常用词典里就有，译者却因为轻视或疏忽，不查词典，率尔音译，造成错误。例如，书中出现的 Admiral Viscount Nelson 这个人名，在《英汉大词典》中就列有专门词条进行解释，将其姓译为"纳尔逊"。有的译者却译成了"海军上将尼尔森子爵"。说明该译者根本没有重视这个词的翻译，没有查词典。

（二）有广博的军事知识

从事专业性的翻译，必须具备基本的专业知识，这已经成了翻译界的共识。从事军事翻译，自然也需要具备过硬的军事知识。就军事文献中专有名词的翻译来说，军事知识的作用主要在于确定知名人名、地名和书名的通行译名。有些专有名词，词典等工具书中查不到，网络上虽然有多种译名，却未必可靠，这时只有靠译者过硬的军事知识，才能最终确定其译名。需要指出的是，这里所说的军事知识并不局限于军事术语，而是包括与军事相关的历史、地理等多种知识。上文所说的对 Admiral Viscount Nelson 的误译，其实与译者军事史知识贫乏有密切关系。既然名中有 Admiral 一词，译者理该想到这是英国海军名将纳尔逊，在中国军事和历史文献中早有定译，已成为学习军事史必须了解的一个人物。而且，军事知识对于回译中国的专有名词同样具有重要作用。译者只有熟知与军事有关的中国人名、地名和书名，才能辨别英语军事文献中哪些专有名词来自中国，其汉语本名是什么。比如 Port Arthur 这个地名，《英汉大词典》中就列有一个词条，有两个义项，一为"旅顺港"，二为"美国得克萨斯州的一个港口城市"。但实际上该地名出自日俄战争期间一名日本军官的口中。具有军事常识的译者都应该知道，在那场战争期间，日本军官不可能到美国去发表与俄国有关的什么言论。Port Arthur 只能是中国东北的什么地方，其汉语本名是"旅顺港"。当然，即便是工具书或网络上可以查到通行译名的专有名词，如果译者凭自己的军事知识就可确定其译名，则无疑可以省去查词典或上网的时间，提高翻译效率。

（三）勤查工具书

译者的工具书包括语言类词典、专业知识词典和翻译专用工具书等多种。只要有条件，译者应经常查阅所有这些工具书。首先要勤查语言词典，看一下词典中是否收录了翻译时遇到的专有名词，如果收录了，直接借用词典上的译名即可。特别值得注意的是，在翻译那些直接借用或转写成英语的非英语专有名词时，译者还可以查一查这些名词所属语种的词典。当然，由于不熟悉该语言，对于该语言中一些词汇依据语法规则的形式变化缺乏辨认能力，有时候查阅这一类词典会一无所获。其次，还要查一下专业知识词典，如军事词典等，确定如 Deep Battle 这一类军事术语的译名。翻译专用工具书是必须要查的，特别是新华社编的译名词典，在音译原文地名、人名时一定要参考，以确保译名符合国家规范。现在还有许多其他单位或个人编写的人名词典和地名词典，对军事翻译也有参考作用，有条件的话，应该多查一查。

（四）熟练掌握网络应用技巧

有学者将当代的译者戏称为"电子人"，原因在于电脑和网络已广泛运用于翻译的整个流程。军事翻译自然也不例外。就军事文献中专有名词的翻译而言，网络的作用主要体现在两个方面。一是帮助译者理解原文中的专有名词。比如，对于一些军事术语，译者可以登录专门的军事网站，或是检索相关网页，参阅有关这一术语的论述，从而理解该术语。对于没有把握的专有名词，也可以通过阅读相关网站上的背景知识，增加理解，避免误译。比如前面提到的 Port Arthur 的翻译，译者如果对日俄战争不了解，只需上网了解一下该战争的情况，就不会闹出"阿瑟港"的笑话了。二是确定通行译名。译者可以通过在搜索引擎上搜索，确定许多专有名词通行的汉语译名。那些译者不熟悉，但在军事界早已为多数人所熟知的专有名词，几乎全部可以通过这种方法确定其译名。即便是那些不知名的专有名词，通过搜索，有时也可以在网上找到汉语的试译名，供译者从中选择。最常用的搜索引擎是谷歌。输入英语专有名词，然后设定只检索中文网页，所得出的结果中，出现频率最高的往往就是最通行的译名。当然，网络的内容良莠不齐，不可全盘接受，频率最高的未必一定是最通行的译名，甚至不一定是正确的译名。译者在求助于网络时，需要有一定的判断力。

（五）译者还要虚心请教他人

在求助工具书和网络仍得不到结果时，请教相关专家就成了唯一的出路。请教的专家既可以是现实生活中的师长或朋友，也可以是来自虚拟的网络世界。网上论坛是职业译者向他人讨教的一个好地方。这也是译者成为"电子人"的一个标志。对于有些转写自其他语言的专有名词，也只有向他人请教才能译出。其实，有一个翻译专有名词的方法，可以使军事翻译省去上面所有这些麻烦。那就是所谓的省译方法，即直接照搬原词，不将其译成汉语。有学者从功能翻译理论的角度论证了这种方法的合理性。采用这种译法，译文就成了语码混杂的多语文本。对于某些类型的翻译，比如计算机科学翻译来说，译文成为多语文本未必有什么不妥，因为汉语写作或谈话中夹杂英语的现象的确广泛存在，在一些人中甚至成为时尚，而且据信会越来越普遍。但军事翻译的内容具有特殊的严肃性，译文读者也不像计算机科学领域那么新潮，所以多语混杂的译文将难以受欢迎。而且采用省译法，译者也难逃偷懒之嫌。军事翻译绕不开专有名词，而且随着全球化的深入，英语军事文献中的专有名词来源会更加复杂，构成会更为多样化，将对从事英汉军事翻译的译者构成更大的挑战。本书只是做了粗浅的探讨，希望起到抛砖引玉的作用，引起更多的专家来关注军事专有名词的翻译。[1]

第六节　翻译英语专有名词时应遵循的几个规律

一　[r] 音译成 [l] 音规律

在英语中很多以 R 开头的音，可译成汉语拼音的"l"音，例如：Rose 罗丝，Robert 罗伯特等等。同时我们看到字母"O"在上述不论发 [ou] 还是 [o] 均按汉语拼音中的韵母 [o] 代替，这实际上有点背离了最大相似性原则，因按此原则 Rose 应译成"柔丝"或"柔兹"，Robert 中 Ro 则无对应汉字了，所以人们就开始简化了译法，干脆把读音 [r] 译成 [l]，把 [ou]、[o] 均按 [o] 韵母来译了，这也许是刚开始翻译文章时的人采用的方法，而且一旦他们这样采用了，译出的作品后人就只好采用了，于是一条不成文的规定就形成了，即以前的人译出的专有名词后人尽管用了就行，这一方面便于统一；另一方面也符合语言的规律：语言本身有约定俗成的味道，用的人多了，自然就成了规律了。

二　轻音浊化规律

在语音中由于受前面因素的影响，其后面的轻辅音有浊化的现象。如

---

① 韩子满：《论军事文献中专有名词的翻译》，《解放军外国语学院学报》2009 年第 3 期。

sport，store 等，［p］、［t］各发成［b］、［d］的音素。但在专有名词的译法中，即使没有其他的影响，译时也采用轻音浊化的规律。例如：Pishon 译成比逊而不译批逊，Tigris 译成底格里斯，有些词的音素在词中也有浊化的现象，如 Mississippi 密西西比，当然也有很多未浊化的例子，如 Karl "卡尔"而不译成 "嘎尔"，Ted 特德，Thomas 托马斯，Stan 斯坦等等。据我们观察不浊化的例子较浊化的例子为多，所以我们还是按 "声音的最大相似性"来翻译，对一些已经译出且被广泛采用的词汇还是遵循 "约定俗成"的规律。当然，也有倒过来的例子，如 Bacon 译成培根，而不是拜根，这种情况实属少见，但我们还是归于 "约定俗成"中。又例如 "Tokyo"是日本的首都 "东京"，二字表面上看似不同，但它与日语中的发音相似。其他还有类似的例子，它们背后的规律是相同的。

三　音译加意译规律

在地名的翻译中我们可以采用这种翻译能收到不错的效果，例如，High Street 我们不能译成高街，这是完全用意译的，不合乎日常规律，如我们译成 "哈尔大街"则能顾及英美和中文的习惯，又例如 Utah State University（犹他州立大学）、New York University（纽约大学）等等。当然，在一些普通名词尤其外来词语中也存在类似的现象，比如，jeep 我们把它译成了 "吉普车"。

四　音节丢失规律

在实际应用中，我们并不是把所有的英语词语中的音节全部翻译出，考虑到连读和重音等因素，在不影响听觉效果的前提下可以把一些不太重要的音节删去。例如，Carl Sandburg 英美文学中就译成 "卡尔桑德褒"字母 "g"就没有译出。又例如，Alfred Tennyson 同样它译成 "阿福类德丁尼生"，字母 "l"也没有译出，还有 Gerald Adams（杰拉德·亚当斯）中的 "l"等。另外，有时也出现把一个辅音字母译成一个汉字的现象，例如，Frederique Rollet（佛莱德里克·洛莱特）中就把字母 "F"、"t"分别译成佛和特，这又出现增加了音节的现象。①

①　陈莉燕：《浅析英语专有名词的翻译》，《科技资讯》2007 年第 26 期。

第十一章　英语外来词的翻译

第一节　英语外来词简述

外来词（loan words），也称借词，就是指在语言接触过程中，一种语言从另一种语言中吸收借用过来的词。

随着我国对外交往的日益频繁，来自英语的外来词（借词）日益增多，特别是在中国进行改革开放的新时期，中外文化的多层次、多渠道的交流为词语的借用提供了多种条件。中国加入 WTO 的成功，也促使更多的英语词汇进入我们的生活。正如美国语言学家萨丕尔所言："一种语言对另一种语言最简单的影响是词的'借贷'。只要有文化借贷，就可能把有关的词也借过来。"

汉语所吸收的英语外来词许多是跟日常生活密切相关的词语。现代生活节奏加快，新事物、新产品不断涌现，这些在外来词吸收上可以得到明显反映。诸如饮食、穿着、交通、娱乐等方面都有外来词的渗透。

饮食方面：绿色食品（green food）、肯德基（Kentucky）、麦当劳（McDonald's）、自助餐（buffet）、奶昔（milkshake）、热狗（hotdog）、奶酪（cheese）、土司（toast）、三文鱼（salmon）、沙丁鱼（sardine）、配司（paste）、西冷牛排（sirloin steak）、培根（bacon）、速溶咖啡（instant coffee）、扎啤（a jar of beer）、雪碧（Sprite）、可口可乐（Coca – Cola）、百事可乐（Pepsi – cola）、软饮料（soft drink）。

穿着方面：牛仔裤（jeans）、迷你裙（miniskirt）、比基尼（bikini）、运动夹克衫（bi – swing）。

日常用品方面：隐形眼镜（contact lenses）、香波（shampoo）、席梦思（shermons）、腊克（lacquer）、马赛克（mosaic）、特氟隆（Teflon）。

交通工具方面：汽轮机列车（turbo train）、空中客车（air – bus）、ATV（air – terrain vehicle 能行驶于各种地形的全地形汽车）等。此外还有桑拿浴（sauna）、太阳浴（suntan）、士多店（store）、超市（supermarket）、SOS 儿童村、伟哥（Viagra）、艾滋病（AIDS）等，也都与现代生活密切相关。

艺术、娱乐、体育方面：爵士乐（jazz music）、肥皂剧（soap opera）、迷幻摇滚乐（acid rock）、摇滚舞音乐（big beat）、爵士摇滚（jazz rock）、迪斯科（disco）、霹雳舞（break dance）、甲壳虫乐队（the Beetles）、辣妹合唱组（the Spice Girls）、派对（party）、音乐电视 MTV（music television）、背景音乐（background music）、迪斯尼乐园（Disney land）、溜溜球（yo – yo）、美国职业篮球联赛（NBA）、呼啦圈（hula – hoop）、保龄球（bowling）、高尔夫球（golf）、拉力赛（rally）、水上芭蕾（water ballet）、局点（game point）、赛末点（match point）、冠军点（championship point）等。①

另外，大众传媒迅速发展使不同文化相互融合，有关西方道德文化价值观念的词也不断涌现：代沟（generation gap）、应召女郎（call girl）、嬉皮士（Hippies）、雅皮士（Yuppies）、荫皮士（Yuppies）、朋克（punk）、裸体飞跑（streaking）等。随着社会分工日益明确，除传统上的"白领阶层"（white collar）、"蓝领阶层"（blue collar）外，又出现"灰领阶层"（gray collar，从事维修保养技术工作的人）、"粉领阶层"（pink collar，指从业人员多半为妇女的职业）和"铁领阶层"（iron collar，指机器人）。

新的科学理论的创立和新技术的出现产生一批新词：高科技园（hi – tech park）、硅谷（silicon valley）、传真（fax）、激光打印机（laser printer）、电视电话（videophone）、IC（集成电路）、DNA（脱氧核糖核酸）、试管婴儿（test – tube baby）、克隆羊（clone sheep）等都是近年才出现的新词。

中国自改革开放以来，西方的文化、意识、观念逐渐渗透于中国的大、中、小城市，甚至在一向比较封闭的农村很容易看到西方文化影响的痕迹。中国社会的社会文化心理正在发生着微妙的变化。这种变化表现在

---

① 李艳、刘洪泉：《英语外来词的文化分析及翻译》，《考试周刊》2007 年第 43 期。

用词上便是趋新、求雅、尚异。汉字具有表意功能，汉语词汇一般可以比较清楚地反映其内涵。因此，根据中国传统的社会文化心理，人们更乐意去接受意译的英语外来词。但是随着社会的变化，人们对英语外来词的翻译方法选择上，力求紧跟潮流。由于音译法和音意双关法翻译的外来词刚好反映了这种用词心理。所以，音译的和音意双关法翻译的英语外来词的数量越来越多，大有流行之势。例如，和音意双关法翻译的酷（cool）克隆（clone）伊妹儿（E－mail）。若根据意译把 cool 译为"很棒"，把 clone 意译为"无性繁殖"，很显然难以如同前面的译法那样大行其道。在商业领域，精明的商人深知，当代的中国消费群体中有不少人十分渴望西方的物质文明。因此，对洋品牌的翻译更是多采用音译法和音意双关译法。例如，金利来（Gold lion）、百事可乐〔Pepsi－cola）、英特儿（Intel）、麦当劳（Macdonald）、必胜客（Pizza Hut）。

　　另一个需要注意的现象是，许多英语词汇不经过任何翻译处理，已经直接应用于汉语中了。例如，在当今校园，经常可以听到青年人用"摆pose"来形容别人"故意扮酷"，MTV、NBA、OK、Windows、CEO、WTO 等词更是在全国各大媒体上随处可见。很明显，由于信息通信技术的发展，文化全球化的趋势已不可避免。就英语词汇直接用于汉语的现象而言，主要还是由英语在全世界的普及造成的，同时，这一现象的出现，也反映了中国传统文化心理的变化。当然这种变化，与外来文化的冲击分不开。无论汉语对于英语外来词是以何种方式引进，都是对汉语本身的丰富与发展。中国人的社会心理在接受英语外来词方面的变化，应该是一种进步。这既利于汉语与外来语的语言接轨，又方便了中华文化与外来民族的文化交流。①

　　外来词对汉语的积极影响主要表现在以下一些方面：首先，外来词大大丰富了汉语词汇，拓展了表达空间，增强了汉语的表达能力。其次，外来词在一定程度上促进了汉语的发展。随着外来词的引进，汉语的双音节和多音节的词汇增多，表达同一概念的词汇也层出不穷。有些外来词还派生出新的词语。最后，有些外来词把相关的西方文化带进了汉语文化。例如汉语读者看到"十字架"一词，就会联想到与基督教的十字架有关的一些事件及其内涵。又如"橄榄枝"一词把西方文化用其喻指和平的内

---

① 习强毅：《英语外来词的引入及其发展趋势》，《武汉工业学院学报》2003 年第 4 期。

涵带入汉语。现在这一词的"和平"内涵成为汉语中"橄榄枝"一词的新义项。可见，外来词减少了人们的交流障碍，加深了对别的语言文化的了解，为进一步与外界交流创造了有利条件。

第二节 英语外来词的翻译技巧

一 突出信息功能（information function）

语言，作为一种交流手段，应向外界传递一定的信息，特别是对商品名与商标的音译与意译应将商品的功能、用途或形态暗示于译名，采用音译与意译相结合，激发人的联想与购买欲。例如：Polaroid 译作"拍立得"（相机），暗示顾客这是一种拍摄完立刻就可以取出相片的照相机；还有 Shampoo 香波（洗发液）、Canon 佳能（复印机、照相机）等等，这些商品的译名将这些产品的高效能和高新技术气息表达得或形象生动，或言简意赅，妙笔生辉，颇具诱惑力，着实耐人寻味。

二 体现表达功能（expression function）

汉语是世界上最发达、最精练、最有想象力、最优美的语言之一，音译词的汉字容易引发人们的联想和回味，完全符合中国人的民族心态，应该说这是相当优美、格调很高的。音译词，虽然只是翻译词语的声音，但是也要接受民族文化的制约。尤其因为汉语是用汉字来译音的，而汉字的形体有民族性，汉字的意义在音译时也不可能完全消失，还在起作用。音译词的汉字选择就体现一种文化制约。例如：guitar 译为"吉他"比"给它"要好，tango 译作"探戈"要比译作"贪哥"或"探狗"好得多；再例如：德国的名车 Benz 译为"笨死"的话，中国人谁都不敢买这种车了。车名也是一种文化的符号，Benz 中国音译改为"奔驰"，给人产生奔跑速度极快的印象。如果品牌名和"奔驰"一样做到"名如其物"，以保证信息传达的清晰度和有效性。一样的英文产品，译成汉语时，根据不同的商品属类，译名也不同。"Long Life"，有两个汉语商标名，作营养品译名时，译作"隆力奇"，可理解为这种营养品有奇异的增强、增大力量的效果。而作为一种乳液的名称则译作"朗力福"，可理解为明亮、健康、幸福之意。"阿莫西林"药名，无法在理性意义上给出明晰的概念，只能以某些字为线索，猜到形象意义。

三 讲究呼唤功能（vocation function）

在翻译外来商品名词时，一般是以音作为引子，选用内涵赞誉的字词，让人一听或一看就感到赏心悦目。在商务活动中，为招揽生意，将商品名字采用修辞和音韵手段音译，会使生意达到用其他办法所不及的兴隆地步。例如：美国的 Coco – Cola 饮料，曾一度无人问津，后来，一位通晓中国客房文化素养心理特征的华裔，将 Coco – Cola 巧妙地译为"可口可乐"，使这个滞销的产品顿时神奇般地走俏全球，并颇受中国人的青睐，老板立马大发。而后其他商品竞相效仿，继而出现了"百事可乐"（Peps cola）、"乐口福"（lacovo）等品名，这些译名使路人一见品名顿生快感，常常驻足思购。①

第三节　英语外来词的翻译方法

一般情形下，外来词的翻译以意译为主，音译为辅。汉语对外来词所采用的方式主要有以下几种：

一 纯音译法

用发音近似的汉字直接记录原词的声音形式。这种用于译音的汉字不再有其自身的原意，只保留其语音和书写形式。直接模拟外来词的语音形式是汉化外来词最简捷的方式，纯音译词大多是专有名词、国名、科技术语、度量衡等专有名词，如克隆（clone）、伊拉克（Iraq）、加仑（gallon）、阿司匹林（aspirin）、迪斯科（disco）、咖啡（coffee）、沙发（sofa）等、酷（cool）、迪斯科（disco）、欧佩克（OPEC）、基因（gene）、乌托邦（utopia）、蒙太奇（Montage）、幽默（humor）、霓虹（neon）、坦克（tank）、休克（shock）、白兰地（Brandy）、沙发（sofa）、逻辑（logic）等。这些词语的翻译生活服务贴切得体，绝大部分已录入汉语字典，成为规范的汉语词汇。纯音译一般不适用多音节外来词，因为现代汉语双音节词占绝对优势，多音节词很容易被淘汰。

二 半音半意译法

这种方法是将有通用名的部分意译，无通用名的部分音译。主要用于

---

① 宋洁：《英语外来词的翻译方式与风格研究》，《中国校外教育》2008 年第 6 期。

复合外来词，可以分为两类：一是前半部分采用音译，后部分采用意译，如沙文主义（chauvinism）、华尔街（wall－street）、巴士站（bus stop）、呼啦圈（hula－hoop）、互联网（internet）、道林纸（Dowling paper）、白金汉宫（Buckingham Place）、新泽西（New Jersey）、唐宁街（Downing street）、纽约州（New York State）、迷你裙（miniskirt）等。另外一种是前半部分采用意译，后半部分采用音译，如文化休克（culture shock）、水上芭蕾（water ballet）、奶昔（milk－shake）、冰淇淋（ice－cream）、新西兰（New Zealand）、苹果派（apple pie）等。这两类词通常以意译部分为中心语素，即整个词的语义重心在中心语素上，因而更容易被理解和运用，也就比较稳定。

有的外来词经历了由音译向意译过渡的过程，某些方言音译更是如此。例如："penicillin"由"盘尼西林"转为"青霉素"；"vitamin"由"维他命"转为"维生素"；"ultimatum"由"哀的美敦书"转为"最后通牒"；"laser"由"莱塞"转为"激光"；"engine"由"引擎"转为"发动机"；"steam"由上海方言译音"水门"转为"暖气"；"bus"由广东方言"巴士"转为"公共汽车"。

一般说来，报纸、杂志、机关、团体等的原文名称，大都含有明显的意义，所以宜用意译法；地名大都用音译，但含有一定含义的地名，一般也采用意译的方法。比如：*Life*《生活》；*Time*《时代》；*Picture Post*《图画邮报》；Foggy Bottom（雾谷）；Pentagon（五角大楼）；White House（白宫）；White Hall（白厅）；Fleet Street（舰队街）；Iceland（冰岛）；Cape of Good Hope（好望角）；Pacific Ocean（太平洋）；Oxford（牛津）。

三　音译加字译法

其特点在于首先保留外来语的读音，然后在音译词的基础上添加汉语中表义的字，可以充分表达所译词汇的特征特点，并且标明所属的类别。附加的汉字既可前置也可后置。以单音节、双音节译词加汉语语素的借词使用最多：一类为音译语素加汉语语素，如嘉年华会（carnival＋会）、高尔夫球（golf＋球）、保龄球（bowling＋球）、桑拿浴（sauna＋浴）、拉力赛（rally＋赛）、拷机（call＋机）、卡车（Car＋车）、啤酒（beer＋酒）、吉普车（jeep＋车）、卡宾枪（carbine＋枪）、芭蕾舞（ballet＋舞）、踢踏舞（tittup＋舞）、加农炮（cannon＋炮）等。另一类为汉语语素加音译语

素，如打的（打＋taxi）、小巴（小＋bus）、中巴（中＋bus）、酒吧（酒
＋bar）等。其中音译语素有的代表一个英语单词，有的代表部分语素。
汉语语素有的是词根语素，有的是词缀语素。这类词以表事物类属的语素
为中心语，音译部分为修饰性语素，形成一种向心式的偏正结构，中心语
素对整个词义起提示作用。

四　音意兼顾译法

这种译法的目的就是力图使译成的词汇既能有原词的读音，又能让汉
字赋予其概念的意义，达到形神兼备的效果。即选用接近外来词词义的汉
字进行转写。汉语同音字多，为译名用字的筛选提供了方便。或者是部分
或者是全部音意兼顾。如奔驰（Benz）、佳能（Canon）、脱口秀（talking
show）、百老汇（Broadway）、施乐（Xerox）、香波（shampoo）、味美思
（vercuth）、销品茂（shopping mall）等。汉语作为表意文字具有很强的审
美意味，所选用汉字往往可以诱发人的联想。如将 Beatles 译为"披头士"
能让人联想起乐手们演奏时飘散的长发；TOEFL 译为"托福"活灵活现
地描绘了留美学子的美好愿望，寄托着学子们的梦想。尽管有很多不同关
于"可口可乐"这个名字的传说，其实"可口可乐"的英文名字是由彭
伯顿当时的助手及合伙人会计员罗宾逊命名的。他们认为"两个大写 C
字会很好看"，因此用了"Coca – Cola"。"coca"是可可树叶子提炼的香
料，"cola"是可可果中提取出的成分。"可口可乐"的商标一百多年来一
直没有改变。"可口可乐"这个中文名字，一直以来被认为世界上翻译得
最好的名字，既"可口"亦"可乐"，不但保持英文的音，还比英文更有
意义。这可称为归化的音意兼顾的译法，堪称两全其美，体现了汉语在吸
收外来词时特有的汉化处理功能。

五　借译法

按照外来词的形态结构和构词原理直译过来。例如：超人（super-
man）、超级明星（superstar）、超市（supermarket）、毫微技术（nano –
technology）、千年虫（millennium bug）、热线（hot line）、冷战（cold
war）、绿卡（green card）、情商（emotional cuotient）等。

六　英文字母附加汉字译法

X 光、B 超、卡拉 OK、CT 检查、BP 机、T 恤衫、IC 卡、PHS 电话
机、SOS 儿童村、三 S 研究会、ABC 原则、OA 病、BB 仔、5A 办公室、
ABC 革命、ZTZF 学习等。

七 英文字母缩写形式或单词译法

CD、VCD、DVD、DOS、TV、MTV、PC、BOT、CD－ROM、DNA、GRE、Windows98、WTO、NGO、ET、Walkman 等。

八 字母转写增意法

即 WWW（World Wide Web）的翻译"万维网"。其翻译巧妙之处在于汉语拼音（WanWeiWang）的首写字母正好也是 WWW（World Wide Web）。这个翻译是全球第一份中文电脑杂志《华夏文摘》的编辑共同讨论的杰作，其构思巧妙，实属难得，目前仅有此例在音、意两方面都兼顾了汉语拼音字母缩写，也可看作是字母转写法的变体。①

第四节　翻译英语外来词的发展趋势

汉语吸收外来词的高峰期与我国对外文化交流非常活跃的历史时期同步，大致可分为三个高峰时期。（1）明清时期。西方传教士来华传教，带来了先进的西方文化，许多宗教和科技著作相继出版，于是大量英语外来词被吸收到汉语系统。同时，西方科学著作的翻译非常活跃，英语著作的翻译和英汉双语词典的编撰成为众多源自英语的外来词引进的重要渠道，魏源《海国图志》、颜惠庆《英华大词典》等吸收了大量外来词。该时期吸收的外来词主要分布于政治、经济、军事、科技等领域。（2）民国时期。一些文化精英提倡吸收西方语言成分改良白话文，积极从事西方著作的翻译，外来词的引进速度和数量大幅度提高。该时期吸收的外来词主要分布在政治、经济、医学、物理、化学、教育、文体等领域。（3）20 世纪 70 年代末至今。西方各国在科技、工业和经济、文化以及日常生活领域都发生了巨大的变化，新词语和新概念层出不穷。随着我国对外开放政策的实施，我国与西方各领域的交流进入前所未有的高潮时期，一大批外来词进入现代汉语。

通过对近 30 年来《现代汉语词典》中英语外来词的数量以及发展趋势所做的分析，即对《现代汉语词典》的三个不同版本 1978 年版、1996

---

① 马巧正：《英语外来词在译入语中的文化内涵及翻译原则》，《西安文理学院学报》2009 年第 2 期。

年版和 2006 年版进行统计和分析。这三个不同版本的现代汉语词典，在过去 30 年的中文发展史上具有代表意义，词典中所列的外来词词条都标注了来源的国家，尤其值得我们注意的是仅音译词和字母词标明了来源。

一 音译词的发展

"文化大革命"结束后，新中国第一本真正意义上的现代汉语词典才问世。1978 年版《现代汉语词典》收入的外来词大部分是于 20 世纪上半叶引入的，其中纯音译词占大部分，在总共 225 个词中，仅 22 个是由音译加属类的词构成的混合音译词。从 1978 年至 1996 年，中国社会经过改革开放后 20 多年的飞速发展，汉语词汇经历了巨大变化，大量的过时翻译被删除。1996 年版删除了 58 个外来词，如海晶蓝、海波、可的松、曼陀林等。新增 36 个外来词，如迪斯科、可可、三明治等，合计 203 个外来词。随着全球化进程的加速，外来词数量不断增长，2006 年版的现代汉语词典增加了 50 个音译词，如互联网、克隆、比萨饼、卡丁车等，删除 15 个过时的外来词，如凡尔丁、水门汀、罗曼司、梵哑铃等，合计 238 个音译词。

《现代汉语词典》作为一部规范型现代汉语词典，以其权威性和科学性著称。词典的重点放在现代常用的汉语词汇，在编写过程中会加入当时常用的新的词汇且淘汰不常用的词汇。归纳说来，外来词被删除主要基于以下两个原因：一是过时的翻译被全新的翻译所取代，如安那其主义（anarchism）被无政府主义取代，哀的美敦书（ultimatum）被最后通牒取代，等等。这是因为旧版翻译较难发音也无法传递语言的信息功能，新的翻译更能清晰明了地表达概念和传递信息。二是那些表示陈旧概念的词也被取消，如雅司病（yaws）、勒克司（lux）、来苏（lysol）等。与此同时，随着与英语国家的交流密切增多，从 1996 年和 2006 年版收入的新外来词来看，外来词翻译呈如下特点：一方面，大多数都涉及文化，娱乐和日常生活，如比基尼、酷、拍档、桑拿浴；另一方面，对外来词的翻译更加倾向于使用汉语中的常用词汇和具有联想意义的翻译。

二 意译词的发展

由于意译词是用目标语言的词汇来描述外来的新概念，因而在大多数情况下，我们把此类外来词当作是本族词汇，很难在词典中统计出确切数量。事实上意译词无处不在，成为汉语词汇中稳定的一部分，如热线（hotline）、泡沫经济（bubble economy）、直销（direct selling）。同时，用准词素来造的新词也越来越多，如 – ism 表示"主义"，曾用在集体主义（collectivism）和个人主义（individualism）中。现在，这种用法很常见，如现实主义（realism）、浪漫主义（romanticism）等；再如菜单（menu）可作为准词素用在主菜单（main menu）、对话菜单（dialogue menu）、快捷菜单（shortcut menu）中。

三 字母词的发展

字母词作为中文词汇发展过程的新兴力量，在过去的 20 多年里异军突起。1996 年之前版本的《现代汉语词典》并未收入字母词，但从 1996 年起开始收入字母词，并单独将其列在附录中。字母词的数量呈飞速增长趋势，从 1978 年的 0 个到 1996 年的 32 个再增长到 2006 年的 168 个。其中，2006 年版本中删除 3 个不再常用的外来词即 ASCⅡ、N 型半导体、P 型半导体，而增加了 136 个字母词如 CBD、ATM、CDMA 等。以前字母词都只是用在特定领域为专业人士所使用，而现在字母词已成为汉语日常词汇中不可缺少的一部分。究其原因，主要是大众英语水平的不断提高，以及字母缩略词具有便于传播的优点。但值得注意的是，中文是表意文字，纯粹地将单词缩写引入中文会造成传播的障碍，也不符合中文的表达方式和思维习惯，因此在纯字母词后加上注释或者在字母词后加上表示属性的词，如 ABC 武器、T 型人才等方式，值得推荐和提倡，这不但便于传播记忆，也保留了异域文化。①

第五节 现代汉语对外来词汉化翻译的规约

一 语音规约

英汉语言的语音系统差别很大，不仅反映在两种语言的音位系统上，还反映在音位的组合模式——音节结构上。英语有 46 个音位，而汉语只有 34 个音位，因此在汉化翻译时只能以相似音位对译。典型的情况是"v"汉化为"u"、"f"，如 Victoria 译为维多利亚，Vaseline 译为凡士林；又如"H"汉化为"s"，如 marathon 译为马拉松。英语音位结合要比汉

---

① 何盈：《现代汉语中英语外来词翻译的发展趋势及特点研究》，《宁波广播电视大学学报》2011 年第 12 期。

语自由，而汉语没有复辅音，不以辅音结尾（除鼻音外）。在汉化音译时，通常在结尾清辅音后添加元音 "l" 或 "u"，浊辅音后面添加 "."或 "o"。如 golf 译为高尔夫、shock 译为休克。汉语语音另一大特点是有四种声调，通常在汉化翻译时，汉语赋予每个音节一定的声调，如 "hot dog" 热狗 r．g．u，"fax" 传真 chu．n zh．n。

二　语义规约

外来词汉化翻译成功与否，很大程度上取决于选字，选字不当直接影响使用者对外来词的接受和使用，甚至会导致外来词的淘汰。从汉字的造字方式看，形声字居多，兼顾表意与表音，即字由形旁和声旁组成，如葡、萄、逍、遥、杨、鹦、鹉等。汉字本身是一种表意体系的文字，一个字的意义往往与字形有着各种各样的联系，人们习惯上从字形揣测其中蕴含的意义，即 "依形辨义、望文生义"。同时汉语中有大量同音异义词，可以指示不同类属。因此在汉化翻译过程中，人们往往选取与意义相关的字眼，尽量音意兼顾，或者半音半意，或者给音译加注，做不到的也要留下一些意义的线索，如给音译词添加义符。"音译兼顾译法" 被认为是汉化翻译中的至境，要求对英汉语言和文化有深入了解，因此一般很难达到。以媒体（media）一词为例。该词的汉化翻译不仅保留了 media 的语音特征，而且在用词上选择了汉语中表达类似含义的词 "媒"，指中介。在汉语中一直有媒人、花为媒的说法，因此媒体一词的汉化翻译充分利用了该词的语义特征，对使用者而言具有融会贯通的提示功能。"音译加注" 是音译外来词一种常见的方式，以近年来的新词语博客（blogger）为例。该词指一种在网络上发布日志的人。在汉化翻译过程中，博为音译，"客" 表类属。汉语词典对客的定义是从事某种活动的人，如 "剑客" 或 "侠客"，博表示广博，多样性。这一词语的汉化，既音近于 blogger，又形象地表达了其发布的网络日志在内容和形式上的丰富性，同时带有中国传统武侠文化的浪漫色彩，因此广为接受和流传。（注：习惯上将黑客（hacker）归为音意兼顾，以此类推，博客也可以归入同类，但考察了 "客" 在汉文化中独特的语义特征后，笔者更倾向于将博客归入音译加注）"音译添加义符"，利用形声造字法来创造一些新字以记录外来词的音，并表明其属性，如柠檬、铀、铝、氢等。此外，根据近年来的研究分析，书面音译外来词在用字方面一般多使用表中性意义的字，如 "巴士（bus）、的士（taxi）、拷贝（copy）、派（pie）" 等。

三　构词规约

现代汉语构词占优势的是合成词，尤其是两个含"概念意义"的语素结合起来的构成方式，其中双音节占大多数，其次是三音节词，四音节及以上的词很少。这是因为汉语对词更多的是分解认识，并且古汉语单音节词占优势，这影响到现代汉语，使现代汉语单语素构成和复合构成占有更大的优势，并使认知有更强的分析倾向。在汉化翻译过程中，英语中大量的多音节词被压缩，以符合汉语的构词特征，这也是五四时期大量多音节音译词最终被双音节意译词所取代的根本原因。例如，philosophy "菲洛苏菲"（哲学），science "塞因斯"（科学），democracy "德谟克里西"（民主）等。这些译词不能反映出外来词的概念或内涵，冗长拗口，且音节越多，其内部结构就越松散，容易被分离，因此会造成歧义。但同一时期有些音译词仍沿用至今，如坦克、雷达、白兰地、浪漫、苏打等，主要是因为这类词词长较短，以双音节和三音节为主，符合现代汉语的构词特点。①

---

① 吴丹苹：《试论英语外来词的汉化翻译》，《长沙大学学报》2006 年第 5 期。

第十二章　英语典故的翻译

第一节　英语典故简述

　　典故（Allusion）是指人们在日常谈话和写作中引用的出自神话、传说、寓言、文献、文学名著及历史等的故事和词语。运用典故不仅可润饰语言，使之丰富多彩、生动清晰，而且使人们更易于沟通。英语中有大量口头流传和文字记载下来的典故，反映出英语民族丰富的文化遗产。典故富含较浓厚的民族色彩，约定俗成，广为使用。它们具有内涵精深、外延悠远的特征。在英语写作中如果能适当运用典故，可以做到事出有典，言之有据，使表达简洁、含蓄、凝练、深邃、精辟、生动，令人遐想，耐人寻味，从而增强文章的说服力和感染力。

　　英语典故在结构上有其特征，在形式上具有用词简练、结构紧凑灵活的特点。以词、词组和短语居多，例如 Ark（避难所）、Odyssey（艰难历程）；少数为句子形式，如 Fine feathers make fine birds（人要衣装），它们可以在句子中充当一个句子成分，并常单独成句，特别是引自一些经典的典故和带有谚语特性的典故。

　　英语典故的设喻具有特色，典故属隐喻化的语言形式，典故都有喻义，通过喻体引申语义，达到晓明事理的目的。其设喻形式多样，喻体可为人、物、事件等，与英美和西方社会文化生活的普通现象息息相关。因此，了解和学习英语典故其实就是了解英美及西方社会生活，在一定程度上反映出他们的思维、风俗习惯、道德伦理价值观和信仰。

　　要较好地运用英语典故，必须对其来源有较深刻的了解和认识。本章旨在通过对英语典故来源的探讨，帮助读者在跨文化交际中准确地使用英语典故。

一 来自神话、传说及寓言故事

由于古希腊和罗马两个民族的语言同属印欧语系，因此古希腊和罗马神话对印欧语系中的其他语言的民族文化有很大的影响。英语是印欧语系中的主要语言之一，古希腊和罗马神话已渗透到英语文化的各个领域。在语言表达方面，古希腊和罗马神话中的故事和英雄传说为英语留下了许多形象生动、寓意深远的典故。例如 Achilles'heel（阿基利斯脚踵）：Achilles 是著名希腊史诗《伊里亚特》（相传为希腊诗人荷马所作）中主要的希腊英雄。Achilles 幼时被其母苔提丝（Thetis）倒提着脚在冥河（the River Styx）水中浸过，周身刀枪不入，但其脚踵（heel）为其手握处，没有浸着冥河水，因而成了唯一会受伤甚至于致命的地方。在特洛伊战争中 Achilles 被特洛伊王子帕里斯（Paris）用一支毒箭射中脚踵，终因箭伤而死。据此故事，Achilles'heel 现喻指"唯一致命的弱点"或"要害"。例如：The girl is a good student, but pronunciation is her Achilles'heel.（这女孩是一个好学生，但发音是她唯一的弱点）此类典故还有：Apple of discord（纠纷的苹果，喻指不和的根源）；a Herculean task（海格拉斯的任务，指需巨大的体力或智力才能完成的任务）；a Pandora's box（潘多拉的盒子，喻指灾难、麻烦、祸害的根源）。

相传公元前 6 世纪，希腊有一个名叫伊索（Aesop）的奴隶，讲述了很多寓言故事，在民间流传很广，后来有人把这些故事用文字记录下来，汇编成册，成为《伊索寓言》（The Fables of Aesop）。《伊索寓言》故事简短，每个故事都有较深刻的哲理，生动幽默，反映了西方社会的价值观念，对西方乃至全世界的哲学思想和文学艺术都具有深刻的影响，英语中很多典故都来源于《伊索寓言》。cry wolf（喊狼来了）：源自《伊索寓言》中一则脍炙人口的故事，有一个牧人在村边放羊突然大喊"狼来了"，村人闻声赶去救援却发现并没有狼，原来是牧人闲来无事，以此开心取乐。如此恶作剧重复了两三回，最后狼果真来了，牧人再呼唤求救时便没有人理了，结果羊全让狼咬死了。cry wolf 直译是"喊狼来了"，人们用它表示"发假警报"。例如：Is she really sick or is she just crying wolf?（她是真病，还是假病?）出自《伊索寓言》的典故还有许多，如 ass in a lion's skill（披着狮皮的驴子，喻指色厉内荏的人）；the grapes are sour（酸葡萄，喻指可望而不可即之物）；dog in the manger（狗占马槽，喻指占着茅坑不拉屎的人）等等。

阿拉伯民间神话故事集《天方夜谭》(*Arabian Nights'Entertainment*) 里许多故事和词语被借鉴到英语语言,因此,《天方夜谭》也是英语典故的来源之一。open sesame:直译作"芝麻开门",出自《天方夜谭》故事之一《阿里巴巴和四十大盗》(*Ali Baba and the Forty Thieves*),是叫开藏着无数金银财宝盗穴洞门的咒语。短语 open sesame 是在 19 世纪早期首先出现在英译本中的,以后常被用以喻指"秘诀"、"敲门砖"或"关键",例如:A degree is not an open sesame to a good job。(学位并不是找到好工作的包票) 此外,还有 Aladdin's cave(阿拉丁的宝藏,喻指藏有巨大财富的地方);old man of the sea(海老人,喻指纠缠不休的人或无法摆脱的累赘)等。

人类的文化遗产为全人类所共有,英美及其他国家的神话、传说和寓言被大量引进英语,充实了英语典故。ugly duckling(丑小鸭)出自《安徒生童话》故事,一只生下来奇丑的小鸭,备受欺凌,但它后来变成了一只仪态出众的天鹅,常喻指"小时难看长大好看的人或先遭鄙视后被重视的人或事物"。Tom Thumb(大拇指)是 16 世纪英国流传的民间故事中的小人儿,现用指"矮小人"。Cinderella(灰姑娘)来自《格林童话》,喻指"前妻所生的姑娘,打杂女佣"。cat's paw(猫爪)来自法国拉封丹寓言,喻指"做他人工具的人或受愚弄者"。Don Juan(唐璜),西班牙传说中的一个浪荡子,在英语中便成了"风流浪荡子"的代称。

二 来自文献名著

宗教是一种文化,典故与文化的关系密切,更能折射出宗教对语言的影响,在英语国家里基督教是主要的宗教,基督教的神话观念经典《圣经》,《圣经》对英美等国的社会思想和文化产生了深远的影响,因此许多英语典故来源于《圣经》中的人物和事件。sell one's birth right for a mess of pottage 直译为:"为一碗红豆汤出卖长子继承权"。典出《圣经》的旧约《创世记》里关于以扫(Esau)的故事。以扫是希伯来族长以撒(Isaac)和利百加(Rebecca)的长子,有一天以扫从野外回来,又渴又饿又累,正赶上他的孪生弟弟雅各(Jacob)在煮红豆汤,就请求雅各分一碗给他喝,雅各要以扫先把长子权卖给他再给他喝。以扫饿昏了竟然答应,而且按雅各的要求对天起了誓。后来雅各夺走了以扫的长子名分和福分。根据这一圣经故事,后人用此典故来比喻"因小失大"或"见利忘义"。现在多取后一部分,用以喻指"牺牲重大利益获得的物质利益","出巨大代价得到的物质享受"或"眼前利益"。例如:Some people are willing to prostitute their honor just for a mess of pottage。（有人仅仅为了一些物质享受而情愿出卖自己的名誉）此外，来自《圣经》的典故还有：Judas（犹大，喻指出卖朋友的人或叛徒）；Kill the fatted calf（宰了肥牛犊，表示热情款待，用最好的东西款待，设宴欢迎等）；handwriting on the wall（墙上的字迹，喻指不祥之兆或厄运临头的预兆）；beat the air（打空气，表示白费力气或徒劳无功）等等。

　　莎士比亚对人类的洞察力，对社会问题的敏感性和他运用语言表达思想的天赋在英美国家及全世界讲英语的民族思想上产生深远的影响，莎士比亚戏剧中的许多人物已成为具有类似特征的人的代名词。Shylock（夏洛克）是莎士比亚戏剧《威尼斯商人》（*The merchant of Venice*）中吝惜刻薄的犹太高利贷者，他借钱给安东尼，规定到期不还就割他一块肉作为抵偿，后因商船出事，安东尼不能按期还钱，Shylock就真地要求割肉作抵。因此现常指贪婪、残忍、追求钱财不择手段的守财奴。例如：He is another Shylock.（他是又一个夏洛克。）来自莎士比亚作品的英语典故数不胜数，难以统计，又如：Falstaff（《温莎的风流娘儿们》的剧中人物，肥胖、机智、好吹牛，现指爱吹牛的人）；Iago（《奥赛罗》中人物，现指阴险奸刁的人）；Gild the lily典出历史剧《约翰王》（*King John*）（给百合花上色，比喻作多余的修饰，相当于汉语成语"画蛇添足"）；Greek to someone典出著名悲剧《尤利西斯裘·恺撒》（*Julius Caesar*）直译为"对某人讲希腊语"（希腊语素来被认为是世界上最难学、最难懂的语言之一，喻指"一窍不通"、"全然不懂"。）

　　除了莎士比亚以外，英语文学大师对英语语言的冲击也是不容忽视的，他们的作品留下的或通过他们的作品传播的英语典故丰富了英语语言。Friday是英国小说家笛福的代表作《鲁滨孙漂流记》（*Robinson Crusoe*）中的土著黑人，鲁滨孙救了他，刚好那天是星期五，便给他取名Friday，此人后来不仅成了鲁滨孙生活上的得力助手，而且对他始终忠心耿耿，与之相伴相随。据此在英语中Friday便成了"忠仆"或"得力的助手"的代名词。例如：I could never have started this business if my friend John had not been willing to act my man Friday。（若不是我朋友约翰自愿当我的忠实助手，我根本就不可能开办这个企业的）catch－22原是20世纪美国小说家约翰·海勒（Joseph Heller）1961年出版的超现实主义小说的书名。书中内容主要描写第二次世界大战临结束前驻扎在地中海一个岛上的一支美国空军中队内部的种种弊病和飞行员的厌战情绪。catch - 22 原指作者杜撰的"第二十二条军规"，以后被用来指"无法摆脱的困境"、"难以逾越的障碍"。此外，还有：Sherlock Holmes（歇洛克·福尔摩斯）是阿瑟·柯南道尔著名侦探小说中的主人公，喻指有非凡才能的侦探或敏锐精明的人；Utopia（乌托邦）喻指空想之国（来自摩尔同名书）；Uncle Tom（汤姆叔叔）指逆来顺受、在思想上和行为上绝不反抗的人（来自哈利特·斯托小说《汤姆叔叔的小屋》中的主人公）。

　　各国的文学著作极大地丰富了世界文学宝库，其他国家的名著同样被介绍到英语国家，其中有关人物和事件的典故使得英语语言更加丰富多彩。Don Quixote（堂·吉诃德）是西班牙著名作家赛万提斯同名小说中的主人公，他整天醉心于骑士生活，后不合时宜地扮骑士出游，闹出了许多笑话。现用此名指"典型的梦想的理想主义者"，例如：Inspired, like Don Quixote, by the sight of the nuts, and recollecting the last night's bill, I exclaimed ："Happy! Thrice happy and blessed, that golden age."（像堂吉·诃德一样，我见了干果大有感触，又想起昨夜的账单，于是高声说道："乐哉！乐而又乐，福上加福的黄金时代啊！"）又如：Tartuffe（达尔丢夫）是莫里哀喜剧中的主人公名，现用指"伪君子、假信徒"；Mephistopheles（靡非斯托非勒斯）歌德所作"浮士德"（Faust）中的魔鬼，现喻指"极坏的人，诱惑者"等。

三　源自历史人物、历史事件

　　在漫长的世界历史上发生过许许多多的历史事件，产生过众多风云一时的历史人物，由这些历史事件和历史人物而产生的英语典故流传至今。如谚语 Caesar's wife must be above suspicion.（身为恺撒妻，不应有怀疑。）恺撒是历史上著名的罗马大将，这里 Caesar 用来泛指一切伟人，所以这句谚语的意思是：与大人物有关系的人应洁身自爱，不可有秽名。此例的用法是借某个具有某种典型禀赋特征的人来指代具有这种禀赋或特征的一类人，这时专有名词变成了普通名词。又如，可以把伟大的将军称作Wellington（威灵顿，在滑铁卢战役中击败拿破仑的英国名将）；把残暴的统治者叫作 Negro（尼禄，罗马暴君）；把著名作家誉为 Homer（荷马，据传为《荷马史诗》作者）或 Shakespeare（莎士比亚，英国著名作家）等；将擅长于钢琴的人叫作 Chopin（肖邦，波兰著名钢琴家）等等。

　　来自历史事件的如 meet one's Waterloo, Waterloo（滑铁卢）是比利时

中部城镇，世界史上著名战役之一滑铁卢战役即发生于此。1851 年 6 月 18 日拿破仑军队在战役中大败，故这则习语表示"遭到惨败"或"遭到毁灭性打击"。例如：The tennis champion met his Waterloo when he played the younger player。（那位网球冠军最后在对一位年轻选手时败得很惨）又如：Cross the Rubicon（渡过罗比孔河），Rubicon 是意大利一河名，公元前 49 年罗马名将恺撒率军渡过此河，与罗马执政官庞培决战，故意为"采取断然手段，决意孤注一掷"；Pearl Harbor（珍珠港）是第二次世界大战期间美国在太平洋的重要军港，日本偷袭此港，使美海军损失惨重，因此 Pull a Pearl Harbor on sb. 这个短语反映了这一历史事件，此典故意为"对某人进行突然袭击"。①

第二节　英语典故的翻译方法

一　直译法

直译法就是保持原文内容，又保持原文形式的翻译方法。翻译具有民族特色的英语典故采用直译法，由于民族文化差异会给读者的理解造成一定的困难，但直译法仍具有可行性。首先，有一部分英语典故采用形象的比喻或借代形式等来表现，进行直译后，虽然只展现了原文的内容与形式，但读者对其内含的文化喻义不言而喻。其次，有一部分典故来源于外国童话、神话故事以及文学作品等。我们在童年时代，就对其耳濡目染，熟知其文化背景，经直译后，其比喻义完全能够得到读者的认同。例如：Forbidden fruit 就可以直接译成"禁果"，起源于《旧约·创世记》。传说上帝创造人类的始祖亚当和夏娃，在东方的伊甸（Eden）建立了一个园子给他们居住。伊甸园里生长着赏心悦目的各种树木，树上结着各种各样的果实。上帝允许亚当随意吃园中的各种果子，只是那棵善恶树上的果实除外，吃了必定要死。所谓的"禁果"由此而来。诸如此类的典故还很多，如 an eye for an eye and a tooth for a tooth（以眼还眼，以牙还牙）；ugly ducking（丑小鸭）；a lion in the way（拦路虎）；All roads lead to Rome（条条大路通罗马）；Arabian Nights（天方夜谭）。

---

① 贾琼：《英语典故探源》，《韶关学院学报》（社会科学版）2003 年第 4 期。

　　直译是指翻译时要尽量保持原作的语言形式，包括用词、句子结构、比喻手段等，同时要求语言流畅易懂。某些英语典故虽有明显的民族特色，但其渊源（寓言、神话、历史故事等）已为广大中国读者所熟悉，因而可以直译，使译文神形兼备。例如：

　　（1）Who could know that she，an ugly duckling of her family was one day to become a famous writer？（"an ugly duckling"源于《安徒生童话》）。谁会知道，她这个家里的"丑小鸭"有朝一日竟会成为著名作家呢？

　　（2）The company counted its chickens before they are hatched and failing to get the contract.（"to count one's chickens before they are hatched". 源于《伊索寓言》）这家公司鸡卵未孵先数雏。结果，合同没有拿到，损失惨重。

　　（3）But because we cannot satisfy the desires of our hearts，—why should we cry "sour grapes" at them？我们何必因为不能满足内心的欲望而把他们说成酸葡萄呢？

　　（4）Get out. Don't shed crocodile tears to me. You know you are really glad they're met with misfortune. 滚出去！别在我面前掉你那鳄角的眼泪，你自己清楚，你分明是幸灾乐祸。

　　（5）Time and again the economists and forecasters had cried wolf，wolf，and the wolf had made only the most fleeting of visits. Time and again the Reserve Board had expressed fear of inflation，and inflation had failed to bring hard times. 经济学家和预报者一再喊狼来了，狼只打了个照面，一闪便过去了。储备局一再表示害怕通货膨胀，通货膨胀却未带来困难时期。①

二　意译法

　　意译法是与直译并列的主要译法之一，译文与原文内容一致而形式不同谓之意译，即以原文形式为标准，译文表达形式上另辟蹊径。如果用直译法不可能保留典故成语的表达意思，并且在目的语中也找不到合适的同一成语可套用，就应用意译法结合上下文把典故的含义表达出来。译时要注意尽量保持原语所反映的民族特色，另外又不要把目的语中鲜明的民族特色强加到译文中去。例"I guessed when he asked for an interview that Smith had an axe to grind." 此语句中引用一个英语成语典故"to have an

---

　　①　原传道：《浅谈英语典故在汉译中的处理》，《新乡师范高等专科学校学报》2004 年第 1 期。

axe to grind"。这个典故来源于美国伟大的发明家、政治家和作家本杰明·富兰克林童时的一件趣事，说的是一个人为了让小富兰克林协助他磨斧，就极力夸奖小富兰克林，后来就用来比喻人说话做事别有用心，另有企图。如读者不了解这一典故的来龙去脉，就根本无法将"ask for an interview"和"have an axe to grind"联系起来，更不用说理解其真正喻义。因此在上述语句中，可将"had an axe grind"意译为"醉翁之意不在酒"等诸如此意的语句。这样既保证了译句的简洁性，又能引起读者的联想效应。

再如 When in Rome, do as the Romans do 这一句。如果按字面意思直译，读者会不明白，为什么是罗马而不是别的地方？其实它的隐含意义就是"入乡随俗"，若译为"到什么山，唱什么歌"，则更为形象生动，关于译成以上两者中的哪一个，则要视原文、原文体、上下文语境而定。还有 The dog that will fetch a bone will carry a bone。在译成汉语时，其中的字面形象 dog、bone 都不能直译，只能舍弃它的字面意义和形象意义，译出隐含意义："说别人坏话的人，也会说你的坏话"。

有些英语典故如果按照字面意思去译，就会使人迷惑不解，这时意译法就是最好的选择。例如：Tower of Babel 若直译成"巴别塔"，就令人费解，它真正含义是空中楼阁或语言的交流障碍。该典故出自圣经《旧约·创世记》，洪水后诺亚的子孙迅速繁衍，他们都使用同一种语言。有一年他们成群结队迁徙，走到一个土地肥沃的地方，决定在那里建造一座直达天庭的高塔，塔的高度节节升高，直入云端。于是耶和华就变乱他们的口音，使他们使用各种语言，每一种语言只有几个人懂。由于语言不通，一切都乱了套，人心随之涣散，他们就分散到四面八方，人间从此有了成百上千种语言。建塔的人一散，塔也就半途而废了，因为这是语言变乱造成的，所以人们就称这塔为 Tower of Babel。而 swan song 若直译为"天鹅之歌"，别人一定会迷惑不解，应意译为"最后的杰作，绝笔"。天鹅是阿波罗的神鸟，传说天鹅平素不唱歌，而在它死前必引颈长鸣，高歌一曲，其歌声哀婉动听，感人肺腑。这是它一生中唯一也是最后一次唱歌。因此，西方各国常用这个典故来比喻某诗人、作家、作曲家临终前的一部杰作或者是某个演员、歌唱家的最后一次表演。

三　增译法

典故具有鲜明的民族色彩，它是各国丰富的文化遗产，反映着各国独特的历史和文化，使人们在欣赏典故语言魅力的同时，又受到别国文化的熏陶。有一些英语典故，其形象直译后虽没文化冲突，却会造成误解，译语读者不能理解其含义。翻译时可直译其字面意义，再增译出其隐含意义，使译文形象生动，体现出原文的风格和韵味。增译的过程实际上是由表及里、将原文表层结构还原成深层结构的过程，译出典故的弦外之音。因此，在增译过程中，增添的词语要恰到好处，首先要忠实原文，切不可增加典故中所没有的内涵意义。① 例如：

（1）The study had a Spartan look. 这个书房看上去有一种斯巴达式的简朴风格。Spartan（斯巴达人，斯巴达式的）素以刚强、简朴、吃苦耐劳著称。在译文中只译出"斯巴达式的"是不够的，还需把其内涵译出来。故译文中增译了"简朴风格"。

（2）The planners were busy by passing the Gordian knot. 计划制定者为躲避戈尔迪结——棘手问题，而忙得不可开交。Gordian knot（戈尔迪结）源于希腊的一个传说，是有关由农夫变成国王的戈尔迪和亚历山大的故事。戈尔迪在木桩上系了一个众人都无法解开的绳结，后来，由亚历山大一刀将其斩开。从此，Gordian knot 便成了棘手问题的代名词。②

四　套译法

套译法是指在汉语中寻找同原文相对应或意思相近的语言来翻译的一种方法。不可否认民族文化具有差异性，但也有相通性和共性的存在，正是由于这种相通性和共性的存在使得英汉两种语言存在一些对等、对应或相似的成分。因此可以用套用或借用法来翻译汉语里有相似表达方式的典故成语。如 kill the goose that lays the golden egg，可译为"杀鸡取卵，竭泽而渔"，用来比喻只知道贪图眼前利益，不顾将来发展。可用此类方法翻译的还有，如 burn one's boat（破釜沉舟）；walls have ears（隔墙有耳）；pour oil on fire（火上浇油）；fish in troubled waters（浑水摸鱼）等。③ 例如：

（1）As Mr. and Mrs. Smith have no son, this little girl is the apple of their eye. （"the apple of one's eye"源于《圣经·诗篇》）。由于史密斯夫

---

① 原传道：《浅谈英语典故在汉译中的处理》，《新乡师范高等专科学校学报》2004 年第 1 期。

② 同上。

③ 王敏：《英语典故及其汉译》，《南通纺织职业技术学院学报》（综合版）2013 年第 6 期。

妇没有儿子，这小女孩儿就成了他们的掌上明珠。

（2）To do this would be killing the goose that lays golden eggs. （"to kill goose that lays golden eggs" 源于《伊索寓言》）这样做将会是杀鸡取卵。

（3）John is ready to go through fire and water to help his chum. （"to go through fire and water" 源于盎格鲁—撒克逊时代的中世纪判罪法）为帮助好友，约翰随时准备赴汤蹈火。

五　注释法

注释法是为了向译语读者介绍原语文化的有关知识，增进他们对原文的了解而采用的一种方法。有的英语典故流传不太广，有的虽然在世界流传较为广泛，但在我国可能有相当一部分读者不知其由来。翻译时，必须加以适当的注释，才能真实地再现原文信息。否则，读者不能领会典故的意义，对译文迷茫不解。这种方法主要处理那些文化含义丰富但仅靠直译无法表达内在意味的英语典故，有助于保留典故的文化背景。例如：

（1）Let both sides unite to heed in all corners of the earth the command of Isaiah to "undo the heavy burdens... （and）let the oppressed go free". 不管我们在地球的什么地方，让我们双方都记住以赛亚（圣经中的人物，是位先知）的重托："卸下重负，让所有受压迫的人都获得自由。"

（2）After seven straight victories, the team met its Waterloo. 这句话可译为："这个队在七战七捷之后，遭遇到了它的滑铁卢之战。"然后在页脚加注："滑铁卢，比利时南部小城镇。1815 年 6 月 18 日，英普联军在此地大败拿破仑军队，拿破仑从此一蹶不振。此语常用来比喻遭到惨败或受到毁灭性打击。"

（3）She is Cinderella of the family, nobody paid special attention to her. 这句话可译为："她是这个家庭中的灰姑娘，没有人特别关注她。"可在页脚加注："Cinderella 是童话故事《灰姑娘》中的人物，她是一位十分美丽的姑娘，但被继母驱使，每日与煤渣为伴，后来忽然得到仙女的帮助，与王子结为夫妻。现引申指一时未被赏识的人。"①

（4）He sowed the apple of discord between the two countries. 他在两国之间制造不和。the apple of discord 这一典故来自于争吵女神的神话。国

---

① 原传道：《浅谈英语典故在汉译中的处理》，《新乡师范高等专科学校学报》2004 年第 1 期。

王珀琉斯和女神西蒂斯结婚，邀请众神参加，唯独忘了争吵之神厄里斯，她便寻衅把一个金苹果仍到宴席上，说要送给最美丽的女神。从而在天后赫拉、智慧女神雅典娜和爱神阿芙洛狄特之间引起争端，最后导致了特洛伊战争。后来，the apple of discord 就被用来表示"祸端、争端"。

第十三章　英语缩略词的翻译

第一节　英语缩略词简述

随着现代生活节奏加快，现代英语词汇的缩略词应运而生。它是指将词的音节省略或简化而产生的词。由于缩略词比原词语或短语简短得多，大大缩短了书写的时间，而且缩略词能传达原词语或短语的全部，至少是主要信息，因而，缩略词能有效地适应现代高效率的生活。目前，英语缩略语应用于社会生活的方方面面，涉及政治、经济、科技、文化教育等方面。正确理解和运用缩略词，可以有效地提高学习和工作效率，加强人与人之间的交流沟通。

一般来讲，英语缩略词可以分为如下四类：

1. Acronym（首字母缩略语）

这类词指的是取各词首字母重新组成新词，也就是将词组中各词的首字母连成一个词。它不再保持各个首字母自身的读音，而是可以拼读。如 DOB：Date of Birth（出生日期）；Aids：acquired immune deficiency syndrome 艾（滋病）。

2. Initialism（缩写）

这类词的缩略方法大致与 acronym 相同，它是英语中最简单和最常见的，就是用各词的首字母表示一个新词，主要不同点在于 initialism 读组成该缩略的各字母音，而 acronym 则按组成该缩略的音节发音，就像普通的单词那样发音。如 UN：the United Nation；VIP：very important people；BBC：British Broadcasting Corporation。

3. Clipping（截短词）

也叫简化词，即把一个词或一个词组中的部分字母删掉而构成的新词。

它是一种重要的英语缩略词的构词方法，主要有下面两种情况：（1）截头（front – clipping）：telephone – phone（电话）；aero plane – plane（飞机）。（2）去尾（back – clipping）：advertisement – a（d 广告）；memorandum – memo（备忘录）；laboratory – lab（实验室）；photograph – photo（照片）。但还有一种情况，去掉头尾留中间（front – back clipping），如 advantage – van；influenza – flu。有时，和 acronym 一样，也为了发音和书写的方便，会做一些调整，如 microphone – mike；Coca – Cola – coke。

4. Blend（拼缀词）

将两个或两个以上的单词合成，并在合成时进行缩略的词。如：smog 由 smoke 的前半部分和 fog 的后半部分组合变化而成；telex 由 teleprinter 和 exchange 这两个词的前半部分组合变化而成。这只是名词，还有动词如 guesstimate 由 guess 和 estimate 变化而来，形容词如 fantabulous 由 fantastic 和 fabulous 变化而来。①

第二节　英语缩略词的翻译策略

一　首字母缩略词（acronyms）的翻译

由于这种词按常规发音，像一个正常的词一样的拼写。翻译中有时音译和意译并存，如 radar（无线电探测器）、雷达、sonar（声波导航和测距装置）、声呐、OPEC（石油输出国组织，欧佩克）、laser（激光）等，当意译太长时往往采取音译。

二　首字母词（initialisms）

这类词是直接将短语中的每个词的首字母合成的，其读音只能按一个一个字母来进行，常规的译法是用意译的方法，将原词中的每个词意思译出，如 UFO（不明飞行物）、HIV（人体免疫系统缺损病毒）、UNCTAD（联合国贸易和发展大会）、ASEAN（东盟）。但也有些科技性很强的及网络语言中的词汇采用意译或省译的方法，如 PM 2.5 等。

三　节略词（clipping）的翻译

节略词是截短了原词的一些部分，保留了部分词素，其意义一般不会

① 黎红霞：《英语缩略词的分类及规则》，《现代企业教育》2007 年第 7 期。

改变，依原词意意译，少量词原词意太长改用音译。如 EXPO（博览会）、mobile（移动电话）、demo（示威，示范）、mini（超短裙）等就用意译法。但对于 disco 由于原词意义太长可音译为迪斯科。

四　缩合词（blends）的翻译

缩合词的实质是复合词或短语的一种缩略形式，构成的新词是在原词的基础上产生新义，其意义很明确。翻译时采用意译法直接译成相应中文词语或短语即可，如 brunch（早午餐）、sitcom（情景喜剧）、modem（调制解调器）、workfare（工作福利制）、travelogue（旅行日志）、Medicare（医疗保险）等。当然有些缩合词，如果意译还不能完成翻译，可考虑增加增译使意义完整，如 kidult（老幼咸宜）、global（整体局部兼顾）的。[①]

第三节　英语缩略词的翻译方法

一　音译法

音译缩略语是指那些根据英语的发音译成的外来语。音译法简单可行，容易被大众接受，但是人们很难对原意产生联想。汉语中现存少量的通过音译法翻译而成的英语缩略语。我们不难发现，音译法适用于四个单词以上的英语缩略语，但译语不能够反映其语源的真正语意。人们无法把"托福"与英语考试联系在一起，"雅思"听起来更像一个女孩的名字，这样极容易造成人们对这些词语的错误理解。比如"艾滋"，刚开始各大媒体报纸都把 AIDS 翻译成"爱滋"，引起了大众对这种病的曲解，造成了过度的恐慌。如果按照原意译成"获得性免疫缺陷综合征"未免显得冗长，所以后来做报道的时候一律用"艾滋"来替换"爱滋"，这其中的原因之一可能就是为了降低人们的不安情绪，不至于谈"爱"色变。由于受语音的影响，翻译时很难把语义和语音融合在一起。但把"DINK"翻译成"丁克"不失为佳译。在字典里，"丁"即为人丁，也就是人口的意思，而"克"有阻止发展的意味。"丁克"也就是克制人口的发展，这与丁克家庭的主旨相同。所以，在翻译这类英缩略语的时候，一定要慎重考虑，仔细斟酌，不要使用一些容易引起情绪波动的字眼，还要尽量做到

---

① 卢水林：《英语缩略词及其汉译探讨》，《西藏大学学报》（社会科学版）2013 年第 6 期。

语音与语义的结合。例如：

（1）托福 TOEFL Test of English as a Foreign Language 把英语作为外语的考试

（2）雅思 IELTS International English Language Testing System 国际英语语言测试系统

（3）艾滋 AIDS Acquired Immune Deficiency Syndrome 获得性免疫缺陷综合征

（4）欧佩克 OPEC Organization of Petroleum Exporting Countries 石油输出国组织

（5）丁克 DINK Double Income No Kids 双收入没有小孩的家庭

二 意译法

意译和一般的英译汉相同，就是按照英语缩略语的语义来翻译。如"IOU"（I Own You）译为"借条，借据"，完全符合中国人的用词习惯。因此，采用意译法可以避免音译法不能表达其真正语意的弊端。大部分的英语缩略语都是采用意译法来翻译的。我们可以发现，采用意译法翻译而来的译语较长，而现代社会的生活节奏比较快，人们倾向于用简单的词汇来表达复杂的意思，所以长词组不容易被大众所接受。为了保持原英语缩略本身的含义而又不失简单明了，人们一般不照搬译语，而是从译语中提取关键词组合成一个新词语。如"北大西洋公约组织"就简称为"北约"。但是，如果译语本身就不超过四个汉字，那么就没有必要再简化了。如果把"联合国"再简化成"联国"或"合国"，那就不知所云了。在翻译此类英语缩略语的过程中，最关键的步骤就是如何简化译语，一定要使简化语符合中国人的语言使用习惯，切勿胡乱简化，编造。例如：

（1）North Atlantic Treaty Organization NATO 北大西洋公约组织，简称北约

（2）International Olympic Committee IOC 国际奥林匹克运动委员会，简称国际奥委会

（3）Severe Acute Respiratory Syndrome SARS 严重急性呼吸系统综合病/非典型肺炎，简称非典

（4）European Union E. U. 欧洲联盟，简称欧盟

三 零翻译法

所谓"零形式"，就是语言学中某些领域用来指一种分析方法而设定

的一个抽象单位，它在整个语言系统中本来应该或者必须存在，但是在实际语流中却没有任何有形的实现。那么零翻译可解释为：原本应该翻译，但是由于某些原因而没有翻译，使得某一语言直接进入另一种语言的现象。如"MTV"、"VCD"等。目前，英语缩略语的零翻译正以惊人的速度进入汉语领域。在英语缩略语的众多翻译方法中，零翻译是目前仅次于意译的翻译方法，而且从它的发展势头看，大有超越意译的趋势。

零翻译的缩略语已经渗透到社会的各个领域。高新技术中有 MCS（Missile Control System 导弹控制系统）、GPS（Global Positioning System 全球定位系统）；在军事领域中有 CEV（Combat Engineer Vehicle 战地工程车）、GLCM（Ground Launched Missile 地面发射的巡航导弹）；医学领域里的 BAC（Blood Alcohol Content 血液酒精含量）、CFS（Chronological Fatigue Syndrome 慢性疲劳综合征）、DNA（Deoxyribonucleic Acid 脱氧核糖核酸）。

21 世纪是信息社会，是计算机和网络飞速发展的社会，计算机行业中使用零翻译的英语缩略语现象相当普遍。IT（Information Technology 信息技术产业）、DOS（Disc Operating System 磁盘操作系统）、PDA（Personal Digital Assistant 俗称掌上电脑）、WWW（World Wide Web 万维网）、Http（Hypertext Text Transport Protocol 超文本传输协议）；随着社会的高速发展，通信行业的发展也毫不逊色于计算机行业，成为近年来与计算机行业并驾齐驱的行业，出现了 CDMA（Code Distribution Multiple Access 码分多址）、GSM（Global System for Mobile Communication 全球移动通信系统）、GPRS（General Packet Radio Service 整合分包无线服务）、WAP（Wireless Application Protocol 无线应用协议）。

人们日常生活中就能用到的零翻译的英语缩略语也比比皆是：如 WC（Water Closet 洗手间）、MP3（Moving Picture Experts Group Layer Ⅲ）、BBS（Bulletin Board System 电子公告牌）、MV（Music Video 可视歌曲）、D（Disk Jockey 唱片音乐节目广播员）、PK（Play Killer 单挑）。

"零翻译"方法言简意丰，发音省力，符合现代人倾向简洁用语的习惯，但专业性太强的缩略语无法在大众中传播，人们很难理解其真正含义。对于目前"零翻译"缩略语泛滥的现象，跨文化研究者颇有微词，他们认为这是一种变相的文化侵略，要坚决抵制。即便如此，"零翻译"英语缩略词在中国广泛传播的趋势也未能得到阻止。

四　混合翻译法

混合翻译法指在英语缩略语的译语里既有英语字母又有汉字，如服装的型号"L 号"、"M 号"等。混合零翻译在一定程度上可以弥补零翻译方法的弊端，努力做到既简洁又达意的效果。混合翻译的缩略语在使用比例上没有零翻译缩略语那么高，但也存在一定数量。例如：

（1）Beginner's All Symbolic Instruction Code BASIC 初学者通识指导性编码 BASIC 语言

（2）Subscriber Identification Module SIM 用户身份鉴别模件 SIM 卡

（3）Internet Protocol Phone IP – phone 网间协议电话 IP 电话

（4）USB（Universal Serial Bus）Flash Disk U – disk 适用于通用串行总线接口的高容量移动存储设备 U 盘

在对英语缩略的几类翻译方法比较研究中可以发现，意译法是最保守和传统的翻译方法，在国民教育水平较低的年代，意译法是最适合的翻译方法。音译法相对较难，但这是一种具有发明创造性的翻译方法，有时候能够起到一种诙谐的效果。"零翻译"法是最新最流行的一种翻译方法，它具有非常强的行业性和专业性。军事领域和高科技领域的缩略语与人们的日常生活距离较远，普通人一般不会接触这类缩略语，所以也仅限于本行业人员的使用。计算机领域的缩略语本来也具有很强的专业性，但是随着个人电脑的普及，该领域的缩略语逐渐成为人们日常生活中的普通用语。而混合翻译法则是在"零翻译"法基础上发展而成。无论采用哪一种方法，其主旨都是一样的，那就是使译语趋简避繁。①

第四节　科技英语缩略词的翻译

一　科技英语缩略词的构成方式

（一）首字母缩略

（1）用单词或词组的第一个字母（首字母）缩略原词或词组。

例如：G = gram（克）；gauss（高斯）；grid（栅极）；ground（接地）；Geiger counter（盖革计数器）；Q = quality factor（品质因数）。

---

① 杨婷：《浅谈英语缩略语的翻译》，《浙江万里学院学报》2007 年第 5 期。

（2）由两个以上的词构成的词组，把每个词的首字母拼起来缩略原词组。

例如：AC = alternating current（交流电）；analog computer（模拟式计算机）；automatic control（自控）；MOS = metal oxide semiconductor（金属氧化物半导体）。

（3）把多音节的单词或词组分解后，取主要音节的首字母缩略原词或词组。

例如：TV = Television（电视）；EM = electromagnetic（电磁）；electro mechanical（电机）。

（二）词首缩略

（1）去掉单词的词尾部分，只列出词首几个字母缩略原词。例如：lab = laboratory（实验室）；stereo = stereophonic（立体声）。

（2）去掉构成词组的每个单词的词尾，每个单词的词首几个字母组合构成缩略原词组的新词。例如：opamp = operational amplifier（运算放大器）；Fortran = formula translator（公式编译语言）。

（三）部分缩略

（1）以辅音字母开头的单词，用单词的所有或部分辅音字母构成缩略，省略元音字母部分。例如：TRML = terminal（终端）；LNR = linear（线性）。

（2）以元音字母开头的单词，用首字母加上全部或部分辅音字母构成缩略，省略其余部分。例如：asgd = assigned（指定的）；Engrg = Engineering（工程）。

（3）单词或词组首末字母构成缩略，省略中间。例如：QZ = Quartz（石英）；Ltyr = Light year（光年）。

（4）单词首字母与结尾部分构成缩略，或词首部分与末母构成缩略，省略其他部分。例如：RGE = range（量程）；Expt = experiment（实验）。

（四）组合缩略

（1）以字母与数字组合构成缩略。例如：IZL = Integrated Injection Logic（集成注入逻辑）；3E = Energy, Exotic New Materials, Electronic（能源、奇异新材料、电子学）（国外有人把80年代称为3E时代）。

（2）以字母与符号相组合构成缩略。例如：P/O = part of（部分）；I/O = input/output（输入/输出）。

（3）用 & 代替 and 构成缩略。例如：C&C = Computer and Communication（计算机与通信）；R&D = Research and Development（研制与发展）。

（4）用 X 代替某些部分构成缩略。例如：X – conn = cross connection（交叉连接）；X – mitter = transmitter（发射机）。

（五）复合缩略：由两个以上的单词分别缩略后再复合构成新的缩略词

例如：maser = mioro wave amplifier by stimulated emission of radiation（微波量子放大器，脉泽）；compunication = computer communication（计算机通信）。

二　科技英语缩略词的翻译方法

（一）原文照录

目前，在译文中照搬原缩略词的现象已不鲜见。我国书刊已经出现 CCD（电荷耦合器件 Charge coupled device）、VLSI（超大规模集成电路块 very Large Scale integration）、MTBF（平均故障间隔时间 mean time between failures）、UFO（不明真相飞行物 unidentified flying object）等一定数量的英文缩略词汇。这种现象有助于丰富汉语词汇，更为重要的意义是便于科技人员掌握这些词语，有利于学习国外技术，有利于人类的知识共享，而且从长远来看，有利于文字的计算机处理。其实世界上许多国家都已经认识到统一科技术语是个紧迫而又必要的问题，解决途径之一就是照搬原文，实行"拿来主义"。所以，对于初见的缩略词不妨采取原文照录，当其在文章中首次出现时后面用括号加注说明原义即可。

（二）意译

有些缩略词由于已经流行，原词义基本无须注明，可以按照对待科技新词的译法处理。Radar 原意为 Radio detection and ranging（无线电定位与测距），现已音译为"雷达"。Laser 原意为 Light amplification by stimulated emission of radiation（受激光辐射放大器），曾按音译为"莱塞"等，后取意译为"激光"。这样的缩略词一般比较成熟，普遍使用，译名已经约定俗成。还有一种与之类似的亦可归于此类，就是先意译再简化。TRAPATTdiode（trapped Plasma avalanche triggered transit time diode）俘获等离子体雪崩触发俘越时间二极管，简称为"俘越二极管"；opamp（operational amplifier）运算放大器，简称为"运放"。这种译法是原文缩略的汉语翻版。

（三）照录＋意译

有些缩略词原词形冗长复杂，按原意译出极不简练，照搬原文又使读者增加阅读上的困难，于是采用这种折中方式。MOSFET（metal oxide semiconductor field effect transistor）金属氧化物半导体场效应晶体管，中文译名即采取这种中西合璧的方式，译成"MOS 场效应管"。

随着科学技术的发展，专业词汇似有日趋复杂之趋势。这样不仅给记忆带来困难，而且对口述、书写和印刷来说，都不方便。因此，缩略词的大量出现便是势所必然的了。然而，由于缩略词的构成方式多种多样，甚至因人而殊地形成了一缩多义和一义多缩的语言现象，辨识颇费周折；还有些缩略词往往是新词语，相当时期内专业词典甚至缩略语词典亦难以收录，要想借助于词典搞清其词义又办不到。所以，只有掌握缩略词的构成规律，才能提高辨识原词的能力，从而正确无误地进行翻译工作。[①]

第五节　证券英语缩略词的翻译

随着中国证券市场的发展和国际化，证券英语及其缩略语正势不可当地进入中国，广大股民正在分享这一场史无前例的牛市盛宴。从刚开始的上海证券交易所（SSE, Shanghai Stock Exchange）、深圳证券交易所、中国证监会（CS–RC, China Securities Regulatory Commission）到股市常用术语人人皆知。比如：H 股（指在香港上市的股票，HongKong 的第一个字母）、红筹股（RC, Red Chips）、蓝筹股（BC, Blue Chips）、XR（Ex–Right 除权）、XD（Ex–Dividend，除息），DR（Ex–Dividend＋Ex–Right 除权除息），后来又发行了权证，即窝轮（warrant），股民对证券英语缩略词越来越精通，比如最近的招行认沽权证（CMB put warrant），股民一看便知 CMB 的意思是中国招商银行（China Merchants Bank）。个股的缩略语更多，如中国人寿（CLIC, China Life Insurance Company, limited）、吉利汽车（GEELYAUTO）、东北电气（NE ELECTRIC）等等。总之，证券英语缩略语在中国飞速发展，新词汇不断涌现，股民及广大英语工作者必须跟上时

---

① 承肇：《科技英语缩略词的辨识与翻译》，《科学与生活》1982 年第 12 期。

代的脚步。

　　证券英语缩略语和其他专门用途英语（ESP）一样，也具有以下几种类型：（1）首字母缩略词（initialism）；（2）首字母拼音词（acronym）；（3）截短词（clipped word）。

一　音译法

　　音译缩略语是指那些根据英语发音而翻译的外来语。音译法简单易行，在证券英语中获得了广泛的使用。比如，最常见的美国纳斯达克综合指数（NASDAQ）、道琼斯工业指数（DOJONES）、香港恒生指数（Hangseng Index）等等。其中 NASDAQ 英文全称是 National Association of Securities Dealers Automated Quotation。音译法虽然简单可行，但是不能反映其源语的真正含义。比如"权证"，英语是 warrant，音译为"窝轮"就让人匪夷所思，以为是在草窝里转轮盘，还是直接翻译成"权证"为好。还有 QFII，一般把它音译成"寇非"，听起来还以为是敌寇入侵，原来它的含义是合格的境外机构投资者，英文原文是 Qualified Foreign Institutional Investors，知道了英文含义，自然就好理解了。如果一个股民懂英语的话，对他的投资是颇有裨益的。所以翻译证券英语缩略词的时候，要多动脑筋，避免歧义的发生，产生误解，能够做到语音和语义的结合为佳。

二　意译法

　　证券英语缩略语大多采用意译法，就是按照缩略语的语义翻译。如"ST"，原文 Special Treatment，译为"特别处理"，符合中国人的用词习惯。又如"IPO"，英文原文是 Initial Public Offerings，译成汉语为"首次公开发行股票"。采用意译法可以避免音译法不能表达的语义，大部分证券英语缩略语都是用意译法进行翻译。例如：Consumer Price Index（CPI：消费者价格指数）；Earnings Per Share（EPS：每股收益）；Special Treatment（ST：特别处理）；Particular Transfer（PT：特别转让）；Exchange Traded Fund（ETF：交易所交易基金）。

　　在以上例子中可以发现，意译法翻译出来的译语较长，与现代社会的节奏不太相符，人们习惯于简单明了，所以较长的译文不容易被股民接受，比如"ETF"，叫"交易所指数基金"太长。因为其标的为指数，所以习惯上称之为"指数基金"。

三　零翻译法

　　中国经济由于快速与世界经济接轨，股市也日益与世界紧密联系。前不久，美国次级债风波重创了全球股市，中国股市也不能独善其身，连日大跌。中国股民日益成熟，言谈中随意冒出的新词汇比比皆是。比如 LOF（Listed Open - ended Fund，汉语意义为"上市开放式基金"），而 ST、PT、IPO 等在口语几乎不需要翻译股民就非常明白。反之，如果进行了翻译却有点儿画蛇添足。这就是所谓"零翻译"法，也叫不翻译法。零翻译的解释是：原本应该翻译，却由于某些原因不翻译，使得某一语言直接进入另一种语言的方法。

在证券英语中零翻译法大行其道。如 CDR（China Depository Receipt，中国式预托凭证）、MACD（Moving Average Convergence Divergence，即指数平滑移动平均线）、RSI（Relative Strength Index，相对强弱指标）、OBOS（Over bought Over - sold，超买超卖指标）、DMI（Directional Movement Index，趋向指标）、ADL（Advance Decline Line，腾落指数）、ADR（Arise decline Ratio，上涨家数和下跌家数比例）等等。

证券英语零翻译法简单好记，但是非股民公众可能觉得晦涩难懂，可以说有一定的专业性，很难在非股民中传播，人们很难理解其真正含义。可以说"零翻译"法现在已经十分普遍，但是跨文化研究者认为这不是一个好现象，甚至说对民族语言的侵略，因而采取抵制的态度。然而，由于当今中国大牛市方兴未艾，股民开户数与日俱增，ST、PT、IPO 不绝于耳也就不奇怪了。[①]

第六节　金融英语缩略词的翻译

金融英语缩略词可以按照其所属的类型进行翻译：

（1）由单词的第一个字母组成，按照原词翻译。例如：C. = cost（成本），Q. = Quality（质量），p. = page（页），T = Time（时间），F. = Freight（运费）。

（2）由省略几个字母的词组成，按照原词翻译。例如：Div. = dividend（股利），asst. = assistant（助手），Co.，Ltd = Company，Limited（……有限公司），pf = preferred stock（优先股），dept. = department（部

---

① 柯发春：《证券英语缩略语及其翻译》，《中国科技翻译》2008 年第 5 期。

门），rx = foreign Exchange（外汇），Yld = yield（收益）。但必须注意，像 headquarters（总行），television（电视），及 tuberculosis（结核病）等几个词的缩写，虽属于第一种类型，却分别由 HQ、TV、TB 等大写字母组成，因此发音要分别念出每个大写字母。有些度量单位的词也属于这种情况，第二个字母也用大写。例如：KW 即 kilo - watt 或 kilowatts（千瓦），Wt. 是 Weight（重量）的缩写。

（3）由每个实词的第一个字母组成，分别按每个字母代表的原词翻译。如 SDR（Special Drawing Right）特别提款权；IMF（International Monetary Fund）国际货币基金组织；L/C（Letter of credit）信用证；GATT，（General Agreement on Tariffs and Trade）关贸总协定；CD（Certificate of Deposit）存款证；WTO（World Trade Organization）世贸组织，M/T 信汇；DZD 即期汇票；WT 电汇、MP（Member of parliament）国会议员。

（4）由每个词的第一个字母重新构成一个新词，这类缩写被称为头字语（acronym），当作一个单词翻译。例如：BASIC = Beginner's All - purpose Symbolic Instruction Code（初学者通用符号指令代码），译成"计算机语言"，NOW = Negotiable order of withdrawal（可转让提款单，同译）；ARM = Adjusted Rate Mortgage（可调整利息按揭，同译）；EUROMART = European common Market（欧洲共同市场，同译。）

第七节 电脑英语缩略词的翻译

在翻译电脑英语缩略词时，必须先了解其英语全称，翻译的方法可以灵活处理。

一 直译法

直译法的好处很明显，因为冗余新词中每个单词都从某个侧面表述了这个概念的特征，翻译起来浅显易懂。这种译法用得较多，下面再举几例加以说明：DCE 的全称为 Data Communication Equipment，直接译为数据通信设备，BHT：Branch Prediction Table，分支预测表；NC：Network Computer，网络计算机；OCR：Optical Character Recognition，光学字符识别；PC：Personal Computer，个人计算机；VGA：Video Graphics Array，视频图形阵列。

二　意译法

在翻译中，用直译法不能清楚表达意思，就要对冗余新词的意义或功能加以规范和说明，这种从意义上来翻译的方法，叫意译法。例如：3Dnow 是 3D NO waiting 的缩写，只能从意义上来翻译，译成：AMD 公司开发的 SIMD 指令集。意译法要求先了解冗余新词表达的确切意义，再根据汉语习惯组织语言。再举几例：@：at 电子邮件地址标识符号；NU：Norton Utilities，诺顿实用电脑维护工具软件；CSC：Clever Software Corporation，北京科利华教育软件公司开发的一套电脑家教软件；MP3：一种音频压缩格式；AVI：Audio – Video Interactive，一种音频视频信号压缩标准；COD：Cache on Die，芯片内集成缓存；SPD：Serial Presence Detect EEPROM 的一种内码；NI：Non – Intel 非英特尔架构；PCMCIA：Personal Computer Memory Card International Association，一种标准的卡片型扩充接口，多用于笔记本计算机或其他外围产品。

三　音译法

当遇到不可译的情况或者是意译法、直译法都表达不清楚的缩略词时，采用音译。例如：ATA 的全称 Advanced Technology Attachment。如果我们译成"先进技术接口"，这样的翻译只能是一句广告词，不能表达这个专业名词的确切概念。倒不如直接使用英语缩写字符，译成"ATA 接口"。这种缩略词的音译法都夹杂一些英语字母，这些字母读字母音，在翻译时无须把字母译出来，只要在原来字母后加一个说明就可以了。这类音译的例子还有：ESDI：Enhanced Small Drive Interface，ESDI 接口；OLE：Object Linking and Embedding，OLE 技术；AMR：Anisotropic Magneto Resistive，AMR 磁头技术；IDE：Integrated Drive Electronics，IDE 接口，FPMDRAM：Fast Page Mode DRAM，改良型 DRAM；SCSI：Small Computer System Interface，SCSI 接口；HZ：hertz，赫兹。

四　综合法

把上述三种译法综合运用，就能更确切地表达冗余新词的含义。例如：HP：Hewlett Packard，美国惠普公司。用音译法把 Hewlett – Packard 译为"惠普"，同时又采用意译法，加了一个公司名称在后面进行说明。再如：EPA：Environmental Protection Agency，美国环境保护署。EPA 于 1992 年宣布"能源之星"（Energy star）计划，并得到国际社会的积极响应。（直译法 + 意译法）；VC：VisualC + +，高级可视化计算机程序开发 C + +语言

（意译法＋音译法）；RDRAM：Ram bus DRAM，Rambus 公司独立设计完成的动态随机存取内存（音译法＋意译法）；MPEG：Motion Picture Experts Group，运动图像专家组，一种活动图像及其伴音的压缩编码标准（直译法＋意译法）；IE：Internet Explorer，IE 浏览器（音译法＋意译法）。①

① 曾元林：《电脑英语缩略词探讨》，《中国科技翻译》2007 年第 11 期。

第十四章　英语俚语的翻译

第一节　英语俚语简述

英语俚语为高度口语化的极不规范语体，由新词、新词义或某些修辞格构成，具有生动、形象、色彩鲜明、尖刻幽默等特点。也就是说，英语俚语在通行方面和社会承认性方面介于标准词汇、口语词汇与行话、黑话、方言、禁忌语等之间。需要说明的是，各个层次之间的界限并非很明确，通常意义上的英语俚语也包含口语、行话、黑话、方言和禁忌语的一些词。

英语俚语具有以下特点：

一　短小精练

英语俚语按其组成成分分为单字俚语、词组俚语和单句俚语三种。其中以单字俚语为主，其次是词组俚语，它们多是由不同的字词组合或混合而成，单句俚语则属于少数。单字俚语例如 ditch，当你想说离开某个地方，抛弃某人时就可以使用这个词，Let's ditch this place（让我们离开这里）；词组俚语：Hit the point，意为正好满足人们的某一个需求。单句俚语：all his bullet holes is in the front of him，表示勇敢的人。无论是单字的还是词组的，即使是句子，每一个俚语都不会很长，俚语表达特点就在于小词盛大意，这有点像汉语中的成语。

二　生动活泼

英语俚语使用频率高，用法灵活，表意深厚、生动、幽默有独特的表现力。You stress too much, this test will be a no brainer. 这句话中的 no brainer 是说某件事很容易，不需要动脑子就行，这要比直接说 this test is easy for you 显得更生动，更让人体会出这个考试到底有多容易；再如：doggie bag 这个词，就是中文"打包"的意思，原来开始的时候美国人也不好意思承认自己节俭打包，所以就借口说是要喂狗。从中我们不得不感叹俚语带来的幽默和智慧。

三　形象幽默

此类俚语既新奇又生动形象，听来趣味横生，富有幽默感，令人耳目一新。形容"政府要员的丑闻"被称为 Water Gate event（原指"水门事件"）；Wheeler dealer 指"机灵鬼"、"善于交际"；"人才外流"被称作 Brain drain 等。又如，Play hooky 指"逃学"，To come down to brass - tacks 意为"照直说，不要拐弯抹角"；"香烟"被称作 Cancer stick（因为吸烟可以致癌）；"拍马屁"被称作 Apple - polishing；"干活磨洋工"被喻为 Clock watcher. . . 。

四　时效明显

由于俚语的产生和消亡可能具有"高出生"和"高死亡"的特点，对于翻译人员来说，要掌握最为实效、流行的俚语表达难度较大。标准词汇大多由于长期使用，即使包含着生动的意象，也不那么生动新鲜了。用"heavy drinker"或"drunkard"形容嗜酒的人，就显得很平淡；而俚语"bottle - man"就很形象，汉语中对等词为"酒瓶子。"事实上，许多俚语本身就是修辞班，例如，"babbling brook"比喻爱唠叨的女人，"hound dog"用来形容追逐女人成性的色鬼。大量的旧俚语被淘汰或进入标准词汇和口语词汇，新的俚语和旧俚语新义纷纷涌现，只有少数词被保留下来，仍然被看作是俚语，如"one - horse"（意即"small"，源自 one - horse town）产生于 1850 年前后，但其历史也不过一百来年，说不定很快就会被废弃。正是由于俚语的不断变化更新，所以俚语能永久地保持其生动新颖性。

五　粗俗不雅

因为早期的俚语词汇大都来自犯罪团伙和下层社会，以后才逐渐扩大到社会各个亚文化群，现今俚语的主要来源是各种社会职业和亚文化群的行话或隐语，甚至还有不堪入耳的"禁忌语"，因此它的粗俗性可见一斑，例如：Hit the hay（睡觉吧），He is pretty lousy（那人真差劲儿），Have a fag（抽支烟）Look at that chick（瞧那个妞儿）等。此类俚语都是比较粗俗或缺少礼貌的。①

----

① 南玉祥：《简论英语俚语的特点及汉译》，《读与写杂志》2009 年第 8 期。

第二节　英语俚语的翻译策略

一　准确理解原文

理解是翻译的前提，正确的译文是准确理解的结果，没有准确的理解就不可能有准确的译文。如果译者没有透彻地理解作者的意图及原文的意义和风格，译文就不能充分表达原文传载的信息。例如：英语俚语 Bird Woman 和 Smoke Eater 常被人错误地理解为"养鸟的妇女"、"吸烟者"，其实，它们的意思分别是"女飞行员"、"消防队员。"再如，英语俚句 We arrived at the bottom of the hill，we must quit the car and go by hand 曾被错误地理解，翻译为"我们已经到了山脚，必须下车用手爬上去。"事实上，该英语句中的 go by hand 属俚俗词，意为"步行。"

俚语难以辨认和理解的原因还在于俚语本身。首先是因为大部分俚语都是产生出新义的普通词或由普通词变来的。如大学生俚语 Mickey Mouse（易对付的课）和 A Big Moment（心上人/心肝宝贝）常被粗心的译者误作普通词译成"米老鼠"、"一个重要时刻"。俚语难以理解的另外一个原因是因为有些俚语是通过某些修辞手段（如暗语、委婉语、夸张等）如 To have a bun in one's oven 和"豆"及"灶/炉"没有任何关系，它的意义不能从几个词的简单意义组合中去推断，它的汉语对等词为"有了/有喜了/怀毛毛了。"再读英语 Since his wife left hits，he had gone to the dogs and spent his tithe in dirty bars. 一句中的"go to the dogs"属俚语，意为"道德败坏"，"自他妻子离去后，他道德败坏，常在酒吧鬼混。"

二　再现原文特色

要准确传达英语俚语的精神，仅准确理解原文的意义还不够，译者还必须把握使用者的动机、语调、情感因素以及上述诸因素在读者身上所产生的效果。和日常词不同，俚语本身总带有某种色彩。除去这些色彩，俚语就不是我们所期望的俚语了。因而，要充分表达原文传载的信息，除了要准确理解其意义外，译者还必须把握俚语本身所独有的特色。

例如：英语词组 without a hog in one's jean 和 penniless 的俚语表达法。尽管这两种表达法意思基本一样，但它们分属不同的语域，前者具有后者所没有的特色。共核词 penniless 听起来正规、平板，常让人联想起说话者的垂头丧气，而俚语表达法 without a hog in one's jean 却透出说话者的机智和幽默。

揭示俚语使用者的动机及蕴涵其中的情感色彩在传达俚语所蕴涵的特色方面起重要作用。例如：在翻译俚语语句"That chick is my sister"，译者要对"chick"一词加以推敲，该词和家畜"小鸡"没有任何关系，它在这里的意思是"女孩儿。"说话者选用"chick"而不用"girl"，一方面想显示其对其妹的喜爱和拥有她的骄傲，另一面也显示其语言很时髦。如果我们把该句译成"那女孩儿是我妹妹"。原文的风格特色就消失殆尽了。笔者认为译成"那妞是我老妹"比较贴切。因为在中文里"妞"和"老妹"均属俚语俗词，常为年轻人所用，该译文不仅揭示了俚语使用者的动机——赶时髦，也充分表达了说话者对其妹的喜爱之情。

再如英语句子 I hope I'll kick the bucket before I am as old as grandfather 中的词组 to kick the bucket 属俚语俗语，意为 to die，众所周知，死是一个不愉快的话题，为了避免这种不愉快，说话者选用了俚俗语表达法，从而使话题显得轻松些。

三　再现说话者的个性

"个性"一词在此有两层意义。一指每个俚语都带有一定的地域或职业特点，也就是说俚语是说话人所从事的职业或所处地域标志之一。另一意思为同一个俚语的色彩因其使用者和语境的不同而不同。在译文中，译者应充分再现俚语使用者的个性及差异。如在 J. D. Salinger 所著的反映美国"迷惘的一代"年轻人情绪的小说《麦田里的守望者》中，作者使用了大量的俚语来塑造人物。其主要角色 Holder 在其自述和与其同学的谈话中使用了大量的俚语如 "damn. Hell. dough. Knockout"，这些粗俗俚语反映了他爱赶时髦的心理以及他内心世界的纷乱和对现实的不满。在翻译时，译者应借助这些俚语充分再现人物的个性特点。

例如："It cost him damn near four hundred bucks. He's got a lot of dough now. He didn't use to" 这几个句子反映了 Holden 和他的同代人的语言风格：简单、短小、粗俗的词构成富有表达力的简单句。比较以下两个译文：(1) "那车花去近四千块，最近他十分有钱"。就意义而言，译文算得上忠实原文。但从语气方面，译文就算不上忠实原文。(2) "那车差不多花了他四千块，最近他'肥'的很，以往他可不"。这样在语气、情态及意义上更贴近原文。

即使是同一个俚语，其色彩也因使用者的不同而不同，译者在翻译时应及时加以调整以使言符其人。例如俚语表达法 go to west 可以译为"一命归西/升天/见阎王/上西天"等，如果该词语出自一个基督教之日，我们应该将其译为"升天"，因为升天是基督徒死后的归宿之一。假如该词出自信佛的善男信女之日，译为"一命归西"更妥当。假如出自一个未受过教育的人或匪徒之日，译为"见阎王/上西天"较妥。

四　符合时代的特点

俚语的翻译应反映某个特定时代的语言特征。不同历史时期的语言有不同的风格特点，俚语的翻译也应反映这一特点。比如，翻译莎剧时就不应该用现代词汇，同样我们在翻译现代小说如《麦田里的守望者》或《卖花女》时就不该用古汉语词汇，除非原文原本如此。以俚语词 dough 为例，该词作为俚语出现以来已经历了几个世纪，而且现今依然作为俚语在使用。显然，翻译时不能笼统地译为"银子/银两"，若是出现在 J. D. Salinger 的小说里，不妨译为"钞票/款子/票子"或其他现代词。再如英语俚语句 He is a big cheese. He owns 5 restaurants, 2 hotels and 3 bowling clubs. 表现的是现代生活，译文应符合现代语言特点。译为："他是个大款，他开了五家饭店，两家旅馆和三个保龄球馆。"简言之，俚语的翻译应反映某个时代的语言特色。①

第三节　英语俚语的翻译方法

一　音译（transliteration）

当翻译俚语找不到汉语的确切的对应词解释的时候，通常其发音来代替。比如英语俚语中 salon, hacker, cool, Hippies and Yuppies 分别被音译为沙龙、黑客、酷、嬉皮士和雅皮士。值得提出的是，并不是所有俚语都可以音译，只要能找到其他翻译的对应形式，我们尽量避免音译，以免给人们造成理解困惑。

二　直译（literal translation）

请看下面的英语俚语，就可以用直译的方法把源语的语意转换过来并

---

① 郝瑞英：《英语俚语及其汉译》，《牡丹江大学学报》2007 年第 3 期。

不失其原有的特点：one track – minded（单轨思维，一根筋儿）；something weighs heavily on one's mind（某些事情重压在某人心头，心事重重）；No Way（没门！）英语俚语中有大量的幽默和暗喻修辞方式，采用直译的方法，增加语言的趣味性，促进语言的多样化，同时中文也进口了丰富的新词汇。例如 Honey Moon，就直译成"蜜月"；dark horse，黑马；Homer sometimes nods，可以转意为我们大家熟悉的中文说法"智者千虑，必有一失"。但是如果直译为"荷马也有打盹的时候"，就会更有意思，更有新鲜感，同时也忠于了源语言的文化特色和语言表达风格。

三 意译（free translation）

英语中有许多具有丰富文化内涵和表现力的俚语，有时也常常和字面意思貌合神离，所以对于这些俚语我们不能望文生义，词不达意，选择意译是比较恰当的翻译方法。例如，英语俚语中有这样一句话"Don't pull my leg"。如果直译的话就是"请不要拖我的腿"。实际其真正含义是"别跟我开玩笑"。在这种情况下我们必须采用意译，忠实地传达源语的意义，不能只注重源语的形式。因此，我们可以看到直译和意译是两种互补的翻译方式，当直译不能传达源语的真实意思的时候，就有必要选择意译。例如：How can you trust him? Do you know that he always sits on the fence and falls on the side of the stronger? 外国人在形容立场不坚定、看风使舵的人时，用的是 sit on the fence（坐在篱笆上）或者 straddle the fence（骑在篱笆上）。此语的来源大概是：外国人的宅子大多是用篱笆围起来的，而中国人的宅子一般是用墙围起来的。在汉语言思维中，我们用"墙头草，两边倒"来形容英文中的 sit on the fence，这是符合中国传统文化思维的翻译。

再如：When the cat is away, the mice will play 老鼠和猫是天生的冤家对头，这句直译为"猫不在了，就是老鼠的天下了"。在中文传统文化中，有一个对应的说法"山中无老虎，猴子称霸王"，意思是指"当权者不在了，下属就可以横行了"。

从上面两个例子我们可以看到，在表达相同喻意时，由于中英文之间存在着文化差异（culture gap），中文和英文采用了不同文化表达力一式，源语言的文化现象和目的语的文化习惯发生了碰撞，我们可以用目的语的语言和文化表达习惯来意译，这是从读者的角度出发，选择使用了读者熟悉的文化背景，这样更有利于传播源语言要表达的信息，使读者更容易理解接受。

四 引申翻译 (Extending)

"引申翻译是在双语转换中将源语言的词义加以延伸。延伸的基本作用机制通常是出于与目的语搭配或表达习惯吻合，也可能是出于适用语境的需要"（刘必庆，新编当代翻译理论，p. 199）。引申翻译需要考虑俚语所处的语境，结合上下文根据词语的基本语义进行合理引申。例如：

A. Thanks for helping me put out the food, I hope this is enough of a spread for the Super Bowl parry.

B：Yes, that is quite a spread, check this out, French fried potatoes, peanut, salad, bear, soft drink Spread 本意是指传播，散布，在这里被引申为足够大家吃的食物。如果生硬地采用原意翻译，会给译文添加更多不可译性的障碍。采用引申译法，可以让译文读起来通畅，也能忠实于原文语义。

五 还原翻译 (回译) (back translation)

"回译"也是翻译实践的一项重要策略，是指将翻译好的译文由译者在将其翻译回原文，即译出语变成译入语。有些英语俚语是从中国汉语中借入的，在翻译此类俚语我们可以采取回译的手法。比如"To save face, he accept it"。在这里，我们可以直接翻译为"顾全面子"。又如"John has got a yen for alcohol"。我们可以直接回译为"约翰上了酒瘾"。

再看下面的例子：美国人把电脑上配备的额外功能称为 Bells and whistles，用来比作 DVD 播放器和超宽屏幕。如果直接就把它翻译成"铃铛和哨子"，读者就不知译者所说的是什么了。再比如：rocket science，美国人诙谐地把很难弄懂的事情比喻成"rocket science"。

六 注释翻译 (annotation)

翻译俚语时常会遇见的译语中没有对等表达的文化色彩，这时可在保留洋味的同时，采取译文加注以使读者进一步理解源语，可以弥补直译所带来的缺失，把文化真正的含义传达给读者，避免给读者留下谜团。比如"This task is duck soup to me"，我们直译为"这件事对我来说就是煮鸭汤。"这个译文看似翻译得对照工整，却容易让读者一头雾水，不知所以然。这种情况下，我们可以在翻译后面加上注释"duck soup 是指轻而易举、毫不费力的事情"。又如，"I would like to go to John Bull for further study"。译者可以直译为我想去约翰牛继续深造，并加上注释：英国人和狗的关系非常密切，特别是斗牛犬（bull dog）。18 世纪初，作家兼御医 Dr. Arbuthnot 写了一本《约翰牛传》（*The History of John Bull*），主张英、法和平相处，书中主角的名字就叫作 John Bull，作者用他来代表英国，John Bull 成了英国和英国人的代名词。读者在理解译文的意思同时也了解了源语文化。

例如：When the boss was asking who had disclosed the news，the two of them began to pass the buck to each other. 此句中的单词 buck 是玩扑克时庄家的标志。据说美国总统杜鲁门有一段著名的逸闻：他按照"从庄家往下轮"的打法，把写有 The buck stops here 字样的木牌放置到自己的案头，其含义是：庄家标志在这里停住。后来人们把 pass the buck 转喻为"推卸责任"。译者通过解释 passthe buck 的由来，保留了源语言的本土特色。

再如：the apple of someone's eye. 这个眼睛里面怎么会有"apple 苹果"？中国人不能理解其中的意思。此语出自《圣经·旧约》，古人把 apple 视为眼睛的瞳孔，而把某人视为自己瞳孔的意思当然不言而喻，可以翻译成汉语中的"掌上明珠"。尽管瞳孔的现在用法是 pupil，而不再是 apple，但这一用法一直延续至今。

七　同步翻译

"同步"是指源语言与目的语的语法结构和语义结构基本相同的时候可以采用顺译式完成两种语言之间的转换。在翻译过程中，我们会发现汉英语法结构上的不协调多见于中心语与修饰语摆放位置不同，中文习惯将修饰语放在中心语的前面，而英文则采用从句、各类分词或短语的形式放置在中心语的后面来修饰中心词，但从总体上讲，汉英语法结构上是互通的。面对这种问题，我们可以采用切分的方法避开汉英语序上的这种互逆现象。

同步翻译法并不适用于存在文化差异的俚语翻译中。例如 Don't put eggs in one basket：不要把鸡蛋放在同一个篮子里（不要在一棵树上吊死）。再如：Put your best foot forward 抬脚迈好步（尽力做好）。①

第四节　商务英语中俚语的翻译

随着语言的不断变化和发展，原先局限于某一阶层的俚语，现已被越来越多的人接受。它不仅在日常生活中，而且在越来越频繁的商务活动中

---

① 郭蕊、孙群：《论英语俚语翻译策略》，《辽宁经济管理干部学院》2011 年第 3 期。

普遍使用。商务英语作为特殊用途英语的一个分支，具有其独特的社会语言背景及内涵，加之俚语难以辨认和理解，其译语很难充分传达原文语言的信息，从而影响交流。尤其对于一个从事商务活动的人，如果不能很好地理解俚语，那么在商务活动中，尤其是在重要的贸易洽谈中，将会处于非常被动的地位，甚至会影响生意的成败。所以，商务英语中俚语的风格和翻译的研究是一个值得探讨的重要课题。

俚语是一种不拘礼节的非正式语言，它能够给交际双方带来熟悉随便的气氛，从而便于互相接近和消除隔阂，拉近交际双方的距离，容易产生共鸣，从而有利于交际目的的实现。而且俚语的使用可表明使用者是特定人群中的一个完全合格的成员，这样在交际者之间产生一种增强感情的凝聚力，这对从事商务交际的人都有益。例如在市场营销过程中采用这种交际方式就会让经商者彼此感到拉近了距离：Buddy, how long have you been in the biz? 兄弟（伙计），你做这个生意做了多久了？Are you fit? 你准备好了吗？

在商务交流中通过这些俚语的使用，增进了亲密和亲昵感，因为它使说话人有可能降低话语的基调，和同伴平等，轻松地交往。比如把美国的IBM 电脑公司用"Big Blue"表示；而纽约证券交易所用"Big Board"表示。blue chip 原指"扑克牌游戏中代表大数值的蓝色筹码"，商务用语则表示"由殷实可靠的公司发行的值钱而热门的股票"；pick up the check 则表示"买单"；front money 指"预付款，订购货款"。be on the ball 意为"机警的，机灵的，精明的"：She must be on the ball, or a lady cannot usually head a department. 她这人一定很精明，不然不可能成为一个部门的头。

在贸易洽谈中人们使用以下俚语：As I was about to say, I move that we table the discussion until our next meeting when everyone is present. 我建议将讨论推迟到下次每个人都参加会议时再进行。句子中"move"不表示"移动"，而表示"建议"，table the discussion 表示"推迟讨论"。除了用 negotiate 表示"洽谈"外，还可用 batter, hammer out a deal, wheel and deal 等来表示。当双方谈到价格时，一般除了用"knock down the price"来表示"压低价格"外，还可用 come down, dicker 来表示。如 Can you come down a little? 你能再降低一点价格吗？We spent an hour dickering over the price he charged us. 我们花了整整一个小时来降低他的要价。

　　此外，俚语还经常使用委婉语的表达手法来掩饰美化，避免粗俗。如 fold 表示"失败，企业倒闭或停业"：You must also know that the market keeps changing. You have to think.

　　twice about that or you will fold. 你一定知道市场是在不断变化的，你对此事最好三思，否则你会失败。As for the bid, we did not make it. 我们没能中标。把"stuff and nonsense"中的后两词省去，单用 tuff 指"胡说八道"。这种体谅交际对象的做法，可使感情色彩更加鲜明丰富，从而更能收到传情达意的有力效果。同时也体现了说话者的较高的文化修养和较强的驾驭语言的能力。

　　有些俚语是通过隐喻等修辞手法，用一些简单易懂、生动滑稽的具体事物形象，来表意传情，令人回味无穷。具体事物包括动物、日常用品、人体、人名、颜色、食品等。如：

　　(1) cash "现金"，cow "奶牛"放在一起，则表示"慷慨资助的大财源"。But all this leaves the New Republic Inc. without a cash cow. 可是这么一来却使新共和股份公司财源尽失。

　　(2) green mail 指"讹诈某公司以获利的一种手段"，即在股票市场买进某公司的大量股票然后溢价返还给该公司获利，给该公司的回敬条件是答应不并购该公司：But Wall Street analysts agreed that CBS was unlikely to consider such action, since it amounts to green mail. 但是华尔街的分析家认为，哥伦比亚广播公司无意采取这种行动，因为这等于为了防止兼并要高价买进股票。

　　(3) lemon 指"次品"或"不中用的东西"：The radio I bought turned out to be a lemon. 我买的收音机原来是个次品。

　　(4) have one's ticket punched 的字面意思是"自己的票被打了孔"，引申指"有做某事的合法资格或权利"：You do not have your ticket punched for selling medicine. 你没有销售药材的准营证。

　　(5) the army game 直译为"部队游戏"。此语指"骗局"，大概源于部队所从事的战争包括许多不同的战术，其战术又在很大程度上包含着各种阴谋诡计：I wanted her to know that many managers nowadays play the army game not only with their business counterparts, but also with their girl employees. 我想让她明白，现在许多经理不仅对他们的生意伙伴设骗局，而且还给女性雇员设骗局。

这些隐喻形象，风姿各异，妙趣横生，所达到的诙谐幽默的效果能使严肃紧张的商务活动的气氛活跃起来，能创造良好的商务活动氛围。

俚语的使用可以使人们摆脱沉闷单调的文体，摒弃平淡无奇的词语，破除语言中枯燥乏味的常规惯例。让使用者有一种时代感，新颖别致，信息灵通。我们可以举出很多例子来说明俚语追求新颖的风格。如一般公司职员称呼他们的经理或主管为 chief 或 head，为了别具一格而造出 mucky - muck（大人物，尤指自负的，不愁吃喝的大人物），big shot，big wheel，big whig，有时将男性老板称为 Mr. Big，将女性老板称为 Queen Bee。解雇某人，用 dismiss 似嫌陈旧，就代之以 give someone the gate，give someone the air。

为求标新立异，有些俚语则把原词截短，把一个短语缩为一个词，如 E - mail（electronic mail）"电子邮件"，FedEx（Federal Express）"快递"，biz（business）"生意"，ad（advertisement）"广告"，fax（facsimile transmission）"传真"，advideo（advertisement television video）"电视录像广告"，informercial（information + commercial）商业信息片，指"带有介绍信息且兼有广告作用的电视片"，片长 3 分钟至 60 分钟不等。此外，clutter 表示"在电视上反反复复不停播放的电视广告系列"，blurb 指"推荐广告"。更有创意的是倒读俚语（back slang）。这类俚语是有意把意指词倒读成另一个词，如 tekram 指 market"市场"，nam 指 man"人"。这些新颖简单的用词，可加快信息传递速度，提高效率。

第五节　导游英语中俚语的翻译

导游在接待外国游客时，要和他们进行大量的语言交流，这个过程中不可避免地要接触到外宾的俚语运用，有些导游在讲解过程中也会用一点儿俚语，借以活跃气氛。英语俚语在导游语言中的应用应考虑到两方面的因素：场合和对象。在庄重正式的场合，面对上级、长辈、贵宾时，要慎用或不用俚语。在非正式场合，只要掌握好尺度，使用得体，俚语可以帮助活跃气氛、拉近与客人之间的距离。但要指出的是，因为英语不是我们的母语，我们的语言环境又受到很大限制，因此想准确地掌握使用俚语是有一定难度的，再加上俚语本身的发展速度很快，一些词语现在和以前的意思也会发生些许改变，还有一些俚语已经过时，对于导游而言，要记住"俚语词汇的受欢迎程度并不特别长久，只有在确定它们尚未过时的情况下才能使用"。

导游讲解是一种口头文学。导游翻译也要讲究贴切、优美、准确地表情达意。在这个过程中，适当地选用一些风趣幽默的俚语，可以给游客一种亲切舒服的感觉。例如：

（1）This is really a tip – top restaurant. （tip – top 意为"第一流的"）；

（2）My legs are killing me. （我走得非常累了）；

（3）That guide is a hip. （夸奖导游"懂得很多"）；

（4）She carries a lot of weight. （她说话很有分量）；

（5）We've got a nice set up here. （set up 指的是"客房设施"）；

（6）It is our cup of tea. （这是我们的风俗习惯）；

（7）This is the main drag of the city. （"main drag"是指"闹市区"）；

（8）It is a drag to catch an early morning train. （意思是说：起早赶火车"很讨厌"）。

美式英语中的俚语非常多，比如说：

（1）It's a far cry from the airport to our hotel. 从机场到饭店路很远。

（2）The bus is quite a pain. 这车坐着真难受。

（3）It's getting late. We'd better be off. 太晚了，我们该走了。

还有一些像 come down in sheets 整片整片地下（倾盆大雨），the story of week（重要新闻），duck soup（小菜一碟），bear fruit（产生效果），follow your nose（朝前走），stick in the mud（反应迟钝的人），Let's get a bite（去吃点东西吧）等等，都是导游经常听到的俚语。①

第六节　英语俚语中委婉语的翻译

委婉语在俚语中所占的比重是比较大的。委婉语的出现，往往是生活中人们交往时，出现使人难堪、令人难以启齿或易伤感情的场合，人们有意识回避直接触及，而是采用比较温和、文雅而又形象的语词，曲折地表

① 杨芳：《商务英语中俚语的风格及翻译》，《上海科技翻译》2004 年第 1 期。

达出自己的观点、看法和情感。这种表达方式，在汉语中也是经常碰到的，而且有时中英文对于同一语义有着极相同或相似的表达方式。因而在进行英汉互译时，可作同等的翻译。例如对于 die（死亡），英语俚语就有许多与汉语相似的表达方式：

（1）to go to sleep 长眠

（2）to be no more 没有了、不在了

（3）to close one's eyes 闭眼、闭目

（4）to log down one's life 献身

（5）to expire 逝世

（6）to pass away 与世长辞

（7）to end one's day 寿终正寝

（8）to breathe one's last 咽气

（9）to go west 命赴黄泉

（10）to pay the debt of nature 了结尘缘

英语中 pregnant 和汉语的"怀孕"的概念常常跟 sex（性）的概念有联系，因此，人们往往用委婉的方式来表达这一概念。可是英汉两种语言就这一概念的表达，形象并不全然一致。比如：（1）She is five months gone（她已有五个月的喜了，不能译成"她已经走了五个月"）。（2）to wear the apron high（如译成"围兜系的高高的"，肯定没几个中国读者联想到"怀孕"）。（3）to be a delicate condition（妇女怀孕，的确是处于"碰不起的状态"，可汉语不这么说）。（4）a lady – in waiting（指孕妇，很形象。因为孕妇总是在迫切地等待着小生命的出世）。汉语中有不少关于怀孕的委婉语，如有喜、有身、怀身、身重、梦兰、征兰、身怀六甲等。这些虽同英语里的在形象上并不一致，但我们不妨可用它们来翻译。有一条英语委婉语倒和汉语的说法相似，那就是 a mother – to – be（一个将要做母亲的人）。

英语和汉语中的"厕所"和"上厕所"一般也用委婉语。Latrine 是指成沟形或坑形的"公共厕所"，而 Ladies'（Room），Men's（Room），是"女厕所"、"男厕所"最常用的委婉语。Bathroom 和 toilet 相当于"盥洗室"，都指厕所。WC 是指有抽水马桶的盥洗室，是欧洲人用来称厕所的最普遍的委婉语。应该说，女厕所的一些表达是最委婉的了，如 dressing room（更衣室），powder room（化妆室）。关于"上厕所"也有多种委

婉的说法。在同人交谈时，可以问：May I go to the bathroom please? May I wash hands? 在别人家里或单位，可以问：May I use the facilities? 或 Where's the restroom? 在随便的朋友和熟人间，可幽默地说：I'm going to do my business. 或 I have to pay a call. 根据具体情况，可选用汉语里的委婉语来翻译，如去洗个手、方便一下、解手等。[①]

第七节　英语俚语中赌咒语的翻译

在英汉两种语言里，都有用诅咒、发誓、祈愿来表示强调、憎恨、不满、希望等现象。赌咒中常使用天堂、地狱、上帝、鬼等词，也有诅咒别人死亡的方式，如下地狱等。但这些赌咒词往往不表示字面意思，要根据不同的文化和语言习惯进行意译。比如：

（1）damn（原意为"上帝降罚"）

①I will be damned if I do. 我要干这事，就不是人！

②God damn you! 该死的！

③Damn it! 该死的！他妈的！糟了！

（2）hell（原意为"地狱""阴间"）

①Oh，hell! I've missed the last train. 真该死！我没赶上末班车。

②No need to worry, to hell with all this. 不必操心，让这一切都见鬼去吧。

③Get the hell out of here! 快滚开！

（3）bloody（原意为"血淋淋的"）

① You bloody fool! 你这个该死的蠢货！

②He is a bloody character. 他是个讨厌的家伙。

③It's a bloody shame! 真是太丢脸！

汉语里几条常见的诅咒语也能在英语里找到对等的词语。例如：该死的！（Damn you!）；见鬼去吧！（To hell with you!）；不得好死！（Hang you!）。

但是，值得注意的是，赌咒词语所表达的含义，往往不是其字面意

---

① 赵立无:《浅析英语俚语的特点及翻译技巧》,《当代教育论坛》2010 年第 7 期。

思。因此，在翻译时应采用意译的方式。在翻译的过程中，既要保留其原来的意思，也要根据中外不同的文化背景和语言习惯，进行翻译上的调整，使其更符合本国人的习惯。从以下实例中，可以窥其翻译中对原俚语的调整。

（1）devil（原意为"魔鬼"、"恶魔"）

①You can go to the devil. 你可以滚蛋啦！

②The devil takes it! 糟糕！该死！

③The devil he is honest! 他要是诚实那才怪哩！

（2）hell（原意为"地狱"、"阴间"）

①Oh! hell! I, Vemis6edthelasttrain. 真该死，我没赶上末班火车。

②This is a hell of a place. 这个鬼地方！

③No need to worry; to hell with all this. 不必担心，让这一切统统见鬼去吧！①

第八节　英语俚语中粗俗语的翻译

粗俗语一般是指侮辱性的、不堪入耳的粗暴词语，它的实际意思并不是其字面所表达的意思。它的目的是用粗俗的词语来发泄自己的不满、烦恼、气愤、惊奇及蔑视和抗议等激烈的情绪。这些词往往同性或性器官有关系，可其实际意思并不是其字面意思。因此，翻译粗俗语时尤其要小心。

常用的粗俗词语有：fuck、screw（性交），bugger（鸡奸），crap（粪便），bastard（私生子）等。上述词语用在粗俗语中没有一个是表示原意的，在翻译时必须采用意译。

请看下面例子：

（1）Oh, fuck! I've lost the address. 哦，见鬼！我把地址给丢了。

（2）Don't talk crap! 不要胡说八道！

（3）Don't talk shit（crap）! 不要胡说八道！（满嘴喷粪）

（4）I feel shit, why will she say that? 我觉得——真见鬼——她为什

---

① 赵杨飏：《浅析英语俚语及其翻译方法》，《开封教育学院学报》1997 年第 4 期。

么要说那个呢?

（5）"Can I have a word with you?" — "Sod off!" "我能和你说句话吗?" ——"滚!"

俚语往往来源于日常老百姓的口头表达,是体现某种文化的最为直接的载体,深受不同因素的影响。人们在跨文化交际或英语翻译中需要对俚语有深刻的理解与掌握,这对人们做到全面学习同时也真正了解说英语的民族,尤其是俚语的学习和翻译能起到很大的作用,更能有效地帮助实现成功的跨文化交际。

第十五章　英语新词的翻译

第一节　英语新词简述

Webster's New World Dictionary 对新词语 neologism 作以下解释：（1）a new word or a new meaning for an established word；（2）the use of，or the practice of creating，new words or new meanings for established words. 根据第一款意义，新词语有两层意思：一是指随着社会的发展而出现的新词语；二是指旧词在语言发展过程中衍生出的新义和新用法。第二款意义指的是新词创造及使用，旧词新意的形成和用法。一般来说，新词新语是要有时间和范围限制的，必须是在近期内产生或者被吸收到英语词汇中来的词语。它应包含三个要件：一是从时间上来说，这个词语，必须是最近产生的，一般来说时间应限定在近几年或近几十年以内；二是必须是被权威英语词典吸收到词典中来的词语；三是那些原有的词语，因社会发展，他们增加了新的词义或意义发生转移且被约定俗成。①

第二次世界大战后，英语进入一个迅速发展变化的阶段。这种发展与人类社会的发展息息相关。语言作为社会产物和文化载体，必然折射出社会进程。这段时期，英语的语音、语法和词汇都有变化，其中尤以词汇发展最引人注目。词汇的发展很大程度上以新词的形式展现。当人们有了新发现或发明创造，制造出新产品，遇到新问题，总结新经验，提出新观点时，就需用新语汇表达和描述。近几十年，科学技术迅猛发展，新兴学科层出不穷，人类知识的更新愈益加快。各种高新技术、边缘学科的出现与

---

① 徐昌和：《英语新词新语翻译的原则和方法》，《浙江海洋学院学报》（人文社会科学版）2009 年第 3 期。

发展极大丰富了人类的知识宝库，同时也造就了许多英语新词。

　　每当一种新技术从萌芽阶段发展到一定程度时，必然会有大量新词随之出现。起初，这些新词大部分是该新技术领域的专用词汇，一般不为外行人知晓，只有专业词典汇编才会收录。但随着该学科技术的发展成熟与广泛应用，这些新词中将有相当部分为普通老百姓所了解甚至熟悉，逐渐成为大众常用语汇中的一部分。

　　例如，美国杜邦公司美英两国科学家在 20 世纪 30 年代发明了世界上第一种成功开发的合成纤维——nylon（尼龙）。nylon 一词由 New York 的缩写 Ny 与 London 的 Lon 拼缀而成，是一个完全生造的词。但不久随着尼龙丝袜的大量上市和各种尼龙制品的普及，人们对 nylon 不再陌生，nylon 也成为家喻户晓的常用词。Penicillin（盘尼西林、青霉素），hormone（荷尔蒙、激素），vitamin（维他命、维生素），green house effect（温室效应），ecocatastrophe（生态灾难），cellular phone（携带式移动电话、大哥大）等词亦是如此。刚问世时只流传于专业研究人员之口，或仅出现在一些研究报告和学术著作里。随着社会发展和科技知识的推广普及，这些词逐渐成为人们的日常用语。①

　　英语新词的构成分以下几种：

一　合成法（composition）

　　合成法是指把两个或两个以上的词按照一定的次序联结起来构成新词的，用这种方法构成的词叫作合成词。合成法是英语中最常用、最简单的构词法，合成词在英语新词中占的比例最大，词例俯拾即是。如 think tank（思想库），generation gap（代沟）；culture gap（文化差异）；sandwich generation（三明治式的一代，夹心的一代即指上有老下有小都要照顾的一代人）；bird flu（禽流感）；silicon valley（硅谷）；silicon fen（硅泽）；gender gap（性别歧视）；summer time（夏令时）；test – tube baby（试管婴儿）；brain – drain（人才外流）；summit meeting（峰会）；mad cow disease（疯牛病）；bachelor mother（单身母亲）；drug trafficking（贩毒）；white pollution（白色污染）；laid – off worker（下岗工人）；Three Represents（三个代表）；knowledge economy（知识经济）；Three Gorges Project（三峡工程）；Big Mac index（"巨无霸"指数）；bridge job（完全

_____

①　吴念：《英语新词与科技进步》，《重庆大学学报》（社会科学版）1998 年第 1 期。

退休前的过渡性工作）；long time no see（好久不见）；material progress
（物质文明）；intellectual and ideological development（精神文明）；five ad-
vocating, four points of beauty and three aspects of love（五讲四美三热
爱）等。

二 拼缀法（blending）

拼缀法实际上是截短法（clipping）和合成法（composition）的组合，
即对原有的两个或两个以上词进行剪裁，取舍其中的首部或尾部，或保持
一个词的原形取另一个词或两个的一部分组成一个新词。这种构词法构成
的新词生动、简洁，因而已成为当代英语中一种经常使用的构词手段。例
如 Unabomber 一词，词典上是查不到的，它是由 university, airlines, bomber
缀合而成，其意思是"以大学和航空公司为目标的邮件炸弹杀手"，而不能
翻译成"邮件杀手，大学制弹人"等。再如：infonomics（information + e-
conomics 信息经济学）；Afropean（Africa European 欧洲化的非洲人）；
greentech（green + technology 绿色技术）；comsat（communication + satel-
lite 通信卫星）；lunarnaut（lunar + astronaut 登月宇宙航行员）；Chinglish
（Chinese + English 汉式英语）；maffluent（mass + affluent 共同富裕体）；
eatertainment（eat + entertainment 边吃饭边看表演的地方）；fazine（fan +
magazine 科学幻想杂志）；e – mail（electronic + mail 电子邮件）；e – cash
（electronic + cash 电子付款）；e – zine（electronic + magazine 电子杂志）
等等。

三 转换法（conversion）

转换法也叫零位后缀派生法（derivation by zero suffix），即一种词类
加上零形式词缀转化为另一种词类来构成新词。转换法是英语中一种构词
能力十分强的构词法，它是动词构词的主要方法之一。在现代英语中，任
何名词几乎都可以通过这种方法构成动词，只要这个名词不曾派生出相应
的动词。例如：telephone（电话）派生出 to telephone（打电话）；也可以
由动词构成名词，例如：to plane（飞行）派生出 plane（飞机）。再比如，
The mayor tried to Richard Nixon the tapes of the meeting.（那位市长极力掩
盖真相，抹去会议录音。）这个例句中 Richard Nixon 原为美国前总统尼克
松，1972 年因水门事件（water – gate）被迫辞职，其名字也很快被新闻
界分别用作贬义动词，其意为"极力掩盖……真相，或抹去……的录
音"。

四　缩略法（shortening）

缩略法是现代英语一种主要的构词手段，共分为两种：一种是截短法（clipping），即把一个词或一个词组中的部分字母删掉而构成新词。如 ad（advertisement，广告），homo（homosexuality，同性恋）。另一种是首字母缩写法（acronymy），就是将词组中主要词的首字母连成一新词，通过这种方法构成的新词，一般情况下每个首字母都要大写，如 PK（player killing 对决、比拼）；PC（personal computer，个人电脑）；SARS（severe active respiratory syndrome，非典即非典型肺炎）；CALL（computer – aided language learning，计算机辅助语言学习）；B2B（business to business，公司对公司）；EU（European Union，欧盟）；CEO（chief executive officer，首席执行官）等。

五　派生法（derivation）

派生法也叫词缀法（affixation），这种方法主要借助语法形位，通过添加或变换词缀而构成新词。派生法是一种"能产型"的重要构词法，它创造了大量的英语新词。例如因水门事件后出现的后缀 – gate，加上 zip（拉链）就构成了 zip gate（拉链门即指克林顿的性丑闻）；anti – Chen（倒扁指反对陈水扁），antifreeze（抗冻剂）；post – feminism（后女权运动），unsend（取消已从网络上送出的信息），healthism（健康至上），Chino logy（中国学），globalization（全球化），ecoconscience（生态意识），cyber culture（网络文化）等。再比如后缀 " – speak"，它本来不是英语中固有的构词成分。因美国作家 George Orwell 在他的著名政治讽刺小说 *Nineteen Eight – Four* 里创造了一个新词即 newspeak。他把束缚人的思想，内容空洞的政治、新闻套语叫作 newspeak。从此， – speak 便被用来表示某些专门的行语术语及特色语言，成了一个构词能力很强的构词成分。它带有讥贬的意味，多半指意义含混，模棱两可，转弯抹角，主要用来吓唬人的那种语言。如 business speak（商界说法），reporter speak（记者编辑的措辞），econspeak（经济学家的语言）。如果用于人名后面，还可以指这个人的语言说话风格。如 Bush speak（布什演说发言的独特风格）、Clinton speak（克林顿式的说话方式）等。

六　类推法（analogy）

仿照原有的同类词，引出对应或近似词的方法叫作类推法。类推法大致可分为近似类推和反意类推。近似类推即用词与词之间的近似点仿造新词。如 command – in – chief（总司令）consoler – in – chief（慰问总司令，慰问总长即指美国总统，国内发生重大不幸事件时他总要出面安慰，故有此戏称）。又如 griever – in – chief（伤心总司令，最大的伤心者指美国总统克林顿）；earthquake（地震）moonquake（月震）；white collar（白领阶层）；blue collar（蓝领阶层）；gray collar（灰领阶层）；pink collar（粉领阶层）；iron collar（铁领阶层）；bulldozer（大型推土机）；calf dozer（小型推土机）。反意类推是利用现有的复合词构成意思相反的新复合词。如 hardware（硬件）；software（软件），brain drain（人才外流）；braingain（人才流入）；cold war（冷战）；hot war（热战）等。

　　七　衍生法

　　即旧词衍生新义。指的是给英语中原本存在的单词以新的意义来构成新词的方法。这种旧词添新义现象往往是最先在英语报刊等传媒中创下的新例，以后经人仿效，达到相当流行的程度，才逐渐被吸收到词典中，因而正式成为现代英语词汇家族里的一员。例如，hawk 和 dove 这两个词原意分别为"鹰"和"鸽"，前者现常被新闻记者用来指代政府内阁或议会中主张用武力解决国际争端的"强硬派"也可表示"鹰派"，美国前国防部长拉姆菲德就是主张用武力来解决伊拉克问题的鹰派代表人物。后者常指代主张用和平手段来解决争端的"温和派"又称"鸽派"。常用的动词（break）有了新词义"霹雳舞"；在计算机术语中，mouse（老鼠）成了"鼠标"；menu 原指"菜馆的菜单"，现在的新义为"电脑的菜单"。另外，英语中的人名、地名、商标等专有名词也可以转变成普通名词。Waterloo（滑铁卢）是比利时的一城镇名字，拿破仑的军队在此曾大败，现喻指"惨败"。Mr. Clean 是一种清洁剂的商标，后来随着词义的演变，指"廉洁的人"，特别指"政府人员"。再比如，walkman 原来是一种商标，是日本生产的一种随身听，现在成了一种普遍的商品名称，而且"walk – man"随身听进入了千家万户。Google 本来是一个搜索引擎，现在经过短时间的广泛使用，《牛津英语词典》网络版已把"Google"作为动词列入，而被认为最权威的《韦氏大学词典》2006 年推出的第 11 版，也将"google"列为新增动词词目，只是开头的"g"是小写的了，以和谷歌（Google）公司的名称区别开来。"google"已经正式成为英语中一个使用频率相当高的积极词汇。

八 吸收法

指从其他语言中吸收有用的语言来丰富自己的词汇，这是各种语言词汇发展的一个共同现象。随着英语在世界范围内的普及和推广及全球日趋一体化，各地不同的政治、经济、文化、风土人情、生活习惯等促使大量的外来语流入英语。这些外来语在英语语言中都是以新词的形式出现的。单就汉语来说就有不少词通过音译或意译融入了英语词汇。如 jiaozi（饺子），fengshui（风水），drink tea（饮茶），kowtow（磕头；讨好），eight - legged essay（八股文），maotai（茅台酒），tofu（豆腐），to run business（营业中）等。此外，英语还从日语借用了 judo（柔道），karaoke（卡拉 OK），hibakusha（核爆炸余生者）；从德语借用了 chauvinism（沙文主义）；从拉丁语借用了 neutron（中子）；从俄语借用了 sputnik（人造卫星）等。

九 造词法（coinage）

英语中出现的新词中有少数新词是使用者凭空杜撰出来的。美国《时代》周刊（亚洲版、欧洲版和南太平洋版）2008 年 1 月 28 日均以"Nylonkong"为封面文章。在这篇题为"三城记"的文章中，作者探究了历经一代人的全球经济发展中一个受到忽视的因素：纽约、伦敦和香港三座城市所共享的经济文化不仅成为体现全球化的典范，而且也解释了全球化的原因。这三座城市分居地球一方，以航空及光纤电缆紧密相连，意外地构建了一个能促进全球经济发展的金融网，而更为重要的是，为"世界巨婴"中国大陆顺利融入现代社会提供了便利。了解这个我们称为"Nylonkong"（纽伦港，Ny 是纽约的缩写，Lon 指伦敦，Kong 指香港）我们就了解了我们这个时代。美国英语里有个新词"dooce"，意思是说某个人因为自己的博客而被单位开除，在美国，被自己单位 dooced 掉的博客很多，其中最著名的要数"华盛顿宝贝"（被称为美国版木子美）。"华盛顿宝贝"真名叫杰西卡·卡特勒，是国会山一名参议员的助手。卡特勒用这个令人浮想联翩的笔名在网上发表了一部"日记"，里面全是她与她的 6 个"国会山情人"幽会场景。①

---

① 徐昌和：《英语新词新语构成方式透视》，《湘南学院学报》2008 年第 6 期。

第二节　英语新词的翻译原则

一　准确性原则

准确性原则是英语新词新语翻译中应该遵循的首要原则，它要求在可理解的基础上，译文应该尽可能地准确地表达原文的意思。比如"white – collar crime"，《现代英语新词语词典》把它翻译为"智能犯罪"。第一眼看到的时候，会觉得"白领犯罪"是它对等的译文。再一考虑你会和编撰者的译文一致。在现代社会，一些犯罪是通过高科技或一些专业技术方法来实施的。罪犯经常是一些办公室的工作者，他们都有着好的教育背景和较高的智商。"White – collar"，作为办公室人员的普通的称呼，被用来构成"white – collar crime"，用它来指通过科技手段来犯罪的行为。在这个意义上讲，"智能犯罪"是很适合被用来代表准确的意义的。

二　通俗易懂原则

能够准确地理解是把一种语言翻译成另一种语言的又一原则，而且是重要的原则。如果可理解性都成问题，翻译新词语就没有意义了，更不要说文化的传播和交流了。可理解的翻译能够帮助接受者了解他所学习的东西，这样他就能了解外国语言的变化和快速的发展，这对推动操不同语言的人们之间的合作很有好处。如"go flat line"，《现代英语新词语词典》解析为"失去表示主要身体功能的波浪方式的"。但笔者以为，这条解释是错误的。这个新词的翻译犯了一个低级的错误，因为他把一个动词词组变成了一个形容词词组。另外，这种解释实际上是在误导人们。实际上，"go flat line"是指脑电图变成水平线了，它是对死亡的一种委婉的说法。

三　沿用惯译的原则

一些新的英语词语在别的语言中有对等的，那就没必要再给出它们新的译文了，应该沿用惯译。例如，"bungee jumping"已经被翻译为"蹦极跳"，而《最新英语新词语词典》重新给译为"自由落式松紧束跳高"就没有必要了。"Anti – lock brake system"的通常的对等的翻译是"防抱死制动系统"，而这本字典把它翻译为"防车轮卡住打滑制动系统"也是不符合沿用惯译的原则的。翻译是一个灵活的过程，它是把原文的信息用目标语言来再现。上述三条原则只是指导新词语翻译常用的原则。不管使用哪条原则译者都应该尽可能地把原文的信息传送到信息的接收者。新词新语作为整个句子的一部分，应该忠实地传递信息，为能够翻译出好的译文打一个坚实的基础。①

第三节　英语新词的翻译方法

一　直译法

即按照字面的意思进行翻译，既要翻译新词内容，又要保留新词的形式。如 superhighway 信息高速公路，white collar 白领，money laundering 洗钱，test – tube – baby 试管婴儿，visual pollution 视觉污染，teleholic 电视迷，foot – and – mouth disease 口蹄疫，honey moon 蜜月，North – South gap 南北差距，Netspeak 网语，hot line 热线，computer crime 计算机犯罪，web police 网络警察，Clintonomics 克林顿经济政策，telediagnosis 电视诊断，frostbelt 雾带，jobnik 工作狂，infowar 信息战，green food 绿色食品，brain gain 人才获得。

二　音译法

许多英语新词汇刚刚引入时，在中文中没有相应的译法，译者往往采用音译法，这种译法直接、简易。许多音译词目前已广泛传播，在汉语中流行开来、如 cool 酷，salad 色拉，sandwich 三明治，hacker 黑客；又如：AIDS 艾滋病，clone 克隆，sauna 桑拿，"模特"（model），"蹦极"（bungie），"雪茄"（cigar），"拷贝"（copy），"托福"（TOEFL），"雅思"（IELTS），"阿尔尼诺"（EI Nino），"拉尔尼娜"（La Nina），"艾滋病"（AIDS），"脱口秀"（talk show），"基因"（gene），"曲奇"（cookie），"沙龙"（saloon），"雷达"（radar），"荷尔蒙"（hormone），"休克"（shock），"酷"（cool），"克隆"（clone），"阿司匹林"（aspirin），"幽默"（humor），"引擎"（engine），"麦克风"（microphone）。

三　意译法

意译法是翻译外来词的一种常用方法，通过字面意义来推测或判断意

译词的基本含义。如 fast food 快餐，beeper 寻呼机，green food 绿色食品，hot line 热线，"happy house" "公共厕所"，"raindrop"（in computer speak）"雨点病毒"，"ice" "冰毒"，"young mobile" "新一代汽车"，"Universiade" "大学生运动会"，"brain trust" "智囊团"，"brain box" "电脑"，"sit – in" "静坐抗议"，"Ceefax" "图文资讯"，"bullet train" "高速列车"。

四 音意兼译法

音意兼译法是将音译和意译有机融合为一体的、新颖的翻译方法。它同时兼顾语音和词义，既在语言上和原文相近，又要创造出一种既能体现原文特点但又非原文词义的词。音意兼译法在商品名称和品牌方面尤为突出。例如"Internet"在 20 世纪 90 年代的时候是一个全新的单词。中国人不可能给出一个现成的译文。如果使用音译，不是每个中国人都能弄明白它的确切的意思。至于意译，它也不能仅仅用几个单词来给出一个全面的解释。"互联网"就是一个音译＋意译的产物。在这重要的时刻填补了这一空缺。它把"Inter"用音译，再把"net"意译成"网"。这样中国人就能对它的意思有一个大概的想法了——它是一个网状的组织，可以很方便地交换信息。很多新词新语都是用这种方法翻译的。再有如"miniskirt" "迷你裙"，"black humor" "黑色幽默"，"nano technology" "纳米技术"，"Wall Street" "华尔街"，"breaking dance" "霹雳舞"，"salad oil" "色拉油"，"ice – cream" "冰淇淋"，等等。

五 对等翻译法

英语的一些新词能够在汉语语言中找到与它们对等的译文或很接近对等的译文。当英汉两种语言指向相同意思的时候，对等翻译可以把英文的信息直接转移到汉语语言中，而且讲话者和听话者在理解上都没有障碍。由于在形式上和内容上都是对应的，对等翻译也是最容易的方法，只要原文的语言和目标语对同一概念有相同的理解和相同的描述。例如：the tertiary industry 第三产业，tycoon, moneybags 大款，warming competition 热身赛，lay off 下岗，job hop 跳槽，ecocide 生态灭绝，diet culture 饮食文化，knock – out product 拳头产品，job market 人才市场，coffee mate 咖啡伴侣，escort service 三陪小姐，information industry 信息产业，knowledge explosion 知识爆炸，economic gap 经济差距，Pys – war 心理战，satellite town 卫星城，ecological engineering 生态工程，B – girl 酒吧女郎，public servant 公务员，brown goods 家用视听电器，mild round 走访大学巡回招聘，New Economy 新经济。

六　音译 + 汉语单词

通过把音译的单词和目标语言中的单词连在一起形成的新词翻译，其目的就是给新词和表达附加上解释性的阐述。这种方法对介绍新的事物很有好处，因为它的译文听起来像外国的名字。但是它对信息的接收者来说也并不是完全的陌生，因为它保留了目标语言中的单词。就是出于这个原因，"音译 + 汉语单词"的模式在介绍新的事物和概念上起到了好的效果。下面的例子可以表明这种模式是如何运用的："bowling""保龄球"，"sauna""桑拿浴"，"Budweiser""百威啤酒"，"cartoon""卡通片"，"TOEFL""托福考试"，"pizza""比萨饼"，"golf""高尔夫球"，"jazz""爵士乐"，"AIDS""艾滋病"，"parker""派克笔"，"Boeing 747""波音 747 飞机"，"Simons""席梦思床垫"，"yuppie""雅皮士""Alboro""埃伯罗热病"，"shaping""舍宾运动"，"I love you""爱虫病毒"，等等。

第四节　网络与 IT 英语新词的翻译

英语国家在 IT 业的领航地位显著地影响着英语语言的发展，IT 科技大量派生新的词语，同时扩大故有词语的意义，进而创造新名词、新表达方式词的新意义，把英语词汇的发展推向了全新的、科技化的发展平台，其每一阶段的发展都带动新词的不断出现，从而使英语语言获得了恒久的魅力。近年来，人们对互联网交流思想、表达情感、开展网络教学、网络会议等的利用率越来越高，使得大量网络英语新词不断出现。这些新词不仅丰富了英语词汇，充实了其语义，而且为人们提供更多的新观点，拓展了人们的知识构成。

一　网络英语新词

随着电脑和网络的普及，和"网络"意义相关的词缀 cyber、net、ware 以及 google 派生出大量新词，分类翻译如下：

（一）cyber

为了研究美国英语，以及影响美国英语或被美国英语影响的其他语言，美国方言学会每年召开会议，投票评选该年度公众讨论得最多的"年度词语"。其中一年的年度新词是 cyber 表"计算机（网络）的"。因此由 cyber 作前缀，派生出一系列新词：Cyber naut：网络用户，Cyberpunk：网络高手，黑客，Cyber scribe：网上发帖的人，Cyber novelist：网上小说家，Cyber library：网上图书馆。

（二）net

表示网络的词缀 net 也异常活跃地成为新词发展的生力军。Innernet：内部网，由"Inner"和"Net"组合而成，指政府部门或企业内部的与外界隔离、无任何信息交换和共享的网络。Outernet：由"Outer"和"Net"组合而成，指那些传统的不上网的媒体，包括杂志、报纸、书刊、电视、电影等。Evernet：恒网，表示与任何人、用任何设备、在任何地点、24小时全天候随时沟通。Nethead / Internut / Cyberbug / Cybernut：满脑子都是网络，痴迷的网虫或网迷。Netizen / Netter / Nettie：网民。Internot：网盲，此词非常独具匠心，与 Internet 音形相似，指那些拒绝使用互联网的人。

（三）ware

电脑中硬件和软件的普及应用使得由 ware 作词缀的新词层出不穷地出现在现代生活中。Courseware：课件，教学软件，Knowledgeware：智能化工具软件，Kidware：儿童软件，Payware：付费软件，Freeware：免费软件，Shareware：共享软件。

（四）Google

Google 开发出了世界上最大的搜索引擎，提供了最便捷的网上信息查询方法，今天已是网络搜索引擎的代名词。它现在已转成动词来用，表示通过 Google 来进行搜索。Google dating：表示通过 Google 搜索去结识女友或男友的做法。Googlemania/Googleholic：指那种用 Google 搜索成癖的人。Googlepedia：–pedia 由 Encyclopedia 掐头而得，整个词则表示 Google 百科，有了 Google，人们在网上就能找到各种信息，不用去图书馆查百科全书了。Google Bombing：爆炸 Google，指程序人员的恶作剧，他们通过使用特定的搜索词汇，创建一系列的链接，使网站在 Google 上名列前茅。Googlefu：表示运用 Google 搜索获得信息的能力，它是仿照 Kungfu（功夫）而来的，因为功夫在美国也很盛行，所以人们以 fu 来表示一种近乎道的技术，一种能创造奇迹的重要能力。①

（五）缩略语和字母词

如 u（you）、Ur（your）、r（are）、JK（just kidding）、BTW（by the way）、FYI（for your information）、FWIW（for what it's worth）、ISTR（I seem to remember）、IMHO（in my humble opinion）、LOL（laughing out loud）、ROTFL（rolling on the floor laughing）、OTF（on the floor）、BRB（be right back）、PMFJI（pardon me for jumping in）、GTG（got to go）、TTYL（talk to you later）。这些带有明显口头语特征的字母词，其构词方法虽然有所违背构词规律，但在网络环境下逐渐被人们所传播，最终可能会成为新词的一部分。

二　IT 英语新词

（一）IT 英语的特征

21 世纪电脑文化已成为人类生活明显的文化特征和社会现象，作为一种世界性的语言，在 IT 土壤上存在的英语生命力显得十分旺盛，几乎每天都有新词诞生。由于 IT 科技的阶段性发展态势，这些新词的产生和发展也就同样具有了明显的阶段性特征。

1. 初始阶段 IT 英语新词呈现术语性特征

电脑技术发展初期出现了用以描述计算机领域各种技术概念及过程的计算机常用术语，反映了电脑科技的初步形成和发展，范围涉及计算机硬件、软件、MS－DOS、Windows、文字处理、编程语言、数据库、计算机病毒、外围设备、网络技术，互联网、WWW、电子邮件、C 语言、处理器、TCP/IP 协议组、CD－ROM、内存管理、多媒体、网络设备和各种操作系统等。这种词汇具备科技词汇的一般特点，有突出的术语性，并且具有较强的时效性、普及性、交互性以及很强的实用性，个人电脑的普及推动英语语言发展，而电脑科技的提升把英语词汇的发展推向了一个新的高度，出现了如 desktop（台式电脑）、software（软件）、hardware（硬件）、hard－drive（硬驱）、multimedia（多媒体）、word processing（文字处理）、firewall（防火墙）、gigabit（千兆位）和 integrated（集成的）等术语性的 IT 英语新词。

---

① 邵旦:《网络时尚英语新词探析》,《科教导刊》2011 年第 4 期。

2. 多媒体阶段 IT 英语新词表现得更为生活化

图文并茂的多媒体电脑带来了又一轮的词汇发展，这些词汇更加人性化，出现了 digital recording（数码录音）、digital camera（数码相机）、DVD（数字式影碟机）、HDTV（高清晰度电视）、multimedia computer（多媒体电脑）和 handheld/laptop（掌上电脑）等与人类生活密切相关的词语。

3. 网络阶段的 IT 英语新词极具社会化特色

网络的兴起和普及为人类带来了全新的思维方式和行为方式。计算机发展到网络时代，人类与计算机的交流方式大有取代人类直接交流的趋势。这种趋势使得 IT 新词的发展呈现了派生词和新出现的专业用语不断增加的态势，同时，与网络和网络使用有关的许多新词或新的用法层出不穷，这一语言新景象极大地丰富了英语语言的魅力。因特网对词汇的发展起到了冲击作用，为新词发展提供新的途径，英语词汇的面貌焕然一新；Internet（互联网）、Intranet（企业内部互联网，又称/内连网）、extranet（外联网，又称外连网）、voicemail（有声邮件）、World Wide Web（环球漫游）等成了热门的词语，以 e－开头的新词是这一阶段词汇发展的代表，E－mail（电子邮件）e－business（电子商务）、e－commerce、e－copy、e－cash、e－form、e－world、e－education、e－news 等极具网络特征的词汇已经深入这一时代词汇使用者的心。这类新词的产生使得 IT 英语词汇更趋社会化，充分表现了英语语言的科技魅力。

（二）IT 英语新词的构词及其翻译

1. 组合新词

很大一部分 IT 英语新词采用传统构词方法，如应用词根、前缀或后缀搭配新词构成新的词语形式，或通过一个词直接与另一个词结合构成新的复合词等都是很常见的新词构造方式。"cyber－"（计算机的）、"hyper－"（高于）、"e－"，（电子 "electronic"）、"tele－"（远距离传递）等可谓 IT 时代极具代表性的典型前缀，这些前缀在 IT 新词的构成中是特别多产且特别活跃的构词成分，经由此类前缀已产生了不胜枚举的 IT 概念新词，如词缀 "cyber－" 构成了 cyber world（利用计算机网络建立的世界）、cyberspace（信息空间）、Cyberholic（迷恋于计算机时空的人）、Cyberphobia（恐惧 internet 中计算机世界的人）、Cyberpunk（计算机朋客，以发匿名电子邮件为乐事的网络迷）、cyber culture（网络文化）、cyber mania（网迷）、cyber chat（网络聊天）、cyber news（网络新闻）等。词缀"hyper -."产生了 hypertext（超文本）、hypermedia（超媒体）、hyperlink（超链接）、hypervisor（系统管理程序）等新词；在词缀"e -"基础上产生了 E - journal（电子出版物，电子杂志）、E - mail（电子邮件），e - book（电子图书）、E - zine（电子杂志）等；以"tele -"为词缀就有了 telecenter（远程计算中心）、telecomputing（远程信息处理）、telecommuting（远程交换，远程办公）、telebanking（电脑化银行业务）、teleconference（远程电信会议）、telenet（远程网）等词汇。这些新词明显地透视了电脑文化对英语词汇沿革的深层影响，也表现出新概念、新思想与新文化正在不断地改变着词汇使用者的用词意识。在原有词语基础上复合创新的 IT 新词在肥沃的 IT 土壤上以势如破竹之势大量产生，如 computer speak（计算机语言）、computer - literate（能使用计算机的）、key pal（通过电子邮件交流的笔友）、mouse potato（沉迷电脑的人）、Webmaster（站点管理员）、wetware（湿件）、desk note（微型台式计算机）、laptop（便携式电脑）、search engines（搜索引擎）、Net head（有经验的 Internet 用户）Netiquette（网络礼节）、net meeting（网络会议系统）、the fourth media（第四媒体）、try - and - buy（可试用后购买的计算机程序和设备等）"e - mail trash"（垃圾邮件）。这类复合新词词汇意义生动活泼、易于记忆、方便实用，传达了经济生活和人际交往中一种全新的思想交流概念。

2. 引申新词

具有 IT 内涵的引申新词主要通过词义有规律地引申这一途径，在原有词汇的基础上产生新语义，甚至可以借助比喻、借代、转移等修辞手法达到本体和喻体意义切换的效果，从而引申出的 IT 新语义，这类新词体现了英语词汇的嫁接艺术，表现了语言的灵活性和丰富性。引申新词大体上可分为几种形式：①将普通词转用于科技词，或将科技词转用于普通词，例如，window（原为"窗户"之意，在计算机语言中，意为"电脑视窗"）、mouse（"老鼠"转意为"鼠标"）、menu（原指"菜馆的菜单"，现在可以指"电脑的菜单"）、notebook（原义是"笔记本"现在常用在"笔记本式"的网络电脑）、library（原意为"图书馆"，在科技信息术语中，专指"信息库"）、flash（原意为"发出闪光之物"，转义而成"闪客"）。②词的新组合引申出词的新用法，如"collar"传统上常组合形成"white collar"、"blue collar"等，网络的发展使该词形成新的组合并引申出新的词意范围，如在家里通过使用与工作单位电脑终端相连接的电脑进行工作的人得到一个雅号"open – collar workers"（开领工人）。类似的新词还有"point and click"（鼠标的点击）。③原有的词语增加了新的意义，如"smart"的原义是"聪明的"，现在的一个比喻用法是"装有电脑程序、会做很多事情的机器"，如"net"原指任何"网"，现在的一个新义是"电脑网络"，"the Net computer"，简称 NC 指的是"网络电脑"。原有的词语有了新的用法，如"extension"（原意为"延长"，新用法有了"扩展名"的意义）、"virus"（原意为"病毒"，新用法指的是"电脑病毒"）。

3. 生成新词

许多网络用语、IT 行业用语，甚至是网站名称等在长期、广泛的使用中逐渐泛化为普通用词，成为 IT 英语新词的新成员，如"google"（原为著名的搜索引擎，转义为在互联网上用"酷哥 google"搜索引擎查询信息，如 information googling）、"dotcom"（原为商业网站名称常用的指称，转意为"网上公司"，如 dotcom agency），"dotcommer"（在电脑公司上班的人），"blog"（浏览日志，译为"博客"）。这类 IT 词语及时展现了网络化的社会文化下语言新生代最新发展状况，反映了该时代社会文化、科技发展的特征。科技与经济发展的需要令一些新的词语成分很快地渗透到语言实践中促使故有的词语不得不扩大它既有的意义与用法，有时甚至会改变其词性、词义。将其原本较单义的词义转变成广泛应用的多义词，从而使原词语在内涵和外延上发生变化，随后再逐渐稳定下来，成为被认可和应用的新词语。

4. 字母新词

现代生活的复杂性使得许多概念都以词组的形式表达，但是由于计算机中的命令、高级语言的语句等在计算机中要占一定的空间，那么，从节约和简练的原则出发，为充分发挥其效能，计算机在储存和显示这些信息时，通常采用缩略形式，而新的缩略语又以采用首字母缩略式的字母词词语居多并成为构成新词的词源。如"CPU"（中央处理器，Central Processing Unit）、"WPS"（中文字处理系统，Word Processing System）、"IT"（信息技术，Information Technology）、MPEG（压缩比率较大的活动图像和声音的压缩标准，Moving Pictures Experts Group）、MP3（音频压缩格式，MPEG Audio Layer 3）、PMB（个人邮箱，private mailbox）HTML（超文本链接标示语言，Hypertext Makeup Language）、FTP（文件传输协议，File Transfer Protocol）等，这些词汇是基于 IT 新技术发展而形成的缩略语，并不断地被使用而最终以字母词的形式固定下来。[①]

第五节　科技英语新词的翻译

一　科技英语新词的特点

科技英语新词利用现有的一般英语的语言材料，采用多种形式来表达新的意思。其主要特点为：

（1）借用大量的希腊拉丁词素构词：如 synchrotron 同步加速器由希腊词素 syn－（共同）和－ton（器）构成、subsonic 亚声的（由拉丁词素 sub－和－son 构成）、aerospace 航空与航天空间（由希腊词素 aero＋拉丁词素 space 构成）等。

（2）名词群增多：用一个或几个名词做定语修饰名词大有发展趋势。如 digit communication system 数字通信系统、network information centre 网络信息中心、test－tube baby 试管婴儿、ozone sickness 臭氧病等。

（3）由多个基本的科技英语词素组合而成的专业词汇：如 telemicroscope 望远显微镜（tele＋micro＋scope）、phonophotograph 声波照相（phono＋photo＋graph）、magnetohydrodynamics 磁流体力学（magneto＋hydro＋dynamics）等。

二　科技英语新词的翻译方法和技巧

1. 移植（Transplant）

移植就是按词典里所给的词义将词的各个词素的意义依次译出。这种方法多用于派生词和复合词，如 microwave 微波、superconductor 超导体、information superhighway 信息高速公路、data phone 数据送道机、antiballistic missile 反弹道导弹、Linear－induction motor 线性感应马达、magnet－hydrodynamics 磁流体力学（magneto－＋hydro＋＋dynamics）等等。这些专业词汇长而且复杂，往往是由一些基本的科技英语词素组合而成的，因而大多采用移植译法。

---

① 廖海宏：《IT 英语新词多维思考》，《厦门理工学院学报》2005 年第 12 期。

2. 音译 (Transliteration)

专有名词 (如人名、地名等) 通常需要采用音译法。此外，有些词在汉语中没有确切的对等译词，按照意译又比较费劲时，就只好借助于音译。这些词如新材料、药名、缩略词等。例如：clone 克隆、hacker 黑客、nylon 尼龙、aspirin 阿司匹林、radar 雷达等这些词都是全部按音译进行翻译的。也有一些词是部分音译的。如 AIDS 艾滋病、topology 拓扑学、Hellfire 海尔法导弹等。

3. 象形译 (Pictographic Translation)

所谓象形译实际上就是根据物体的形状进行翻译。如 H – beam 工字架、V – belt 三角形皮带、Cross – bit 十字钻头、Twist drill 麻花钻、U – steel 槽钢、U – shaped magnet 马蹄形磁铁等。"象译"强调汉语"形象"比喻的习惯，将 V – belt 中的 v 译成"三角"。因为汉语中没有使用 V 表示物体形状的习惯。形译则不然，它照抄原文。例如：L – electron 译成 L 层电子、C – ray 译成 C 射线、FORTRAN 译成 FORTRAN 语言等等。

4. 推演 (Deduction)

推演的词义是根据原文本或原文词典中的意思进行概括，推演出汉语的译义。译文包含的不仅是原词的字面意义，还必须概括出词语所指事物的基本特征。如 space shuttle 一词，如果按照移植的方法将其译成"太空穿梭机"显然不妥，很容易引起误解。其实，这里的 space 指的是 aerospace（航天），shuttle 指往返于太空与地球之间的形状像飞机的交通工具，因此，将 space shuttle 推演译成"航天飞机"。这种用推演法译出的词语比用移植法更直观、易懂，因此，也更容易使人接受。推演法使用得当便能译出高质量的译文，这就要求译者不但要有较好的专业基础知识，还必须具备两种语言的良好修养。

5. 引申 (Extension)

所谓引申就是在不脱离原文的基础上，运用延续与扩展的方法译出原文。通常的做法是：（1）将具体所指引向抽象泛指，如 brain 具体词义是/大脑，抽象意义指/智力，brain – trust 则可以引申为"智囊团"。（2）将抽象泛指引向具体所指，如 qualification 抽象泛指"鉴定"，具体可以指"通过鉴定所具备的条件"，因此，data qualification 可以引申为"数据限制条件"。

6. 解释（Explanation）

若有某个词在用上述方法都难译好的情况下，可采用解释法，即用汉语说出英语原文的意思而不必给出汉语的对等词。如 blood type 可译为"血型"、blood bank 可译成"血库"，但 blood heat 却不能译成"血热"，而用其他方法也很难译出其准确含义，此时可借用解释法，将其译成"人体血液正常温度"。这一方法大多用于个别初次出现而意义比较抽象、含义比较深刻的名词或术语。①

第六节　新闻英语新词的翻译

新闻英语是用词最广泛的文体之一，几乎社会上所有行业的用语都被新闻报道、新闻评论以及各种题材的特写所吸收、采用。随着社会的迅速发展，政治、经济、科技、体育等各个行业得到蓬勃发展，各行业也在不断出现新的词汇。新闻作为大众了解世界的窗口，往往最开始将这些新词汇、新信息加以运用并推广。恰当巧妙地运用词汇特点，利用词汇所负载的丰富的文化内涵来表达某一观点，是新闻报道记者最常用的手段之一，这样可以使新闻报道显得更真实可信、生动形象、吸引读者。

新闻英语新词翻译有以下几种方法：一是政府或行业权威部门对自然科学方面的术语进行审定，如全国自然科学名词委员会及隶属国际标准化委员会（ISO）的术语标准化委员会。新华社及《中国翻译》等权威刊物也不定期地对一些中英文社会、文化等方面的新名词的译名进行汇编。二是国内近年出版的一些英汉词典、新词词典给出一些新词的定义和译法。以上两种方法在时间上都有一定的滞后性，也不可能包括英语中迅速扩大的所有新词词汇，因此，多数新词的翻译及定名要靠个体的译者来完成。

新词的翻译或定名有一定的方法可以遵循，主要包括直译、意译、音译、音意兼译、一词多译、省译等。

1. 直译

直译指的是在翻译时既忠实于原文内容，又考虑原文形式。也就是说，在译语条件许可时，按照字面意思进行翻译。例如：business tourism

---

① 谢小红：《漫谈科技英语新词及翻译》，《南昌大学学报》2002 年第 10 期。

（商业旅游），mad cow disease（疯牛病），counterfactual history（篡改事实的历史），Internet bar（网吧），dispositional optimism（生性乐观），comparison – shop（比较购物），super symmetry（超对称性），information superhighway（信息高速公路），Gulf War Syndrome（海湾战争综合征），goldengoal（黄金进球），chemotherapy（化学疗法），genetic engineering（基因工程），community care（社区医疗），information technology（信息技术），gene therapy（基因疗法），magnetic shift（磁移位）等。

2. 意译

意译指的是忠实于原文内容（即英语新词的释义），在形式上另有创新的翻译方法。以译意方式翻译的新词在汉语中刚出现的时候，在汉语读者看来可能仍较陌生，或者译文显得很长或很复杂，对不懂原文或不知原文用的是哪个词的读者来说更是如此，但随着时间的推移，这些新词会慢慢融入语言当中。为了克服这种理解上的困难，译者最初在意译的译名后面用括号附上原文或以中文加以解释是必要的。例如：copy left（［对有版权软件］任意复制改动），scalable（［电脑］可增加容量的），creative destruction（［高科技公司的］推陈出新），bio – safety（生物安全［指确保转基因食物的无害］），eco – audit（环保查账［指查工厂、企业对环境的影响］），Clinton fatigue（克林顿疲劳症，指对克林顿个人行为的厌倦），word of mouse（鼠语，指通过网上按鼠标传播的信息）等。其他的例子还包括：源自 couch potato（电视迷）的 mouse potato（电脑迷），cyber squat（网上盗名登记），animania（日本动画片迷），grid（政府管辖不及的偏远区），generica（千篇一律的商业中心），apple – pie issue（反映美国社会传统价值观念的政治议题），skell（无家可归者），physically challenged（身体有残疾的），book buster（色情小说），boondoggle（琐碎无价值的工资），sports bar（播放体育比赛电视的酒吧），quality time（跟孩子一起谈话的时间）。

3. 音译

音译指的是根据英语新词的读音，巧妙地译为合适的汉语对应词。许多英语新词汇刚刚引入时，在中文中没有相应的译法，无对应物和对应词。译者往往采用音译法，这种译法直接、简易，又具有异国情调，丰富了汉语词汇。许多音译词目前已广泛传播，在汉语中流行开来，独领风骚。例如：cool（酷，指事，意为年轻人都喜欢的东西，特别是时髦、新潮的事物；指人，意为一个很放松、开朗，对当代世界很了解的人），hacker（黑客，原指热衷于深入了解计算机网络内部工作原理的那些程序设计人员，现在常被用于贬义的场合，指那些利用其掌握的技术侵入非公开机构如金融、军事部门网络进行破坏或制造恶作剧的人），talkshow（脱口秀，指电视、广播的访谈节目），clone（克隆，指无性繁殖）。

4. 音意兼译法

将音译和意译有机融合为一体的新颖的翻译方法，它同时兼顾语音和词义，既在语言上和原文相近，又要创造出一种能体现原文特点但又非原文词义的词。词义虽说与原文意义不同，但表达功能都相同。这种译法相当不易，每一个被大众接受并广泛流传的音意兼译词都是一个优秀的译词。例如：yuppie（雅皮士），AIDS（艾滋病），bungee jumping（蹦极跳），beeper（BP 机），pickup（皮卡车），gene bank（基因库）。

5. 一词多译

允许音译或意译几个译名同时并存，在语言使用中优胜劣汰。例如 vitamin 一词，进入汉语很长时间内有"维他命"、"维生素"两种译法，直到 1990 年才由名词委员会审定为"维生素"。又如：ecstasy 是一种安非他明类毒品，它的译文有"摇头丸"和"爱它死"两种；Viagra 是一种治疗男性勃起功能障碍的新药，医学专业上译为"西地那非"，生产厂家辉瑞公司在中国国家工商局商标局注册的译名为"威尔钢"，而华文记者却将它译为了"伟哥"；VCD 在港台译为"影碟"，在大陆译为"视盘"；E - mail 被译为"电子邮件"、"电子函件"、"伊妹儿"和"伊媒尔"；cellular telephone 译名更是有"移动电话"、"无绳电话"、"大哥大"、"手机"、"携带式活动电话"、"蜂窝电话"六个之多。

6. 省译

随着东西方文化的交流和相互影响，英语新词给汉语词汇带来了显而易见的变化，人们已开始合理、自然地在汉语中运用英语新词。现在在一些报纸杂志上可以见到这样一些表达："透视中国 MBA"，"加入 WTO 将改写中国经济"，"加入 WTO 后，中国 IT 业的大门要 100% 地向世界打开"。在人们的日常交谈中也常常能听到 CD，VCD，DVD，MTV，E - mail 等词直接地运用而不再使用译文。

新闻新词新译和一般文学作品的翻译是有区别的，其最大的特点就是一个"新"字。因此，新闻新词翻译要求译者必须创造性地工作。要确切理解与表达新闻新词的真实含义，一方面要有语言修养，另一方面则要有背景知识。积累大量常识，了解背景知识对翻译工作来说是十分重要的。要做到这一点，首先要博览群书，增加自己的百科知识。在翻译新词过程中，无论是对原文的理解，还是译文的表达，都需要丰富的基本常识。

虽然某些新词未必能直接从现有的工具书上找到准确的译法，但善于使用手头的工具书，无疑有助于译者温故、知新、求解、辨异。在知识爆炸的今天，要做好新闻新词翻译，关键看译者是否经过专业的训练，是否有考据的经验，遇到难题，应该知道如何查词典和百科全书，知道在哪些地方可以找到答案，这时候，浏览网页能使我们在传统方式上更进一步，因为网络几乎是现代生活中更新最快、知识覆盖面最广、使用最方便快捷的咨询工具。

大多数专有名词有约定俗成的通用译法，我们可以以《人民日报》、《世界知识》、《望》等报纸、杂志或中央电视台新闻节目的译法为准，这样不仅可以减少不必要的误会，也可以避免常识性的错误。例如，美国负责安全情报的部门就有不同的名称：FBI（Federal Bureau of Investigation）译作联邦调查局；CIA（Central Intelligence Agency）译作中央情报局；National Security Agency 译作国家安全部，区别于新成立的 Homeland Security Department，译作国土安全部。新词每天都在出现，要做好英语新闻翻译，了解、认识直到熟悉这些新词是一个必不可少的过程，在这一过程中，需要我们不断研究，不断学习，尽可能在翻译工作中做到更具创造性。①

第七节　翻译英语新词的意义

一　描写现实

新词向我们勾勒出当今世界发生的变化，描述着自然与社会各个领域日益复杂又令人瞩目的故事。牛津大学出版社出版的《20 世纪新词语词典》（*Twentieth Century Words*）（1999）以历史年代为序，收列了 20 世纪

---

①　陈媛媛、许明武：《新闻英语新词特点及其翻译》，《外语教育》2003 年第 9 期。

产生的大约 5000 个英语新词，勾勒出英语在 20 世纪的崭新发展。读者阅读此书，就如同搜索 20 世纪的历史。无独有偶，《柯林斯词典》（*Collins Dictionaries*）也声称它把 20 世纪的含义浓缩在了从 1896 年到 1997 年这 102 年间每年一个挑选出来的最具代表性的新词里。美国方言学会（American Dialect Society）评出了 1990 年以来反映当年热门主题的年度词汇：1990 年的"bush lips"（不诚实的政治言辞），1991 年的"mother of all"（最重大的，常译作"……之母"；1991 年伊拉克战争中萨达姆侯赛因宣称海湾战争将成为"战争之母"– the mother of all battles），1992 年的"not!"（不是那么回事!），1993 年的"information superhighway"（信息高速公路），1994 年的"cyber"（网络）、"morph"（变形），1995 年的"web"（网络）和"newt"（金里奇的政策，以新人身份带来有威胁的改变），1996 年的"mom"（指重要的新型投票人，如 soccer mom），1997 年的"millennium bug"（千年虫，指计算机"千年"问题），1998 年的"e –"（作前缀表示"电子"），1999 年的"Y2K"（即 Year 2000），2000 年的"chad"（屑屑，打孔机从选票上打掉的小纸片），2001 年的"9·11"（2001 年 9 月 11 日美国遭受的恐怖袭击），2002 年的"weapons of mass destruction"（WMD）（大规模杀伤性武器），2003 年的"metro sexual"（注重时尚的男性异性恋者，中文又译作"都市玉男"），2004 年的"red state、blue state、purple state"（红州、蓝州、紫州；代表了美国的政治地图，红色代表亲共和党的州，蓝色代表亲民主党的州，而紫色则代表共和党和民主党支持率旗鼓相当的州，反映出美国 2004 年总统大选的全民狂热），2005 年的"truthiness"（相信某一种理念或事实的真实性，尽管它还是未知的），2006 年的"plutoed"（使某人降级）。从中可以看出：网络是绝对的热点，政治、战争与反恐也是世界发展的重要内容。

二　预知未来

然而新词不仅仅被动反映历史，它们还是塑造和建构我们世界的有力工具。"于是，我们会问，凭借新词我们可以建构怎样的现实？它们会帮助塑造怎样的社会现实？看看我们词汇中的新工具，我们能预测未来它们会锻造出怎样的新产品呢？"（Gozzi，1990：82）现有的新词诉说着词汇发展的趋势，在这种趋势中我们似乎可以看到一个陈规更清晰、冲突更深化、意识形态更明朗的社会现实。比如 2003 年由美国高盛证券公司提出的新名词"BRICs"（金砖四国），取了巴西、俄罗斯、印度和中国的英文首字母组合而成，指的是到 2050 年世界经济格局将会剧烈洗牌，"金砖四国"的经济都将快速发展，并将超过英国、德国、法国和意大利，与美国和日本组成全球新的六大经济体。就在"BRICs"传遍全球的同时，经济与合作组织（OECD）又提出了"BRIICS"（金砖六国），认为应在金砖四国的基础上再加上印度尼西亚和南非。无论是"BRICs"还是"BRIICS"，他们都指向近半个世纪后的世界格局。可见，透过新词我们可以预见未来。①

---

① 汪学磊：《英语新词新义》，《成都大学学报》2008 年第 3 期。

参考文献

1. 张海波：《翻译标准视角下的英语成语分类及翻译策略》，《外国语文》2012 年第 10 期。

2. 史钰：《英语成语的分类和分析浅谈》，《中国电力教育》2005 年研究生教育专刊。

3. 涂嵘：《英语成语的文化特点及翻译方法》，《青海师范大学学报》（哲学社会版）2004 年第 4 期。

4. 方绍玲、吕新：《浅谈英语成语谚语的翻译技巧》，《烟台教育学院学报》2004 年第 12 期。

5. 周海昕：《如何避免英语成语和谚语的误译》，《辽宁师专学报》（社会科学版）2001 年第 4 期。

6. 陈玉霞：《试析英语双关语及翻译》，《芜湖职业技术学院学报》2002 年第 6 期。

7. 王璐：《英语双关：分类、特点及翻译》，《山东教育学院学报》总第 108 期。

8. 彭小华：《英语双关翻译中的障碍》，《宿州教育学院学报》2009 年第 8 期。

9. 范素琴：《英语中数词短语的结构与翻译》，《濮阳教育学院学报》2002 年第 2 期。

10. 黄宁：《英文数词的修辞功能及翻译》，《科技信息》2008 年第 7 期。

11. 李小园：《英语数词习语的翻译》，《长春教育学院学报》2011 年第 3 期。

12. 李文芳：《英语数词的翻译方法探析》，《中国科技信息》2008 年第 17 期。

13. 张定兴：《略谈英语数词动词化及其翻译》，《中国翻译》1995 年第 5 期。

14. 杨鹏飞:《浅谈英语委婉语的翻译》,《安徽广播电视大学学报》2000 年第 2 期。

15. 贺琴琴: 《浅谈英语委婉语的翻译策略》, 《民营科技》2008 年第 7 期。

16. 赵晶:《英语委婉语的语义与本义及翻译》,《安徽文学》2007 年第 4 期。

17. 张秋华:《英语委婉语的翻译初探》,《佳木斯教育学院学报》2013 年第 6 期。

18. 陈玲美:《中英文基本颜色词的文化差异及其翻译》,《湘潭师范学院学报》2008 年第 3 期。

19. 李秀华:《英语颜色词在翻译中文化内涵的再现》,《山东电力高等专科学校学报》2008 年第 8 期。

20. 贾琼:《英语颜色词的修辞特征及其翻译》,《民族教育研究》2003 年第 4 期。

21. 李小飞:《英语颜色词的翻译方法探讨》,《湖南农业大学学报》2008 年第 5 期。

22. 王薇:《浅谈英语颜色词的理解与翻译》,《本溪冶金高等专科学校学报》2002 年第 3 期。

23. 李雨霖、陈和盈:《浅谈英语颜色词在经济领域中的应用及翻译》,《北方文学》2011 年第 3 期。

24. 张治英:《英语隐喻形成的社会文化背景及其翻译》,《湖南商学院学报》1999 年第 10 期。

25. 熊炎中:《小议英语隐喻翻译》,《中南民族大学学报》(人文社会科学版)2006 年第 1 期。

26. 鲍勤、陈利平:《英语隐喻类型及翻译策略》,《云南农业大学学报》2010 年第 4 期。

27. 谭震华:《英语隐喻词语的翻译》,《上海科技翻译》2002 年第 4 期。

28. 瞿艳艳:《英语隐喻汉译的原则和方法浅析》,《双语学习》2007 年第 8 期。

29. 叶立刚:《新闻英语隐喻的翻译》,《新闻爱好者》2010 年第 9 期。

30. 全鑫:《英语新闻中隐喻的功能对等翻译》,《湖北经济学院学报》(人文社会科学版)2010 年第 10 期。

31. 张阳：《从认知的角度看商务英语的隐喻翻译》，《外语研究》2011 年第 6 期。

32. 王蒙等：《认知语言学视角下商务英语隐喻词块汉译探析》2010 年第 1 期。

33. 陈振东、杨会军：《商务英语中的隐喻及翻译》，《上海翻译》2007 年第 1 期。

34. 俞碧芳：《科技英语中的隐喻及其翻译》，《遵义师范学院学报》2006 年第 12 期。

35. 李满红：《科技英语隐喻词及其翻译》，《湖北经济学院学报》2008 年第 5 期。

36. 王显涛：《中英文翻译中文化空缺现象及翻译策略》，《华东交通大学学报》2009 年第 8 期。

37. 张建华：《英语习语的修辞特点及翻译》，《安顺高等师范专科学校学报》2003 年第 6 期。

38. 赵昌彦：《浅谈英语习语翻译的方法》，《承德民族师专学报》2008 年第 11 期。

39. 胡亮才：《英语习语的语义特征与翻译方法探析》，《零陵学院学报》2004 年第 5 期。

40. 马山虎：《英语习语的来源及翻译点滴研究》，《学术研究》2012 年第 2 期。

41. 王金凤：《英语习语中的文化内涵及翻译时应注意的问题》，《科技信息》2007 年第 14 期。

42. 沈奇：《论英语谚语的汉语翻译方法》，《社科纵横》2008 年第 12 期。

43. 张毓彪：《英语谚语的分类与翻译》，《成都教育学院学报》2005 年第 6 期。

44. 何少珍：《英语谚语的汉译技巧》，《湖北教育学院学报》2007 年第 7 期。

45. 赵义森：《英语谚语的翻译策略研究》，《和田师范专科学校学报》2010 年第 6 期。

46. 陈效卫：《含 It is... that... 结构的谚语翻译法》，《大学英语》1998 年第 7 期。

47. 何红：《浅谈英语谚语的押韵以及翻译技巧》，《吉林省教育学院学报》2011 年第 6 期。

48. 杨蓉：《英语谚语的修辞手法及翻译》，《电子世界》2012 年第 6 期。

49. 沈志和：《英语动物谚语解读》，《柳州师专学报》2007 年第 3 期。

50. 高蕾：《英语专有名词语义的特殊性》，《浙江教育学院学报》2003 年第 3 期。

51. 于志明：《跨文化交际中英语专有名词翻译的原则》，《商场现代化》2008 年第 7 期。

52. 陈莉燕：《浅析英语专有名词的翻译》，《科技资讯》2007 年第 26 期。

53. 刘煜：《英语专有名词的汉语音译》，《湖北广播电视大学学报》2013 年第 7 期。

54. 袁斌业：《英语专有名词的汉译技巧探讨》，《广西师范大学学报》（哲学社会科学版）1992 年第 9 期。

55. 韩子满：《论军事文献中专有名词的翻译》，《解放军外国语学院学报》2009 年第 3 期。

56. 李艳、刘洪泉：《英语外来词的文化分析及翻译》，《考试周刊》2007 年第 43 期。

57. 马巧正：《英语外来词在译入语中的文化内涵及翻译原则》，《西安文理学院学报》2009 年第 2 期。

58. 习强毅：《英语外来词的引入及其发展趋势》，《武汉工业学院学报》2003 年第 4 期。

59. 宋洁：《英语外来词的翻译方式与风格研究》，《中国校外教育》2008 年第 6 期。

60. 何盈：《现代汉语中英语外来词翻译的发展趋势及特点研究》，《宁波广播电视大学学报》2011 年第 12 期。

61. 吴丹苹：《试论英语外来词的汉化翻译》，《长沙大学学报》2006 年第 5 期。

62. 吴念：《英语新词与科技进步》，《重庆大学学报》（社会科学版）1998 年第 1 期。

63. 徐昌和：《英语新词新语构成方式透视》，《湘南学院学报》2008 年第 6 期。

64. 徐昌和：《英语新词新语翻译的原则和方法》，《浙江海洋学院学报》（人文社会科学版）2009 年第 3 期。

65. 汪学磊：《英语新词新义》，《成都大学学报》2008 年第 3 期。

66. 邵旦：《网络时尚英语新词探析》，《科教导刊》2011 年第 4 期。

67. 廖海宏：《IT 英语新词多维思考》，《厦门理工学院学报》2005 年第 12 期。

68. 谢小红：《漫谈科技英语新词及翻译》，《南昌大学学报》2002 年第 10 期。

69. 陈媛媛、许明武：《新闻英语新词特点及其翻译》，《外语教育》2003 年第 9 期。

70. 黎红霞：《英语缩略词的分类及规则》，《现代企业教育》2007 年第 7 期。

71. 卢水林：《英语缩略词及其汉译探讨》，《西藏大学学报》（社会科学版）2013 年第 6 期。

72. 杨婷：《浅谈英语缩略语的翻译》，《浙江万里学院学报》2007 年第 5 期。

73. 承肇：《科技英语缩略词的辨识与翻译》，《科学与生活》1982 年第 12 期。

74. 柯发春：《证券英语缩略语及其翻译》，《中国科技翻译》2008 年第 5 期。

75. 曾元林：《电脑英语缩略词探讨》，《中国科技翻译》2007 年第 11 期。

76. 南玉祥：《简论英语俚语的特点及汉译》，《读与写杂志》2009 年第 8 期。

77. 郝瑞英：《英语俚语及其汉译》，《牡丹江大学学报》2007 年第 3 期。

78. 郭蕊、孙群：《论英语俚语翻译策略》，《辽宁经济管理干部学院学报》2011 年第 3 期。

79. 杨芳：《商务英语中俚语的风格及翻译》，《上海科技翻译》2004 年第 1 期。

80. 赵立无：《浅析英语俚语的特点及翻译技巧》，《当代教育论坛》2010 年第 7 期。

81. 赵杨飏：《浅析英语俚语及其翻译方法》，《开封教育学院学报》1997 年第 4 期。

82. 贾琼：《英语典故探源》，《韶关学院学报》（社会科学版）2003 年第 4 期。

83. 原传道:《浅谈英语典故在汉译中的处理》,《新乡师范高等专科学校学报》2004 年第 1 期。

84. 王敏:《英语典故及其汉译》,《南通纺织职业技术学院学报》(综合版)2013 年第 6 期。